伝説の西鉄ライオンズ

益田啓一郎

伝説の西鉄ライオンズ

海鳥社

本書は、平成二十二年十月から平成二十四年九月まで「産経新聞」九州・山口版に連載された「伝説の西鉄ライオンズ　生誕60周年」に加筆・修正し、編集したものです

はじめに

　平成二十二年九月十八日、「野武士軍団」の異名をとり「史上最強」と呼ばれた西鉄ライオンズのＯＢ九人が福岡市中央区天神でトークショーを行った。

　昭和三十一年から三年連続して日本シリーズで巨人を破った黄金期から五十余年、球団譲渡からすでに三十八年。さほどＰＲされなかったにも関わらず、会場に集まったファンは五百人余り。現役選手ならいざ知らず、齢七十歳を超えるかつての名選手たちを老若男女が取り囲みサインを求める。その衰えぬ人気には驚くばかりである。

　人気の秘密は何なのか、西鉄ライオンズ誕生から六十年を経た今、元選手や関係者、その時代をともに生きてきたファンの証言をもとに「伝説」を追ってみた。

伝説の西鉄ライオンズ●目次

はじめに 12

誕生！ 史上最強球団

プロ野球史上最強球団 14
監督・三原脩がめざしたチーム 17
空前絶後の投手王国 20
西鉄が誇った元祖ＯＮ砲 24
球団誕生前夜 27
日本一への執念 30
大下弘獲得劇 34
石津川の武勇伝 37
平和台騒動 41
平和台ナイター珍事件 44
初のプロ野球中継 47
初の女性ファン野球教室 51

流線型打線 55

三原脩の人心掌握術 60

西鉄初の海外試合 63

西鉄ライオンズの歌 66

サムライ列伝 70

怪童・中西太 72

初代エース・川崎徳次 75

勝負師・河野昭修 78

不動の5番・関口清治 82

幻の大リーガー・西村貞朗 85

度胸一代・河村久文 88

切り込み隊長・高倉照幸 92

守備の要・仰木彬 95

日比野武と和田博実 98

草野球出身・島原幸雄 102

剛球左腕・畑隆幸 105
チームの良心、大津守 108
大下弘日記 112
元祖ウグイス嬢・今泉京子 116

野武士伝説 120

野武士の名の由来 122
島原キャンプ 125
猛烈コーチは名ランナー 128
久保田運動具店 132
歴代の西鉄合宿所 136
空巣捕物帳 139
博多どんたく珍景 143
稲尾入団秘話 146
黄金バッテリー始動 149
志賀島の休日 153

鉄腕vs大リーガー 156
三原流のツキ&ゲン担ぎ 159
大下チームと三鷹 163
幸運のライオン像 166
宰相・選手も好んだ明太子 170
パ会長・中澤不二雄 173
風月と平和台饅頭 176
野武士アンケート 180
中西青年監督 183
打撃練習に新兵器 186
関取と野武士の縁 190
ジンクスと打撃開眼 193
背番号3の系譜 196
主な参考文献 200
あとがき 202

昭和32年の日本シリーズ第1戦のオーダー
1番・センター高倉、2番・ショート豊田、3番・サード中西、4番・ライト大下、5番・レフト関口、6番・ファースト河野、7番・セカンド仰木、8番・キャッチャー和田、9番・ピッチャー稲尾（提供：和田貴美子）

誕生！史上最強球団

プロ野球史上最強球団

　西鉄ライオンズが伝説となって今も語り継がれる第一の理由、それはチームの中心にいた監督・選手一人ひとりにドラマがあることだ。宿敵・巨人を4勝1分けで破り日本一となった昭和三十二年の日本シリーズ第一戦のスターティング・メンバーを見れば、それがよく判る。

　1番・センター高倉、2番・ショート豊田、3番・サード中西、4番・ライト大下、5番・レフト関口、6番・ファースト河野、7番・セカンド仰木、8番・キャッチャー・和田、9番・ピッチャー稲尾。そして監督は知将と呼ばれた三原脩である。いずれも球史に名を遺し、数々のエピソードを持つ。仰木のようにのちに監督となって、大リーグで活躍する野茂やイチローを見いだした名将もいる。

　福岡で取材をすると、当時を知る世代は今もこのオーダーをスラスラと口にし、このオーダーが「最強」だと言う。また、本拠地・平和台球場で彼らの試合を観たことが自慢である。最盛期、西鉄の試合が平和台で開催される日は、福博のまちの映画館や銭湯はガラ

野武士たちの舞台・平和台球場
(昭和33年、日本シリーズ第3戦)
提供:西日本鉄道

ガラだった。他に娯楽が少なかった時代とはいえ、職場でも学校でも家庭でも、一番の話題が西鉄の勝利だったのだ。

平成二十二年、パ・リーグではソフトバンクホークスが劇的な逆転優勝を遂げた。「伝説」になるには、逆転というドラマが不可欠な要素かもしれない。西鉄ライオンズの五度のリーグ優勝は、最強と呼ばれた三十二年を除き、いずれもこのホークスのような紙一重の逆転優勝の連続だった。「もうダメか」と諦めたところから、西鉄ライオンズは幾度も奇跡を成し遂げた。

それを可能にしたのは、三原監督の言葉を借りていえば、個性豊かな選手たちの力を最大限に発揮させる「遠心力野球」という選手掌握術だった。選手を管理するのではなく、個々の能力・自主性を認め、試合で結果を出せればプライベートは自由。平和台で試合が終わると、そのまま中洲に飲みに行く選手も多く、お店で一緒に酒を飲むなど、ファンとの距離も近かった。そこから二日酔いでホームランを打ったりという数々の逸話が生まれ「野武士」「豪放」といったイメージも定着していった。

監督・三原脩がめざしたチーム　九州人に愛された明るい豪快野球

西鉄ライオンズが愛された最大の要因は、選手が自由な雰囲気のなかで、明るくのびのび、躍動感に溢れていたことではないか。

西鉄ライオンズ誕生とともに三顧の礼をもって迎えられた三原監督は、南国九州のイメージに合う豪快で明るいチームづくりをめざした。

「自由であることからスタートし、やりたいことをやっていい。言いたいことを言っていい。しかし、試合では与えられた役割をきちんとやらなければならない」。選手の自主性を重んじ、個性を尊重し、チーム内で何でも言い合える空気を創り出した。

実力主義の世界とはいえ、当時は戦争を経験し復員したベテラン選手も現役で活躍している時代である。先輩後輩の関係がはっきりしている世界で、ベテランも若手も関係なくホンネで野球理論を語り合える環境がチームに生まれた。互いの実力を認め合うことで信頼感が生まれ、優勝という目標に突き進んでいく。三原はこれを「遠心力野球」と名付けた。

昭和31年の日本シリーズ第3戦、本拠地平和台球場での試合前、
ベンチでくつろぐ選手たち。稲尾にカメラを向ける豊田
（昭和31年10月13日）
提供：西日本鉄道

当時、球界の盟主であった巨人・水原茂、南海・山本（鶴岡）一人が創り上げた常勝チームは、いずれも三原が構想したチームづくりと正反対の「求心力野球」だった。

「求心力野球」は、優勝という大目標に向かって心をひとつにして突き進む。フォア・ザ・チームの理念のもとで規則で選手を掌握し、監督の選手起用・作戦のもとに闘う。オーソドックスな野球である。

昭和三十一年秋、西鉄ライオンズは二度目のリーグ優勝を成し遂げ、水原率いる巨人との日本シリーズ初対決が実現した。

1勝1敗で迎えた平和台球場での第三戦、三原のめざした「遠心力野球」の躍動を象徴する写真がある。親会社の西日本鉄道本社に遺っていたものだが、試合前の両チームの雰囲気がまさに正反対なのだ。

適地・平和台に乗り込んできた巨人のベンチは、大舞台を前にして監督・選手の表情はピリピリとした緊張感だけが伝わってくる。

対する西鉄ベンチでは、監督をはじめ選手が笑顔に包まれているのである。先輩も後輩も関係なく、試合開始までの時間をリラックスして楽しんでいるのだ。

このシリーズ、結果は西鉄が巨人を4勝2敗で下し、初の日本一となった。西鉄ライオンズ黄金時代の始まりを予感させるシリーズで、三原のめざした「個性」を尊重する明る

いチームは完成したのである。

平成二十二年九月十八日に行われた西鉄ライオンズOBトークショーは、明るい雰囲気の中で爆笑エピソードのオンパレード。控え室でも中西、豊田をはじめ往年の選手たちの笑い声が絶えず、気取らない明るさこそが西鉄ライオンズの最大の魅力だったことを再確認することができた。

大舞台で実力を発揮できない選手やチームは多いが、全盛期の西鉄ライオンズの選手たちはプレッシャーを楽しんでいた。その裏には選手各人の自主練習からくる自信があったことは言うまでもない。

空前絶後の投手王国　タイトルを独占した豪華投手陣

長いシーズンを闘うプロ野球では、打撃力以上に投手・守備の総合力がモノを言う。シーズン前の優勝予測も、日本シリーズなどの短期決戦も、打力のチームよりも投手力が安定しているチームが毎年上位に挙げられるのは周知の通りだ。

「水爆打線」と他球団から恐れられた全盛期の西鉄ライオンズ。しかし、決して打撃力

だけが売りではなかった。プロ野球記録のシーズン最多勝利数42をはじめとする数々の記録を持つ「鉄腕」稲尾和久の印象があまりにも強烈だが、西鉄ライオンズには彼に負けず劣らずの才能を持った投手が集まっていたのだ。

稲尾入団以前を見てみても、昭和二十七年最多勝（23勝）の野口正明、二十八年最多勝（24勝）・最優秀防御率（1・98）の川崎徳次らがタイトルを獲得。二十九年の初リーグ優勝時には西村貞朗（最高勝率22勝5敗、防御率二位1・77）と大津守（18勝、防御率三位1・78）、河村久文（25勝、防御率四位1・99）の三人が脅威の防御率一点台を記録。この年はチーム防御率も2・17で他チームを圧倒している。大津は三十年に近鉄戦でノーヒットノーランも達成した。投高打低、飛ばないボールの時代であることを割り引いても、西鉄ライオンズが投手王国だったことが判るはずだ。

昭和二十九年の初優勝は、西鉄初のコーチ（バッテリーコーチ）・石本秀一の存在も大きい。戦前から大阪タイガース二代目監督（二度優勝）、昭和十八年に一年だけ存在した西鉄軍の監督などを歴任、戦後は広島カープの初代監督を務めた人物だ。ライオンズに二年在籍し、若い選手たちにも「石本のじいちゃん」と呼ばれ親しまれた。

石本の指導により二年目の西村・河村ら若手投手が躍進、伸び悩んでいた島原幸雄を下手投げに転向させて才能を開花させるなど、西鉄黄金期の基礎を作った。また、南海の監

21　誕生！ 史上最強球団

西鉄ライオンズ初優勝（昭和29年）に貢献した若き投手陣。
右から大津守、河村久文、西村貞朗
（昭和30年頃、平和台球場）
提供：西日本鉄道

督・山本(鶴岡)一人が先に目をつけていた無名の高校生・稲尾和久を竹井スカウトの依頼でテストし、「足腰の強さは前代未聞」と獲得を進言したというエピソードもある。

昭和三十年に入団し、鉄腕・稲尾の恋女房として黄金期の西鉄ライオンズの正捕手となる和田博実の成長も、稲尾をはじめとする投手の才能を引き出した。現役時代、西鉄ライオンズ一筋だった和田は、先発捕手として完全試合を二度(昭和三十三年・西村貞朗、四十一年・田中勉)、ノーヒットノーランも二度達成している。他に和田の記録に類する捕手はいない。

今のように先発・中継ぎ・抑えという分業体制がない時代である。調子の良い、勢いのある投手が先発、中継ぎにフル回転し連投することも珍しくなかった。監督の三原自身がプロ球界に投手分業体制を確立するのは、三原が西鉄を去って大洋の監督に就任し初年度に初優勝、日本一を達成した昭和三十五年のことだ。

昭和三十一年、鉄腕・稲尾の入団と躍進により西鉄ライオンズは黄金期を迎えるのである。

23 誕生！ 史上最強球団

西鉄が誇った元祖ON砲　チームを牽引した大下・中西

昭和二十年代末から三十年代前半の全盛期、他チームから「水爆打線」と恐れられた西鉄打線の中核を担ったのは、大下弘（背番号3）と中西太（背番号6）の元祖「ON」砲だった。

3番中西、4番大下の西鉄ONコンビの誕生はライオンズ誕生の翌年、昭和二十七年。巨人軍の王・長嶋のONコンビは王がレギュラーに定着した昭和三十七年以降のことだから、こちらが元祖ONである。

野球の華であるホームランを日本プロ球界で最初に量産したのが大下だった。戦後、プロ野球リーグ戦が再開された昭和二十一年に東京セネタースでデビューし、いきなり20ホーマーで本塁打王。戦前の年間本塁打数の最高が11本、飛ばないボール、劣悪な野球環境を考えると、大下の登場は平成六年のイチローのデビュー以上に衝撃的だっただろう。

翌二十二年には打率・本塁打の二冠。赤バットを使って人気を集めていた川上哲治に対抗して、大下は「青バット」で流れるような美しいフォームから放物線の大きなホームラ

開幕戦の試合前、ベンチで談笑する大下・中西両選手
(昭和32年3月30日、平和台球場)
提供:西日本鉄道

ンを放ち、スーパースターとなった。大下のニックネーム「ポンちゃん」は、白球を面白いようにポンポンと外野スタンドに打ち込んだことから来ている。

大下は「天才打者」と呼ばれた。生涯最高打率はプロ野球が2リーグ制となった昭和二十五年の3割8分3厘である。永いプロ野球史の中で、3割8分以上を打った打者は大下を含めて四人しかいない。二日酔いで放った一試合七打席連続安打は今も日本記録である。ミートの天才だった。

そんな大下が東急から西鉄に移籍した年、甲子園のスター選手・中西太が高松一高から入団してきた。「四国の怪童」の異名を取った中西を、同郷の三原監督自ら動いて毎日オリオンズとの競合の末に獲得した。

中西は高卒ルーキーとして一年目から活躍し新人王となった。二年目の昭和二十八年は36本塁打、85打点で二冠（打率二位）。初優勝した二十九年も31本で連続本塁打王となる大活躍。

この年は大下も最高殊勲選手となる活躍で、二人はまさに三原監督の構想した大型打線の核であった。

二人の野球に取り組む姿勢も、若い選手の多かった当時の西鉄に好影響を生んだ。練習熱心だった中西は、寮に戻ってからもヒマさえあれば素振りをした。「あの中西さんがや

ってるんだから」と、他の若い選手たちも競うように夜遅くまで練習した。

大下は若い選手たちを誘って、夜の中洲に飲みに行くことも多かったが、どんなに夜遅くまで飲んでも、早朝から起きてランニングや素振りで汗を流していたという。

シャイな大下は人前では練習嫌いのように装っていたが、「影の努力を惜しまない大先輩だった」とは、当時を懐かしみ河野、高倉ら苦楽を共にした方々が揃って口にする証言である。二人の存在が、最強と言われた西鉄ライオンズ選手の精神的な支柱だったことの証明であろう。

球団誕生前夜　チームづくりを支えた経営陣

昭和十七年、福岡県下の私鉄五社が合併して誕生した西日本鉄道の初代社長・村上巧児の熱い想いが、史上最強球団を生んだことは意外と知られていない。

「五年以内に必ず日本一のチームを創れ」。昭和二十五年にプロ野球は2リーグに分裂、西鉄がパ・リーグに加盟し新球団「西鉄クリッパース」を立ち上げた時に村上巧児が掲げた目標である。ノンプロチーム結成時から一環して西鉄球団運営に携わった中島国彦は、

27　誕生！　史上最強球団

村上巧児の親戚だった縁でチーム運営に携わることになった。
「本物の野球を見てもらうことで、お客さまや地域に感謝の意を伝えよう、強いチームを作り、復興する福岡・九州を盛り上げよう、というのが村上の理念だった」と中島は言う。

村上は西鉄の前身である九州電気軌道の専務時代から敏腕をふるい、小倉到津遊園や百貨店・井筒屋を設立した人物でもある。到津遊園に隣接する小倉到津球場では昭和九年に日米野球の試合が招致されて行われ、ベーブ・ルースの特大ホームランが飛び出すなど、野球熱は戦前から九州でも盛り上がっていた。

早稲田大学出身の村上は大の野球ファンで、戦時下の昭和十八年にはプロ野球「大洋軍」を買収、チーム名を「西鉄軍」とした。石本秀一を監督に迎え、アンダースローの元祖と言われた重松道雄投手を擁して秋季リーグでは優勝を飾るも、戦況の悪化で翌年は選手確保もままならず、わずか一年で解散した。縁は巡り、石本は西鉄ライオンズで投手コーチとして、重松は二軍監督として、ともにチームを支えることとなる。

終戦後、村上は戦時下での臨戦体制の一端を担った責任をとり社長を辞任、後任には鉄道省官僚出身の野中春三が就任したが、村上の発言力は絶大であった。

戦前の球団保有権を主張して当初からプロへの参入を画策するも拒絶される。そのため

別府球場での対巨人オープン戦で始球式に登場した
村上巧児(当時は西鉄相談役)。
後方は別府出身の西鉄・河村久文投手
(昭和30年3月)
提供:中島国彦氏

29　誕生！史上最強球団

昭和二十一年にノンプロ西鉄を結成。香椎球場で駐日米軍チーム（通称・香椎タイガース）相手に緒戦を闘い、活動をスタートした。チームは宮崎要監督のもとで昭和二十三年の第十九回都市対抗野球大会を闘い、決勝で別府・星野組を破って初優勝を遂げた。

翌昭和二十四年夏、プロ野球日本リーグは新規加入を含む10球団でのリーグ構想を模索し、西鉄も名乗りを挙げる。ここでも村上の人脈が活かされ、西鉄本社の役員に名を連ねていた麻生多賀吉（麻生太郎元総理の父）を介して白洲次郎やGHQを動かし、新規参入を渋る正力松太郎を説得した。白洲は麻生と吉田茂の娘の結婚の仲人であった。

しかし、近鉄や毎日が相次いで加盟申請を行い一気に2リーグ分裂へと進む。村上の娘婿・木村重吉と事業部の西亦次郎、中島が村上に呼ばれ、球団設立の指令を受けた。オーナー野中、球団社長の木村、球団代表の西、「日本一」をめざす新球団のスタートだった。

日本一への執念　三原脩と16ミリフィルム

昭和二十六年一月三十日、ともに福岡市を拠点とするパ・リーグの西鉄クリッパースとセ・リーグの西日本パイレーツは正式に合併を発表し、パ・リーグに所属した。合併球団

の総監督には、前巨人軍総監督の三原脩が就任。翌二月に新聞紙上で新球団の愛称公募が行われ、人々に愛され今に続く「ライオンズ」という名に決定した。

三原の本名は「修」であるが、西鉄入りを機に「脩」と改名している。昭和二十四年に巨人を戦後初の優勝に導きながら、翌二十五年は水原茂の復員によって実権のない総監督に棚上げされて苦汁を味わった三原は、「打倒！　水原・巨人軍」を胸に秘めて生まれ変わる覚悟で九州の地を踏んだのである。

新球団での三原の肩書きは同じく総監督であったが、選手に慕われていた監督兼内野手の宮崎要に対してチーム事情から監督留任の形をとったもので、監督の全権は三原に渡された。

当時の事情を知る中島国彦の証言によると、当初の三原の構想は巨人軍の青田昇に加えて、翌年に十年選手となり自由交渉が可能となる大下弘を獲得して主力に据えるつもりだったという。三原はチームの監督としてだけでなく、球団の構想そのものを担い、今でいうゼネラルマネージャー的な地位に就いた。中島は三原が構想した「勝つためのチームづくり」の実現に向けて補佐役となった。

青田引き抜きは巨人軍の反撃で実現しなかったが、大下獲得は翌二十七年に実現した。前年のオフに三原は中西太と大下弘の獲得に向けて、自ら先頭に立って精力的に行動した。

31　誕生！　史上最強球団

初のリーグ優勝を祝うパーティの一コマ。
前列右から、三原脩監督、一人おいて中島国彦スカウト、
松本英一氏(ライオンズ後援会副会長)、今久留主内野手、木村重吉社長、
後列右から、日比野捕手、川崎投手、大津投手
(昭和29年10月、博多帝国ホテル)
提供:中島国彦氏

いずれも同一リーグの他チームが獲得寸前まで行きながら、三原と中島らスカウト陣がタッグを組んで逆転獲得に到った。「日本一のチームづくりには二人がどうしても必要だ」という三原の強い意思と執念の賜である。

先年、球団の親会社だった西日本鉄道の本社で全盛期の球団の映像を記録した16ミリフィルムが大量に確認された。昭和三十年から三十五年まで、島原キャンプでの記録映像が中心であるが、驚くのは選手一人ひとりにスポットを当て、バッティングやピッチングのフォームが多角的に記録撮影されていることだ。福岡ではまだテレビ放送すら始まっていない時期から、ハイスピードカメラまで駆使して撮影されている。

この映像がどんな理由で撮影されたのか確実な証言は未だ得られていないが、映された内容から判断すると三原の指示で撮影されたもののようだ。三原が意識していた巨人軍では、昭和二十九年から川上哲治を中心に同様のフォーム解析による指導を導入しており、巨人を見習って導入したのであろう。

昭和二十九年は初のリーグ優勝を遂げたものの、日本一は逃した。このフィルムが「なんとしても日本一に」という三原と球団首脳の強い意思を伝える証拠品であることは間違いない。

昭和三十一年、西鉄は宿敵巨人軍を4勝2敗で破り念願の日本選手権を獲得した。祝賀

会の後、三原の活動を影で支え続けた中島のもとに三原本人から感謝の手紙と記念の絵が届いた。

大下弘獲得劇　三原監督とスカウトの絶妙タッグ

西鉄ライオンズが大下弘を獲得できなければ「史上最強球団」は誕生しなかったと言っていい。合併誕生した当時、九州の地方私鉄を親会社に持つ西鉄球団には全国的な知名度はなく、他チームからは「サイテツ、九州の田舎チーム」と罵倒されるような寄せ集めチームだったからだ。

しかし昭和二十七年、大下が入団したことで打撃陣の柱ができたことに加えて、新人のスカウト合戦でも「西鉄にはあの大下がいる」と交渉の切り札となった。事実、大下獲得の翌二十八年入団の豊田泰光、河村久文ら後の主力選手は、チームに大下がいたことで入団を決めている。

西鉄ライオンズが誕生した昭和二十六年のシーズン、大下弘は東急フライヤーズ（日本ハムの前身）で打率３割８分３厘、ホームラン26本で二冠王を獲得する球界最高年棒選手

だった。東急球団と大下の交渉が決裂し、大下の退団意思が表面化した同年十二月から各球団の獲得合戦が始まる。翌二十七年四月に西鉄入りが決定するまでの五カ月余り、「大下騒動」として政財界まで巻き込みマスコミ各紙を賑わす大問題となったのだ。

各球団のスカウトは水面下で大下獲得に向けて情報収集などに動き廻った。大下自身が代理人を立てて身を隠したことに加えて、東急球団と大下の契約期間が一年残っていたことで隠密行動にならざるを得ず、結果としてマスコミを通じて様々な憶測が流れることになった。

西鉄では監督の三原自身が獲得に向けて精力的に動き、フロントもそれを後押しした。新聞記者経験のある三原の情報収集力は他を圧倒した。騒動の経緯を正確に把握し、正攻法で東急球団を経由して交渉するのが得策だと判断する。

三原は問題をひとつずつ解決し、行動を始めて十日後には東急との交渉をまとめ、大下本人との合意交渉に専念した。他球団が代理人との交渉で終始振り回されたことを思うと、まさに的確な判断だった。のちに「三原魔術」と言われる采配術の核心が情報収集力にあることが判るエピソードである。

三原とともに大下獲得に向けて動き廻ったスカウトの中島国彦は、この年鹿児島で行われた春季キャンプ入りの三原に代わり、スカウトの宇高勲とともに大下との入団交渉を引

契約を済ませての記念撮影。
左から、大下弘外野手、宇高勲スカウト、西亦次郎球団代表、
中島国彦スカウト
（昭和27年4月10日、武蔵野旅館）
提供：中島国彦氏

き継いだ。

二人は大下に絡んだ複雑な課題を辛抱強く解し、身を隠した大下を追って雪深い秋田まで追跡し、一時は球界を去る決意をした大下を懐柔し説得した。「扁桃腺を腫らし三十九度の高熱のまま、医者からは命の保証はないと言われた中で追跡の旅を続けた」と中島は懐かしそうに語る。

シーズン開幕後の四月十日、大下は東急球団事務所でついに西鉄移籍を承諾した。一週間の調整練習を経て、大下が西鉄入団後最初の試合に4番センターで出場したのは四月十九日だった。

石津川の武勇伝　闘争心と競争意識を育んだ二軍生活

西鉄ライオンズが誕生した昭和二十六年の登録選手数は、監督コーチを含めて三十六名である。合併前のクリッパース時代の三十四名とほぼ同数、合併した西日本パイレーツの選手を含めてノンプロ級の選手を淘汰したことが判る。

移籍の大下弘、新人の中西太らが入団した昭和二十七年もわずかに三十九名、二軍の試

合では選手が足りずに寮監のおじさんをベンチに座らせ、監督の重松道雄が試合に出ることもあった。二十八年に四十名、そして初優勝した二十九年に四十七名、三十年には五十九名に達し全盛期を迎える。

二十八年までは指導する本職コーチも不在の時代である。三原監督はプロ選手としての心構えを説くとともに、チームに欠如していた競争意識を持ち込んだ。高卒の若い選手を次々に獲得し、技術よりも先に闘争心を鍛えることから指導を始めたのである。

当時、西鉄ライオンズの合宿所は一軍が福岡市の九州大学病院そばにあった「たまや旅館」を借用し、二軍は対戦相手が関西以東だったことから大阪府堺市の石津川に設けられた。一軍と二軍で待遇面でも大きな差を設け、「一軍へ上がるんだ」という意識を自然に植えつけられたと、入団当初二軍暮らしだった高倉照幸は証言する。

「野武士」と呼ばれる西鉄ライオンズの呼称はどこから来ているのか諸説あるが、河野昭修の二軍時代の証言の中にも「野武士」らしいエピソードがある。

昭和31年日本シリーズ第4戦に勝利し喜ぶ選手たち。
この試合で殊勲打を放った河野昭修、勝利投手の稲尾和久ら
提供：西日本鉄道

39　誕生！ 史上最強球団

昭和二十七年、ノンプロ西鉄を経てライオンズの一員となっていた河野はオープン戦で活躍。初の一軍入りと三塁のポジションを得るも、中西太の入団であっという間にポジションを奪われ、二軍暮らしに逆戻りした。同じく三塁手として入団した坂上惇も二軍へまわされ、投手転向を言い渡された。

雨で試合のない日が続き、若い二軍選手たちは石津川の合宿所に閉じ込められ悶々としていた。寮の裏手にあった遊戯場の男たちに「サイテツ、へたクソめ！」と塀越しにバカにされた。ストレスの極地に達していた選手たちはカッとアタマに血がのぼり、内野手の林幹雄がバットを持って塀を乗り越え男たちに殴りかかったのを合図に、河野や坂上、島原幸雄らが続いた。

大乱闘を繰り広げた選手と遊技場の男たちは警察に取り押さえられ、朝方まで取り調べを受け釈放された。実は遊技場は不知火会の賭場で、相手の男たちはドスを持っていた。そうとは知らぬ選手たちにも幸い怪我はなく、大事にはならなかった。バットは押収されたが、鬼軍曹と呼ばれた重松二軍監督は何も言わなかったという。

武勇伝は翌々日には南海の選手らに伝わり「今年の西鉄は二軍も度胸満点、油断ならぬ」という噂も広がった。そして河野ら二軍で鍛えられた選手が一軍に定着した時、西鉄ライオンズは全盛期を迎え「野武士」の呼称も定着した。

平和台騒動　全国に轟く平和台球場の熱狂ファン

　大下弘が入団した昭和二十七年のシーズン、本拠地・平和台球場の観客動員数は一気に倍増し「大下効果」と呼ばれた。プロ野球随一の大スター・大下の活躍をひと目観ようと、球場にファンが殺到したのである。

　満員で入場できないファンが外野席の外側の石垣や木によじ登って見物する光景が見られるようになったのも、この頃だ。木の上に陣取った白いシャツ姿の観客は枝にとまった白鷺（しらさぎ）のように見え、平和台名物「白鷺」と呼ばれるようになった。

　平和台球場に集まる人々は炭鉱などの労働者も多く、土盛りのスタンドで鐘や太鼓を打ち鳴らし応援する熱狂ファンの騒乱と痛烈なヤジもまた、平和台名物であった。

　ホームゲームの熱気はチームの士気を鼓舞したが、一方で敗戦が続くと味方の選手に対しても容赦ないヤジが飛び、一升瓶などもグラウンドに投げ込まれた。昭和三十三年の日本シリーズ、三連敗から四連勝という奇跡の逆転優勝も、そんな平和台独特の空気から生まれたと言っていい。「平和台でこのまま巨人の胴上げを許したら、ファンに何されるか

判らんばい。なんとか後楽園まで踏ん張ろうや！」が、選手間での合い言葉だったという。

平和台球場が最も狂気のエネルギーに包まれたのは大下が4番に座り、新人・中西が豪打の片鱗を見せ始めた昭和二十七年七月十六日の対毎日戦であった。

当時、球団としてはサラリーマンの観客を少しでも多く集めたいとの計算から、夏場の平日試合は午後四時に始まった。日没は午後七時半前後。日没までに5回裏を終えなければ無効試合となる決まりだった。

この日は雨が降って試合開始が五十分余り遅れた。試合中も二度、三度と激しい夕立ちで試合が中断し、3回を終了した時点で5対1と西鉄がリードしていた。

試合再開後は投手の武末が突然の乱調で3点を与え1点差。逆転を狙うべき毎日だったが5回裏の西鉄の攻撃に際し、四球連発や無意味な牽制球で露骨に遅延行為を繰り返して日没無効試合を狙った。5回を終え、6回表の守備についた西鉄に対し、毎日の選手はベンチから出て来ない。

ずぶ濡れになりながらもスタンドで声援やヤジを送っていた観客の苛立ちは最高潮に達し、業を煮やした観客は低いフェンスを乗り越えて次々にグラウンドになだれ込む。球審を殴り三塁側のダグアウトに殺到し、毎日の選手たちに襲いかかり流血の大乱闘となった。止めに入った大下や野口正明も観客に殴られた。

私服警官に囲まれて場内アナウンス室で陳謝のマイクに向かう
毎日・湯浅監督。右隣に西鉄スカウトの中島国彦
提供：中島国彦氏

平和台ナイター珍事件　博多湾中の鳥が夜の球場に集結

平和台球場にナイター照明が設置されたのは西鉄ライオンズが初のリーグ優勝を達成した昭和二十九年のシーズンだ。中日スタジアムのナイター設備をモデルに建設され、監督の三原が「明るすぎるのではないか」と呟いたほどの当時日本一の明るさだった。

西鉄本社には、照明塔の設置工事をはじめ、昭和三十三年の大改修工事などの記録写真も大量に遺っている。この年の日本シリーズは西鉄対中日、その顔合わせを予感させる中日スタジアムの視察写真も多数ある。

初ナイター試合は昭和二十九年六月二日の対南海戦、宿敵との好カードということもあり、入場者は四万人を超える超満員となった。

選手は球場内に閉じ込められ、武装警官百名が出動する事態となり、大下や野口の涙を流しながらの必死の説得、さらに毎日の湯浅監督が場内アナウンスで陳謝したことでようやく沈静化した。この「平和台騒動」は大下・野口の美談とともに全国の野球ファンに広まり、ナイター設備が設置されるきっかけとなった。

午後七時に花火とともにセレモニーが始まり、大ロウソクでの点火式、「祝ナイター」の文字を機腹部に描いた西日本空輸のボナンザ機が祝賀の低空飛行を行い、さらにパレードと式典が続いた。照明が一斉点灯されたのは日没が終わって闇に覆われた午後七時四十分というから、いかにも万事大げさな博多らしい。

この日のゲームは西村貞朗が快投をみせ、中西太の左翼席へのライナー本塁打の1点での完封勝利。開幕11連勝で公式戦をスタートしたものの、南海とのデッドヒートが続いたシーズンだけに、貴重な白星だった。

実は、ナイターが始まって熱狂したのは平和台のファンだけではなかった。ウグイス嬢を務めた今泉京子は、初ナイターの年に起こった強烈な光景が忘れられないという。

初ナイターの日から、球場の明るい光にカモメなどの海鳥たちが集まってきた。まるでヒッチコックの映画「鳥」のワンシーンを思わせるほど多くの海鳥たちが群れをなして球場上空を覆い、飛び回ったのである。今ほど町にネオンや照明がない時代である。鳥目の彼らは視覚も麻痺し、そして事件は起こった。

その日はあまりの海鳥の多さに試合の続行が困難となり、審判がゲームの中断を命じて照明を一斉に落とさせた。直後の暗闇に雨の降るような「ザーッ」という音が響き、地面に物が落ちる鈍い音が続いた。視界を遮られた海鳥たちがバックネットにぶつかりグラン

初ナイター試合でのセレモニー。
暗闇の中で大ロウソク点灯の光景
(昭和29年6月2日、平和台球場)
提供:西日本鉄道

ドに落下したのである。

「急いで、鳥を片付けるんだ！」グランドキーパーやボールボーイをはじめ、球場スタッフ全員が駆り出されてカゴを持って薄暗いグランドへ出て、必死に鳥の死骸を拾って廻った。中には掌にのるような小鳥も多く、胸が痛んだという。

それでも感傷に浸る間はなく、大観衆が見守る中で試合は再開された。

試合のあと、スタッフは球場の外側に穴を掘り鳥たちを葬った。墓標を立てた場所は、その後の改修工事を経て判らなくなったが、後にも先にも、鳥が原因で試合が中断した試合はこの夜だけ。平和台バードアタック事件とでも言いたい初優勝前の珍事だった。

初のプロ野球中継 昭和三十一年、福岡でテレビ放送開始

昭和二十八年二月にNHKがテレビ放送を開始して以来、平成二十五年で六十周年を迎えた。プロ野球の試合中継は放送開始直後からレスリングや相撲と並ぶ人気番組となった。ラジオや新聞が情報源で、球場に足を運ぶことができない地方のファンにとって、プロ野球を身近に感じるメディアとしてテレビが果たした役割は大きい。実際、当時の野球少年

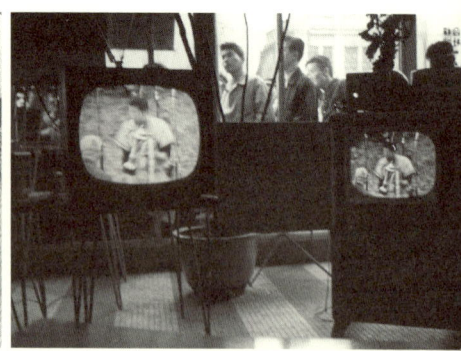

上＝平和台球場での日本シリーズ中継カメラ（左）と、後楽園での優勝決定を伝えるテレビ中継（昭和31年10月。提供：西日本鉄道）
左＝平和台球場の初ナイター中継試合（昭和31年5月。「野球界」昭和31年6月号より）

たちの中には、中西太や稲尾和久の顔すら知らないファンも多かったという。

福岡でテレビ放送が始まったのは、西鉄ライオンズが初の日本一になる昭和三十一年四月である。試合のテレビ中継もこの年から始まり、五月九日の対南海七回戦は九州初となるナイター・テレビ放送が行われた。この日はダブルヘッダーで試合が行われ、第一試合（対南海六回戦）は新人・畑隆幸投手が本拠地での初勝利（2勝目）をあげている。第二試合のナイターは超満員となるが、時おり雨が降る中で接戦の末に1点差で敗戦となり、平和台名物のザブトンが宙に舞った。

日本選手権の後楽園球場での試合も中継され、西鉄本社に遺る記録写真・映像には、水上公園に設置された街頭テレビに群がり熱心に声援を

送るファンや、電気店の店頭で見入るファンの写真も多い。昭和二十九年の初リーグ優勝以降、地元スポーツ新聞の創刊が相次いだことも含めて、西鉄の全盛期が福岡でのテレビ中継初年度に重なったことは、全国的な人気球団となるきっかけとなったと言えるだろう。

日本選手権三連覇を達成した昭和三十三年にはRKB毎日放送とテレビ西日本、翌三十四年にはKBC九州朝日放送もテレビ放送を開始し、福岡は一気に多チャンネル時代に突入していく。西鉄の選手や監督が番組出演する機会も増えたが、残念なことにチームは多チャンネル化に反して低迷期に入り、さらにテレビ中継観戦で済ませるファンも増加し、観客動員は昭和三十三年をピークに下降線を辿っていった。

新天町の電気店の日本シリーズテレビ中継に見入る人々
（昭和31年10月）
提供：西日本鉄道

初の女性ファン野球教室　知恵絞りファン獲得へ秘策続々

昭和二十九年の初リーグ優勝から昭和三十三年の日本選手権三連覇までの西鉄ライオンズ全盛期、平和台球場で試合のある日は市内の映画館や銭湯はガラガラになったという。

庶民の娯楽は少なく、スポーツ観戦といえば相撲か野球だった時代だ。

今でこそ球場で応援する女性ファンや子どもは多いが、西鉄ライオンズが誕生した昭和二十六年当時は観客の大半が大人の男たちだった。球団は大下や中西らスター選手の獲得を進める一方で、球場を訪れる新たな野球ファンづくりに知恵を絞った。

まず子ども向けに「少年ライオンズの会」を発足。入会特典として入場料の割引などを設定した。今では当たり前のファンクラブの誕生である。テレビ放送もない時代、高価な野球雑誌など買えない多くの子どもたちにとって、ファンクラブは憧れのスター選手との縁を繋ぐ大切な機会となった。

さらに、野球場には縁遠い印象だった女性に対して「女性ファン野球教室」を始めた。野球を知らない女性向けに、ルールや観戦の見どころを試合が始まるまでの練習時間中、

51　誕生！ 史上最強球団

昭和27年頃、ファン層の拡大にひと役買った「女性ファンの野球教室」。
選手のプレーに拍手を送る女性ファンの右端、腕章をした男性が中島国彦
提供：中島国彦氏

判りやすく説明するのである。

アイデアマンとしても知られたスカウトの中島国彦が野球教室を担当した。「最初は中洲で働く女性などを対象に始めたサービスだったが、選手一人ひとりの特徴やプレーの見どころを解説することで、選手や野球に興味を持ち球場へ熱心に通う若い女性ファンが少しずつ増えた」と証言する。

平和台球場の女性ファン増加は若い選手たちに予想以上のやる気を起こさせる相乗効果を発揮した。豊田泰光や河村久文（英文）の著書などで土盛りのオンボロ球場時代の記憶とともに度々語られていることである。

ファンと選手の交流イベントも他チームに先駆けて始めた。完成間もない電気ホールで昭和二十八年春から始めた「激励の夕べ」は公式戦開幕前の恒例行事となり、昭和三十一年からは福岡スポーツセンターに会場を移して続けられた。様々な余興ゲーム、歌やダンスの披露など、選手の意外な一面を垣間みることができるイベントの入場券はプレミアとなり、券を求める長蛇の列ができた。

西鉄本社に遺る16ミリフィルムの中には、平和台球場での「ファン感謝祭」の様子が納められたものがある。仮装した中西・河野らと野球対決する子どもたちの姿や、女性ファンと真剣勝負であめ食い競争に参加する稲尾らの姿が微笑ましい。

53　誕生！史上最強球団

平和台球場での「ファン感謝祭」で女学生と二人三脚
（昭和33年11月）
提供：西日本鉄道

西鉄ライオンズが史上最強と言われ、人々に強烈な印象を遺した要因は、球団や選手とファンの距離が常に近かったことを物語るこんなエピソードにも隠されている。

流線型打線　最強２番打者・豊田

三原監督が考える得点能力が最も高い打順理論が、２番に強打者を置く「流線型打線」である。個性ある選手の能力を最大限に引き出す「遠心力野球」という選手監理術に対し、具体的な攻撃布陣論ということになる。

三原の理論は、単にホームランバッターを揃えるというものではなく、クリーンナップの力を最大限に引き出すためには、２番に強打者を置く必要があるというものだった。昭和二十七年、大下弘と中西太の加入により３番中西・４番大下・５番関口の打線の核ができたものの、三原が新聞記者時代に発表した「流線型打線」の理論に合致する２番打者はチーム内におらず、得点能力は伸びず三位に終わる。

昭和二十八年、豊田泰光が入団。中西と同様、豊田も甲子園で活躍し、当初は大学進学希望だったが、父親が病に倒れたためにやむなくプロ入りを決意し、急転直下で西鉄入り

55　誕生！ 史上最強球団

した。後援会が学費などを面倒みてくれるという好条件を「他人の金で大学に行っても何にもならん」と即断したところが、いかにも気の強い豊田らしい。

非凡な打撃センスに反して守備に難のあった豊田を、三原は開幕当初からレギュラーで使い続ける。大事なシーンでエラーを繰り返し、さらに地元博多出身でショートを守るご当地選手の河野修昭からポジションを奪ったことで、西鉄ファンからも罵声を浴びる始末だった。

豊田のサヨナラエラーで敗戦投手となったエース川崎をはじめ、チーム内からも彼の起用に対して批判を浴び続けたが、三原は「必ず彼は流線型打線の核になる」という信念を持って豊田を使い続けた。

一年目の豊田の打順は7番か8番、それでもシーズンが終わった時には打率2割8分1厘、本塁打27で新人王を獲得。持ち前の負けん気で、エラーした分を打って埋め合わせしようと頑張った結果だった。

翌昭和二十九年のシーズンには三原の期待に応え、不動の2番バッターとして定着。打率や本塁打は一年目に及ばなかったものの、打点を増やし、30盗塁を達成するなど走攻守揃った「脅威の2番打者」となった。彼の成長により、三原の「流線型打線」は完成し、西鉄ライオンズは黄金期を迎えた。

前列左より、北原、高倉、河野、川崎、中西、2列目、島原、八浪、今久留主、仰木、玉木、3列目、長坂、日比野、坂上、大津、関口、4列目、中谷、宮崎、石本、三原、大下、西村、5列目、塚本、永利、有吉、橋本、田島、6列目、大和田、佐川、玉造、滝内、7列目、豊田、中静、鵜狩、河村（「野球界」昭和30年4月号より）

豊田は昭和三十一年には首位打者を獲得する活躍で初の日本一に貢献した。翌三十二年のシリーズでも優秀選手、三十三年のシリーズは四連勝の稲尾の影に隠れたものの、4本塁打・首位打者獲得と、短期決戦に無類の勝負強さを発揮した。

大下・中西が故障すると豊田は4番の重責も果たしたが、三原の「流線型打線」は豊田を2番に置くことができた昭和二十九年から三十二年がピークであり、他チームからは「水爆打線」と恐れられたのである。

昭和31年の日本シリーズ第3戦（平和台球場）、
豊田のホームランをきっかけに終盤逆転勝利
提供：西日本鉄道

59　誕生！　史上最強球団

三原脩の人心掌握術　遊びでも競わせ士気を高める

　平成二十三年の埼玉西武ライオンズ「ライオンズクラシック」はライオンズ六十周年と監督・三原脩の生誕百年を記念した内容だった。会期中、野球人としての三原の軌跡、西鉄ライオンズ伝説を生み出した手腕や数々の名言が紹介され、当時の復刻ユニフォームを着てライオンズ魂を継承し闘ったチームは、11勝4敗と高勝率をあげた。
　高卒でプロの世界に入った若い選手たちにとって、三原は野球だけでなく人生の恩師であった。三原の指導のもとで選手生活を過ごしたOB各人が、それぞれが持つエピソードとともに第一に語ることだ。
　初リーグ優勝を遂げた昭和二十九年は、球団創立以来初めて首位争いをしたシーズンだ。南海ホークスとの激しい首位争いの中、オールスターゲーム前に八連勝したチームは中断前の最後の試合を接戦で落とす。
　若い選手たちにとっても激しい首位争いは初めての体験である。オールスターに伴う中断で士気が落ち、緊張感が解けるのを心配した三原は、彼特有のユーモアと人心掌握術で

60

一計を案じる。

三原は休み中に、大下弘や中西太らオールスターに出場した選手以外の若手を招集、漁船四隻をチャーターして大げさなキス釣り競争を行うことにした。船にはそれぞれ芸者さんが乗り込み、選手たちを激励し優勝者にはご褒美というお祭り要素付きである。適度な気分転換と、遊びの中でも競わせることでモチベーションの維持を考えたのであろう。

肝心のキスはなかなか釣れず、豊田泰光が50センチ級のヒラメを釣った。坂上惇がそれに次ぐ鯛を釣った。当然、豊田は自分が一番だと大喜びするが、三原は「腐っても鯛だろう」と坂上に優勝を与えた。

三原の意を考えれば、負けん気で「なにくそ次は勝つ」と思う豊田よりも、三塁から投手へコンバートし二軍暮らしを経て戦力となってきた坂上のやる気を優先したのかもしれない。

その甲斐あって坂上は後半戦の要所で4勝をあげ、わずか7厘差での初優勝に貢献した。中でも八月十五日の南海との天王山の闘いでは、ともに苦労してポジションを摑んだ坂上が投げ、河野昭修が逆転満塁ホームランを放ち、ペナントレース終盤への勢いを維持したのである。努力し闘志を前面に出す選手を好んで起用した三原らしい采配に、選手がプレーで応えた好例であろう。

初リーグ優勝へ向けて首位争いをした頃の平和台球場の盛り上がり
（昭和29年夏）
提供：西日本鉄道

三原の選手起用・采配は、選手それぞれに「西鉄ライオンズの優勝に貢献できた」という誇りを生み、引退後の選手たちの貴重な財産となった。平成二十三年八月八日に亡くなった河野は生前、「苦しい二軍生活を経て黄金期の西鉄ライオンズの一員として活躍できた誇りと自負が、野球界を離れた後も支えだった。自分を鍛え育ててくれた三原さんに感謝している」と語った。

西鉄初の海外試合　昭和三十六年、本土復帰前の沖縄遠征

西鉄ライオンズの全盛期である昭和三十年代初めは、長距離遠征移動の基本が鉄道だった時代である。飛行機での移動も夢の時代で、西鉄の選手一行が東京―福岡間を初めて飛行機で移動したのは昭和三十一年の日本シリーズだった。

西鉄ライオンズが初めて「海外遠征」を実施したのは昭和三十六年五月の沖縄遠征である。当時の沖縄は本土復帰前の占領下であり、入国ビザが必要な外国であった。五月二十、二十一日と那覇奥武山球場で行われ、対戦相手は東映フライヤーズだった。当時、スカウト部長の中島国彦氏によれば、対戦相手に東映を選んだのは大下弘選手の西鉄への移籍の

日本シリーズ第1戦、力の入った応援
（昭和32年10月26日）
提供：西日本鉄道

際に善処いただいたお礼だったとのこと。遠征には大川博オーナーも同行し、沖縄に東映の映画館が進出するきっかけになったという。

この沖縄遠征試合は、西日本鉄道事業部と航空輸送部の共催で計画され、那覇市制四十周年記念行事を兼ねて「プロ野球西鉄──東映戦沖縄シリーズ観戦と南国沖縄観光」四泊五日旅行団（今でいう応援ツアー）として応援団が公募され二十六名が参加した。那覇空港は歓迎ムード一色、派手な歓迎セレモニーも行われ、試合観戦以外に太平洋戦争の激戦地や名所旧跡を巡っている。

二十日の試合前、開会式では占領下の沖縄に久々に日の丸が掲げられ、観戦に訪れた地元の人々は「祖国復帰」の念を抱き、頰に涙しながら君が代を斉唱したという。試合は第一戦が0対3で敗戦、翌二十一日の第二戦はエース稲尾和久の奮闘もあり4対1で勝利し、平和台球場の名物応援団長・内野氏の熱烈な応援ぶりで、奥武山球場は平和台と錯覚するほどの盛上りを見せた。

誕生！　史上最強球団

また、気温が高い沖縄では生水が禁止されていて、のどの乾きを潤すのはコカ・コーラだったと観光団のレポートに紹介されている。この時のレポートが影響したのか、福岡・平和台球場に同年登場した最初のベンチ広告は、前年の昭和三十五年に設立されたコカ・コーラ（日米飲料株式会社＝現コカ・コーラウエストジャパン）の広告だった。コカ・コーラは昭和三十七年からテレビCMを流し始め、一気に知名度が上がるのである。

西鉄ライオンズの歌　ファンに愛された球団歌

西鉄ライオンズOBやファンが一堂に介するたびに、最後に必ず大合唱されるのが球団歌「西鉄ライオンズの歌」である。平成二十二年末に行われた忘年会の席でも映像とともに披露され、参加したご遺族やファンの中には前奏が始まった途端に感極まり涙ぐむ人が続出した。

昭和二十六年一月三十日、西鉄クリッパースと西日本パイレーツの合併により誕生した新球団は、市民公募により愛称を「ライオンズ」と決定した。球団歌は同じ名前を持つライオン歯磨が、宣伝面でのタイアップを申し出て作られ、同年七月二十九日の大阪球場で

の対南海戦で贈呈式が行われた。

起てり　起ちたり　ライオンズ　ライオンズ
ゆするたてがみ　光りに照りて
九州全土の　声援受けて　空を仰ぎて　勝利を誓う
ライオンズ　ライオンズ　おお　西鉄ライオンズ

　かつて平和台球場にこだまし、今なお熱狂的なファンに語り継がれる名曲は、西鉄ファンでも知られた作家・サトウハチロー氏が作詞、当時の人気歌手・藤山一郎氏が作曲したものだ。サトウ氏は前身の西鉄クリッパース球団歌の作詞に続くご縁であった。ちなみにこの曲の作曲は郷土の誇る作曲家・古賀政男である。
「阿蘇のけむりも　筑紫の海も　さつま日向の　草木も祝う」と続く歌詞は、当時の球団社長・木村重吉（同年十一月、西鉄社長就任）の言葉を受けてサトウがまとめたものである。福岡だけでなく九州人に愛される球団をめざした西鉄にとっても、名将・三原脩を迎え日本一をめざすチームにとっても、最高の応援歌となった。球団スカウトだった中島国彦は、完成した歌詞をみて感動した木村からの謝礼金を携えて、サトウ氏宅を訪れ謝意

67　誕生！　史上最強球団

RKB－Aスタジオで「西鉄ライオンズの歌」を熱唱する選手たち
（通称：ライオンズ合唱団。昭和33年3月4日）
提供：西日本鉄道

を伝えたという。

日本シリーズ連覇を達成して迎えた昭和三十三年三月四日、渡辺通りにあったRKB毎日放送Aスタジオに中西太、稲尾和久ら主力選手が集合した。この時、楽団の演奏に合わせて選手が歌った「西鉄ライオンズの歌」は録音されてレコードとなった。二番は当時すでに野球選手として初のレコードを出していた豊田泰光がソロで唄っている。これが今日まで遺る貴重な音源で、当時の球団職員で平和台球場の場内アナウンスも担当していた今泉京子氏の手元に原盤がある。

この時の貴重な録音風景写真が西日本鉄道本社に遺っている。当時流行したロングコートを着た選手たちの熱唱ぶりが微笑ましい。のちにダイエーホークス（現福岡ソフトバンクホークス）の応援歌が選手の歌うものとなったが、その先駆けも西鉄ライオンズであった。

チームの躍進とともに球団歌も有名になった。昭和四十七年限りで球団が譲渡された後も、伝説の野武士軍団の記憶の一部として人々の心に刻まれているのである。

69　誕生！ 史上最強球団

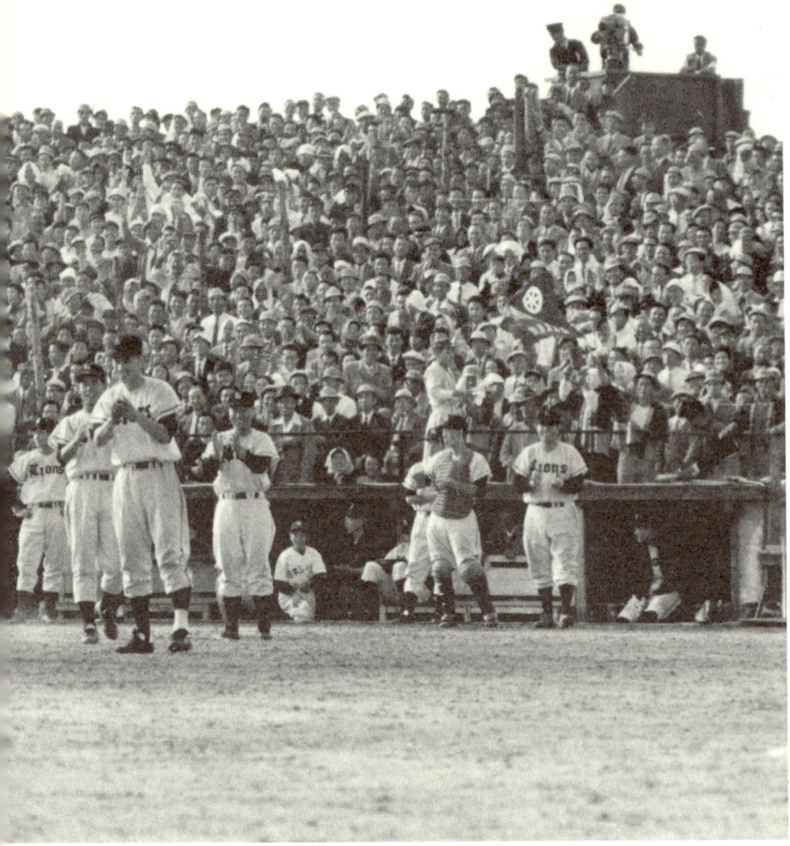

サムライ列伝

怪童・中西太 伝説の特大ホームラン

史上最強の打者は誰か。永いプロ野球史の中で、数々の名選手の名が挙がるが、打者のスピード、凄さという点では「現役時代の中西太を超える打者はいない」。彼の最盛期を知る人々に共通する意見である。

「打席でフルスイングしてファウルチップすると、ボールの革の焦げるニオイがマウンドやスタンドまで漂ってくる」バットスイングの早さを物語るエピソードは数多い。

西鉄からV9時代の巨人に移籍し、王・長嶋の後の5番を打った高倉照幸は「打球の早さでは王も長嶋も全然比較にならないよ。凄いバッターという形容が一番ピッタリ来るのは中西だった」と証言する。

南海のエースで、のちに福岡ダイエーホークスの初代監督を務めた故・杉浦忠は「地面スレスレで私の右サイドを抜けた三塁ライナーだと思った打球が、三塁手の上を越え、そのまま一直線に左翼スタンドに突き刺さった。未だに信じられない」と語っている。

全盛時代の中西は他を圧倒する打者だった。入団初年の昭和二十七年には新人王、翌二

72

十八年は36本塁打、戦後復興期の粗悪なバットと牛革製の飛ばないボールの時代である。この年は3割30本塁打30盗塁も達成。最高殊勲選手（MVP）一回、本塁打王五回、打点王三回、首位打者二回、ベストナインも七回受賞している。

驚くことに中西は三冠王を僅差で四回も逃しているのである。昭和三十一年のシーズンで、監督の三原は豊田と厘差の首位打者争いの中、中西の逆転三冠王の可能性を優先せずに最終戦を二人とも欠場させた。当時の中西は「いつでも三冠王になれる」と言われ、三原自身もそう思っていたからだ。

昭和二十八年八月二十九日の平和台球場（西鉄対大映戦）、中西が大映の林義一投手から放った超特大本塁打は、バックスクリーンのはるか上（約9メートル）をライナーで越える160メートル以上の飛距離。着地点が明らかでなく、現在でも日本最長飛距離ではないかと言われ、語り継がれている。

そんな中西も負傷と腱鞘炎には勝てず、昭和三十四年以降は常時出場できなかった。史上最高のバッターは、強烈なバットスイングに身体が耐えきれず、腱鞘炎と闘わねばならなかったのは皮肉であり残念である。

昭和三十七年から西鉄の選手兼監督を務めた中西は、引退後に監督、打撃コーチ、ヘッ

昭和35年のシーズン、平和台球場での西鉄クリーンナップ。
左から関口清治、中西太、豊田泰光。
この年に腱鞘炎を発症するまで、中西は猛打西鉄を牽引した
提供：西日本鉄道

ドコーチを歴任。コーチとして若松勉や金村義明、田口壮、岩村明憲ら数多くの強打者を育成した。

西鉄時代の盟友・仰木彬監督とのコンビで近鉄を優勝に導き（平成元年）、仰木がオリックス監督に就任すると、当時新人だったイチローの臨時指導も行い素質を認めるなど、中西の指導を受けると一流打者となるという伝説は今も生きている。

初代エース・川崎徳次 ムードメーカー＆球団創設の功労者

西鉄ライオンズの持つ、自由奔放で豪快なイメージを創り出した最大の功労者は、チーム創設時からのエース・川崎徳次だろう。

久留米商業出身、九州人らしく陽気な性格、"仏の徳さん"とあだ名される気さくさと面倒見の良さで、後輩選手やファン、若手記者にも慕われた。経験不足の若いチームにあって、川崎はムードメーカー的な役割も担い、球団創設から初優勝まではエースとしてチームを牽引。日本シリーズ三連覇時には助監督として監督の三原脩を支えた。

川崎は巨人のエースとして昭和二十三年に27勝で最多勝投手となるも、西鉄ライオンズ

75　サムライ列伝

の前身、クリッパースが二十四年秋に誕生すると、いの一番に郷土チームに駆けつけた。

巨人時代の上司（監督）である三原の証言によると、エース川崎の新興球団西鉄への移籍は、親会社読売のテレビ進出への副産物として成立したという。二リーグ分裂に伴う川崎の移籍は、最初の民放である日本テレビ設立時と重なり、資金集めに当時の一万田尚人（ひさと）日銀総裁と三浦義一、そして西鉄社長を退任した村上巧児という大分県出身の実力者三人が奔走したことに対しての御礼であり、西鉄との緊密体制を優先したというのだ。三原は川崎を「雲の上のトレード第一号」と表現している。

郷土愛、球団愛を全身で表現する川崎は西鉄本社幹部や球団首脳にも好かれた。三原の監督招聘を提案し、自ら交渉役となって三原を口説いた。川崎の存在がなければ、三原が九州の田舎球団を率いることもなかっただろう。

三原が選手に対して一定の距離をとったのとは対照的に、川崎は若い選手の兄貴分として慕われた。指揮官と選手との間を取り持つパイプ役でもあった。

球場外での活躍も豪放で、後輩を引き連れて酒や麻雀、競艇で徹底的に遊んだ。昭和三十年五月の博多どんたく時には大下・関口・日比野を除く約四十名を集めて仮装し、二日の前夜祭の夜に、静まり返った中洲を練り歩いたという爆笑話の首謀者でもある。

西鉄本社に遺る膨大な記録写真を見る時、川崎の屈託ない笑顔が目を惹く。彼の周囲に

昭和29年の中日との日本シリーズ第3戦（11月2日）、
川崎はこの試合で最高殊勲賞を受賞し、副賞を前にしての記念撮影。
右は敢闘賞を受賞した新人・仰木彬
提供：西日本鉄道

集まる選手も笑顔である。常に冷静さと寡黙を保つ三原の写真とは好対照、川崎の存在が大下とともに若い選手に与えた影響の大きさが伝わってくる。

若手投手が台頭し、稲尾和久が急成長した昭和三十二年、川崎はコーチ（助監督）に専念。昭和三十三年の日本シリーズ、連戦連投で酷使される稲尾の肩を懸命に揉み続けた。川崎は「稲尾や島原の成長を見るのが楽しみだった」と回想している。

彼は昭和三十五年、三原の後を継いで監督になった。責任の重さから後任監督就任を渋るも、最後はチーム愛から引き受けた。球団常務や阪神コーチを経て球界を離れた後、東京で開いた博多うどん店は彼の人柄で常にお客で一杯だった。

勝負師・河野昭修

打撃開眼、守備を極めた苦労人

西鉄ライオンズ全盛期のベストオーダーの中で、ご当地・福岡市出身選手といえば河野昭修内野手である。大下・川崎らベテラン選手と中西・豊田ら若手の中間年齢層に位置する河野は、温厚な性格もあって後輩から慕われ、三原監督からは守備の要として鍛えられた。一塁手河野は「蠅取り紙」の異名がつくほど好守備で、度々チームを救った。河野の

一塁定着後、エラーが激減したと豊田泰光も度々証言している。

県立修猷館高校時代、エース河野は昭和二十二・二十三年と二年連続で県予選準決勝で敗退している。相手は福島投手を擁し甲子園連覇を遂げた県立小倉高校、運がなかった。

「他のチームに負けた記憶はない」と河野は言う。全国制覇した野武士軍団の一角を担った根性と負けん気の片鱗が見えるエピソードだ。のちに野武士軍団の一角を担った根性と負けん気の片鱗が見えるエピソードだ。

河野が高校野球に励んだ時代は戦後の混乱期、平和台球場もまだない。河野より一年下で県立福岡高校の野球部にいた門田敏郎さん（川端通り門田提灯店）は、野球を始めるのに道具が手に入らず、古道具屋を巡って手に入れたボロボロのグラブと、折れた部分を補強したバットで試合に望んだ。福岡高校グランドで行われた県予選で、河野投手からヒットを打ったというのがご自慢である。

河野は早稲田大学に進学するも、家庭の事情から中退し、郷里に戻って昭和二十四年に西日本鉄道に就職した。

当時の「西鉄社報」を見ると、河野はすぐにノンプロ西鉄に所属したわけではないことが判る。普通社員として入社し、前年の第十九回都市対抗野球大会で優勝したチームを母体にして西鉄クリッパースが誕生した際に、選手層が薄くなったノンプロチームに参加。

79　サムライ列伝

そのわずか数カ月後にノンプロ西鉄の解散が決まり、河野はクリッパースの入団テストを受けて入団した。

昭和二十七年、オープン戦で活躍してようやく正三塁手のポジションを得るも、中西太の入団で遊撃手へまわり再びの二軍生活。翌二十八年に正遊撃手を得るも、またも新入団の豊田泰光に奪われる。二十九年、ようやく定着していた正二塁手を三たび仰木彬に奪われた。「三原監督が一塁ミットを持ってきて、一塁をやってくれないかと言ってきた時が一番悔しかった」と河野。この件について三原は後年「河野は器用だが、腰高で身体がカタいので遊撃手や二塁手には向かないと判断した」と著書で告白している。

河野が一塁手に定着した昭和二九年、西鉄ライオンズは初優勝を果たす。この年13本の本塁打を放った。うち一本は南海との天王山での逆転満塁ホームラン、結果この勝利が優勝に繋がった。

活躍の影には、元メジャーリーガーのジョー・ディマジオ（56試合連続安打記録保持者）の指導があった。この年の二月九日、河野は福岡市を訪れたディマジオの指導を香椎球場で受けている。これで打撃開眼、ここぞという場面で度々活躍し「勝負師」の異名もついた。

悪送球もキャッチする自慢のプレーを再現してみせる河野一塁手
（昭和31年頃、平和台球場）
提供：西日本鉄道

不動の５番・関口清治 義理人情に生きた朴訥野球人

　華やかなスター選手が揃っていた全盛期の西鉄ライオンズの中で、野球通に最も好まれた選手は関口清治かもしれない。朴訥で口数も少なく、大下や中西ら華のある選手と比較すると目立たない存在だが、名人芸と言われたカーブ打ちをはじめ、ここぞという時のいぶし銀プレーで観衆を魅了した。

　三原脩監督がイメージした「流線型打線」の表向きの要は２番豊田泰光だが、策士三原の本心は５番関口こそが重要だった。三原は先発オーダーを決める際、まず２番と５番を書き込んだという。大下弘や中西太が不調や怪我で離脱した場合も、５番関口だけは固定されていた。

　三原が西鉄ライオンズ監督に就任した当時、関口は川崎徳次とともに三原野球をチーム内に浸透させるための伝言役もこなした。短期間とはいえ、関口は巨人軍監督時代の三原野球の体現者だったからだ。

　そんな関口を慕う選手やファンは多かった。中でも親友で釣り仲間だったという喫茶店

ばんぢろ主人の井野耕八郎さん（故人）は、昭和二十六年に関口と知り合って以降、関口が西鉄を退団する三十六年まで、平和台球場の全試合に通った。

珈琲好きだった関口に、魔法瓶に入った温かい珈琲を差し入れ、ベンチ内で他の選手も井野さんの珈琲を飲んだ。息子の井野和人さんは観戦した全試合のスコアブックを大切に保管している。「昭和三十一年生まれの僕は小さい頃、関口さんにホントに可愛がってもらったよ」

チーム内で兄貴分だった関口に連れられて、西村貞朗投手や稲尾和久投手ら多くの選手が喫茶店ばんぢろ本店（博多行町の自宅兼店舗）に出入りした。

中でも西村は井野さんを慕い、結婚の際には井野さんに仲人をしてもらった。野球界を離れた後も井野家との交際は続き、西村が現役時代に獲得した数々の賞の記念ペナントは井野家に大切に飾られている。大切な記念品を、西村本人が持ってきたそうだ。

義理人情が当たり前だった昭和時代、その象徴のような選手が関口だった。巨人・西鉄時代の監督・三原は関口のプロ野球人生を開花させた恩師。三原の期待に応えようと必死にプレーし、昭和三十一年の日本シリーズでは4本塁打を放ち、伝説となった大逆転の昭和三十三年の日本シリーズ第五戦では、敗色濃厚な中で起死回生の同点ヒットを放った。土壇場に強い選手だった。

83　サムライ列伝

西鉄ライオンズの鉄壁外野陣を構成した関口清治(左)と高倉照幸
(昭和32年3月10日対巨人オープン戦、平和台球場)
提供:西日本鉄道

現役引退後は、別府星野組とともにプレーし、もう一人の恩師と慕った西本幸雄（阪急・近鉄監督）をコーチとしてサポートし、阪急全盛時代の到来を支える。同じ頃、古巣・西鉄は黒い霧事件後の大幅戦力ダウンの中で稲尾を監督に据えた。古巣の危機に、義理人情に厚い西本は、稲尾からのコーチ就任要請を受けるかで悩む関口を「稲尾を助けろ」と送り出し、関口は稲尾新監督をヘッドコーチとして支えた。

幻の大リーガー・西村貞朗 日米野球で素質開花の本格派

初のリーグ優勝を達成した昭和二十九年に22勝、チーム90勝も二位に甘んじた昭和三十年に19勝、そして初の日本一になった昭和三十一年に21勝と、重い速球と「懸河のドロップ」と言われたタテに落ちるカーブを武器に大活躍したのが、西村貞朗投手だ。

三原脩監督や中西太と同じ香川県出身、琴平高校から昭和二十八年西鉄ライオンズに入団した。同期入団の豊田泰光と同じく、一年目から先発13試合を含む34試合に出場。将来のエース候補として三原の期待を背負い無我夢中で投げた一年目だったが、結果は2勝9敗。それでも重い速球が十分に通用することを三原は感じ取っていた。

公式戦終了後の昭和二十八年十月、米国オールスター・チームが来日し、パ・リーグ中心の対戦で12試合を闘った。第五戦は十月二十八日に平和台球場で行われ、西村は全パの三番手として大リーグ選抜相手に2イニングを投げた。失点したものの、荒削りな本格右腕の投球は全米チームを率いるエド・ロパット投手兼任監督の目にとまった。

ロパットは残り試合に西村を全米チームの一員としてプレーさせ指導したいと三原に申し出る。弱冠十九歳の西村にとって願ってもないチャンスと見た三原はこれを快諾、他の選手からは「シンデレラボーイ」と羨ましがられた。

第九戦と第十一戦に全米チームの投手としてマウンドに上がった西村は、現役大リーガーのプレーや思考を肌で感じ、七日間の武者修行で野球観が変わったという。

翌春、西村にロパット率いるニューヨーク・ヤンキースのキャンプに参加しないかと誘いが来る。さすがの三原も今度は西村の渡米に反対し、周囲からの説得に西村は大リーグ挑戦を断念。日本人初の大リーガーは幻となった。

貴重な経験を糧に、西村は二年目に大変身を遂げる22勝、最高勝率・最優秀投手・ベストナインに選ばれ、西鉄ライオンズ初のリーグ優勝に貢献した。もし西村が渡米していたら、西鉄の黄金期は土台から違ったものになったかもしれない。

86

全米オールスターチームを率いるロパット投手兼監督に認められ、
全米チームに帯同しフィリーズのロバーツ投手に指導を受ける西村
(昭和28年11月)
「野球界」昭和28年12月号より

鉄腕・稲尾和久の台頭後、西村の登板機会は減ったが、円熟の投球をみせた昭和三十三年七月十九日の対東映戦（駒沢球場）でプロ野球史上五人目の完全試合という大記録を達成する。緊迫した投手戦、7回に豊田の本塁打が出て1対0の辛勝だった。最後の打者に向かう時、頭の中に翌日の新聞見出しが浮かんだという。

昭和三十一年、三十二年と連続日本一になったものの、三十三年のシーズンは前半戦に首位南海に大差をつけられての三位。眠れる獅子は西村の完全試合をきっかけに後半戦に脅威の追い上げをみせ、11ゲーム差を逆転してのリーグ三連覇、そして三年連続日本一と「奇跡」を連発するのである。

度胸一代・河村久文　伝家のシュートと強気の投球

20勝投手を多数輩出した野武士軍団の投手陣で、マウンド度胸という点では昭和二十八年にノンプロ東洋高圧から入団した河村久文が随一である。入団二年目の昭和二十九年から25勝・21勝・18勝・17勝・14勝と、「カミソリシュート」といわれた右打者の胸元を鋭く曲がるシュートを武器に、西鉄黄金期の主力投手として活躍した。

先輩の川崎徳次は雑誌のインタビューで「図太い神経とマウンド度胸、意思の強さに敬服する。エースとしての自覚とファイトの持ち主だ」と河村を讃えている。

別府市で両親ともに教師（父親はのち別府市教育長）という家庭に生まれた河村は、幼少期から腕白で自由奔放に育った。野球部は愛好会レベルだったという別府緑丘高校に進学し、高校一年で4番一塁手として試合出場中にエースが滅多打ちに合ったため、志願し投手になったという変わり種だ。河村がエースになって県下有数の強豪校となり、同校野球部は四年後輩に稲尾和久を迎えることとなる。

先進的な教育者の家庭に育ち、自分で考える野球術を自然と身につけていた河村は、西鉄に入団してからも闘争心と独自の投球術を磨いていく。それは三原脩監督が仕掛けた、チーム内のライバル同士が切磋琢磨する環境の中で一気に花開いた。

彼の度胸の良さはマウンド以外でも随所で発揮され、野武士軍団のエピソードに華を添えている。しかし、河村本人は煙草を少々たしなむが酒はほとんど飲まず、酒豪揃いの野武士軍団のイメージからはほど遠い。一方で遊びの方は数多の伝説を残しているが、最たるものは入団初年の春季キャンプに中洲の芸者を呼び寄せたというエピソードだろう。彼は良くも悪くも三原監督が若い選手に度々語ったという「ファイトのない選手はプロではない」「酒と女なら女の方がよい」という遠心力野球の実直な体現者だった。

島原キャンプで投球練習を終えてマッサージを受ける河村久文投手
（昭和32年2月13日）提供：西日本鉄道

全盛期の西鉄には河村をはじめ、稲尾和久、和田博実、畑隆幸ら大分県出身者が多数在籍したが、畑によると西鉄で練習嫌いだった選手の筆頭が河村、稲尾の緑丘勢だったという。
　後年、稲尾監督のもとで投手コーチとなった河村は、三原が彼自身にしたように個性を伸ばす指導方法を取り入れ、若い東尾修や加藤初に自身が築き上げてきた投球術を渾身のチカラを込めて伝授する。当時、球団首脳が決めた東尾の野手転向に真っ向から反対したのが河村だった。直伝のシュートは東尾の個性を伸ばし「ケンカ投法」として結実、稲尾以来のライオンズの二百勝投手を誕生させた。
　また、南海ホークスではコーチとして熱血指導で加藤伸一投手らを育てた。河村を恩師と慕った加藤伸一はソフトバンクの投手コーチとなり、河村と同じように後進の指導に尽力している。

切り込み隊長・高倉照幸 三原監督に豪傑と言わせた肝っ玉

 勢いのあるチーム、優勝するチームには必ずラッキーボーイ的選手がいる。西鉄ライオンズが初優勝した昭和二十九年、これに相当する野手は二年目の高倉照幸だ。黄金期の主力メンバー、豊田泰光らと同じ二十八年入団組である。
 のちに「切り込み隊長」と呼ばれ先頭打者本塁打を18本も打った高倉だが、入団当初は二軍暮らし。当時の西鉄は大下弘、関口清治、塚本悦郎というベテランが好調で、新人選手が割ってはいる隙間はなかった。
 監督の三原は著書の中で高倉について「強運の持ち主。彼こそ運そのもの」と語り、野武士軍団と呼ばれたサムライ揃いのチームにあって、「大下に次ぐ豪傑である」とも語っている。技術や実績以上に、気迫や運・ツキを大切にした三原ならではの見立てだ。
 昭和二十九年、シーズン開幕から11連勝と飛び出したチームは、エース川崎の病気離脱を二年目の河村久文と西村貞朗が埋めた。鉄壁と思われた外野陣では塚本が六月に結核で倒れ、高倉は塚本の補充要員として一軍へ上がった。

高倉は塚本の代役としては三、四番手の候補だった。しかし、スタメン起用の出番をももらったベテランの永利勇吉や八浪知行らが結果を残せない。監督の三原曰く「しょうことなく使った」。高倉はこのチャンス（対阪急・梶本隆夫投手）で二塁打を2本打ち、攻守強肩好打を活かしてレギュラーに定着。最初は7番、そして同年の日本選手権では2番に抜擢された。

チームとしても高倉にとっても初の日本選手権試合、勝負は最終第七戦までもつれ込み、エース杉下茂を擁した中日に惜敗する。ラッキーボーイの高倉は中日球場での二連敗後、平和台での第三戦から2番打者となり二試合で3安打、盗塁も決めるなど連勝の原動力となった。

2勝2敗で迎えた第五戦、1点差を追う9回に先頭打者の高倉は中日のエース杉下のシュートを頭部へ受けて死球退場、救急車で九大病院へ担ぎ込まれ即入院となる。三日目にようやく意識を取り戻し三週間入院した。高倉欠場のチームは初日本一を逃した。

彼は怪我に強い選手だった。送迎バスの非常口席に乗っていて、ファンが強くガラスを叩くと割れて破片が高倉の目を直撃したこともある。幸い白目部分で復帰に到ったが、死球を受けても怪我をしても闘争心は衰えなかった。物怖じしない度胸と気持ちの切り替えの早さ。気性の荒い平和台のファンのヤジはもち

切り込み隊長として定着し迎えた昭和33年4月5日、
完成したばかりの小倉球場で行われた
ペナントレース開幕戦での高倉選手
提供：西日本鉄道

ろん、その筋の人間からの恐喝にも動じない精神力こそ高倉の長所。西鉄黄金期のメンバーの中では最も息が長く活躍し、昭和四十二年に巨人に移籍し王・長嶋のあとの5番を打った。長嶋が不振の時は4番も打ったという。

高倉は今、少年野球チーム「福岡南リトルシニア」の総監督として、地域に根ざした活動を続けている。

守備の要・仰木彬 個性を活かす三原野球の伝道者

昭和二十九年、入団一年目の仰木彬はこの年から行われた二月の島原キャンプで早々に頭角を現した。といっても最初は野球ではなく「大食い」でである。

多少の誇張がある気がするが、ご本人たちの談によれば、練習後の夕食で坂上惇が十六杯、久保山誠が十七杯、そして仰木が十九杯のご飯を一度に食べたという。遠征時には米持参が必須の時代、腹いっぱい食べることが生きている証だった（ちなみに、仰木自身は著書の中で十三杯だったと記している）。

東筑高校を甲子園へ導き、投手として西鉄に入団した仰木を、三原監督は内野手として

西鉄ライオンズきっての甘いマスクでモテ男だった若い頃の仰木彬
（昭和33年7月6日、平和台球場）提供：西日本鉄道

の特性を見抜いて早々に二塁手にコンバートする。豪快な打線に目が行きがちだが、仰木の加入で一塁河野、二塁仰木、遊撃豊田、三塁中西という最強の内野陣が誕生したことが、接戦を制し勝利する確率を上げた。

三原監督が守備練習に力を入れていたことは河村久文（英文）の著書に詳しく書かれている。練習前のミーティングで連携プレーを図式で学び、それを練習でひとつずつ実行する。今では当たり前の連携プレーが三原の発案で行われ、守備練習の要となったのが、現役時代の三原と同じポジションを得た仰木であった。

豊田・仰木の二遊間コンビは、仰木が二塁手として初スタメンで出場した三月三十一日の対高橋戦で、6併殺という当時のパ・リーグ新記録を作る。仰木は打っても三塁打2本を放ち勝利に貢献し、レギュラーの座を奪った。チームは開幕11連勝を飾り、初リーグ優勝を果たす。同年秋の中日との日本選手権で仰木は打率3割の活躍だった。

野武士軍団の典型、「飲む・打つ・買う」の体現者だった仰木だが、生涯打率が2割2分9厘で守備人のイメージが強い中、打撃のプロ野球記録が一つある。プロ二年目の昭和三十年五月二十二日、対トンボ戦で1試合6安打のパ・リーグ記録を作り上げた。これは現在も城島健司と並びリーグ記録だ。

三原監督の采配はのちに「三原魔術」と呼ばれたが、仰木は選手時代から三原に指導者

の資質を見込まれ、三原の采配術・人心掌握術を直に学んだ。三原が西鉄ライオンズで創り上げた、選手の個性を活かして勝つ「遠心力野球」は、仰木が監督に就任して別のカタチで野球界に戻ってくる。

近鉄やオリックスを優勝に導いた仰木の采配は「仰木マジック」と呼ばれ、野茂英雄やイチローの才能を開花させた。長谷川滋利、田口壮など、仰木が育てた選手は次々にメジャーリーグに挑戦し活躍したのは周知の事実である。西鉄時代の三原との出逢いなくして仰木の指揮官としての大成もなかったかもしれない。

平成十六年、野球殿堂入りの記念パーティに参加した西鉄時代の後輩、畑隆幸と村山泰延は、パーティ前のホテル控室で静かに語り合う仰木を目撃した。彼の両隣に座っているのは野茂とイチロー、至福の時だった。

日比野武と和田博実
野武士軍団を支えた捕手の系譜

強いチームには守りの要・司令塔となる良い捕手がいて、捕手が打つとチームの勢いが増す。平成二十三年のソフトバンクと中日の日本シリーズもそうだった。

西鉄ライオンズ全盛期に目を転じても、昭和二十九年のパ・リーグ初制覇の際にはベテラン日比野武が、西村貞朗・河村久文・大津守といった二、三年目の若い投手を好リードし優勝に貢献した。

日比野は日本シリーズでも、平和台球場初の試合となった第三戦で河村久文を好リードして2安打完封勝利へ導き、本塁打も打つなど大活躍。チームが苦戦した中日のエース・杉下茂に対して13打数6安打2本塁打するなど、シリーズ首位打者と本塁打王を獲得する活躍だった。

日比野は昭和十四年に阪急に入団、どっしりとした捕手の典型的な体格で強肩好打の選手として活躍。西日本パイレーツを経て、昭和二十六年に誕生した西鉄ライオンズの正捕手となっていた。

日比野は昭和三十年に入団した和田博実が台頭してきた昭和三十二年以降は控えにまわることが多くなったが、昭和三十三年の日本シリーズでは奇跡の三連敗後の四連勝を、第四戦から和田を引き継いで稲尾を好リードし、逆転日本一の影の立役者となった。まさに西鉄黄金期を支えた名捕手である。戦時下の中断を挟んで実働十八年、昭和三十四年限りで引退し西鉄のコーチとなった。

一方の和田博実は日比野と対照的、身長174センチ体重70キロと細身の美青年である。

99　サムライ列伝

それまでの捕手の印象からはかけ離れた外見だったが、強肩と俊足は当初から注目されていた。

三原脩監督は入団時の和田に対して、線の細さを克服し筋肉をつけろと指導しているが、すぐに戦力となるとは思っていなかったようで、入団した年のキャンプ時のインタビューにも有望選手の中に和田の名は出てこない。しかし、先輩捕手である永利勇吉の厳しい指導や、同郷の先輩である河村らのブルペン捕手を務める中で捕球術を磨き、多くの正捕手候補の中から日比野の後継者として正捕手の座を射とめた。

昭和三十七年には3割2分5厘を打っている。三塁打26、盗塁121と俊足を活かしての記録は捕手としては群を抜く成績だ。

和田は日比野からレギュラーを奪った昭和三十二年の日本シリーズ、4勝1分けと無敗で巨人を撃破した第五戦には2本塁打を放った。うち一本は日本シリーズ初のランニングホームランである。

昭和四十七年に引退するまで、実働十八年で通算打率2割5分7厘、本塁打100で、

同じ昭和十二年生まれの稲尾和久とは「黄金のバッテリー」と呼ばれた和田であるが、実は稲尾以外の投手で完全試合二度、ノーヒットノーラン二度を達成している。和田が正捕手に座って以降、好投手が続出したのは和田の好リードによるところも大きかった。

中日との日本シリーズ、平和台球場での初試合となった第3戦で
完封勝利の河村久文と本塁打を放った捕手・日比野武(右)
(昭和29年11月2日) 提供：西日本鉄道

草野球出身・島原幸雄　日本一を支えたサイドスロー

　西鉄ライオンズが初の日本一に輝いた昭和三十一年のパ・リーグの試合数は154、8球団最後の年で日本プロ野球の永い歴史の中で最も試合数が多い年だった。当然、投手の確保が最重要視され、球団間での新人スカウト競争が熾烈を極めた。加熱するスカウト合戦の実話をもとにした映画「あなた買います」が公開された年でもある。

　さらに西鉄は前年の昭和三十年、144試合で90勝をあげながら99勝の宿敵・南海ホークスに大差の二位。覇権奪取に燃えた公式戦がスタート、鉄腕・稲尾和久のデビューは「猫の手も借りたい」状況下だったのだ。これが前年並みの144試合制であれば、実績のない新人の出番は極端に減ったと想像できる。

　二度目のリーグ優勝を遂げた三十一年、稲尾とともに一躍ヒーローに躍り出たのが入団七年目の島原幸雄である。チームの誇る二十勝級投手が次々に故障離脱する中、島原と稲尾の二人だけがシーズンを通してフル稼働し、島原は25勝11敗で最優秀投手賞を獲得。その勢いは宿敵・巨人との日本シリーズでも同様に機能。チーム初の日本一へと繋がった。

野球どころの松山市で生まれた島原は松山商業を中退した後、定職につかず軟式草野球チームのエースとして朝から晩まで野球漬けの日々を送っていた。叔父が西鉄の二軍監督・重松道雄と親しかった縁で誕生間もない西鉄ライオンズの入団テストを受け、西鉄入りした。昭和二十六年四月、弱冠十八歳だった。

入団当初の島原は上手投げの本格派で、球威はあるものの初めての硬球に馴染めずコントロールもなかった。気が小さいことも災いして、二軍で好投して一軍のチャンスをもらっても結果が出ない。合宿を脱走して郷里へ逃げ帰ったこともあった。

そんな島原を二人三脚で支えたのが、同郷の重松道雄だった。二軍生活が続き、一軍が遠征してくると荷物持ち担当。恵まれた体格を活かせず燻っている彼を励まし、三原脩監督に島原を推薦し続けた。そんな中で三原監督から下手投げへの転向を考えろと言い渡される。彼はこの時、最大の運を手にする。重松がアンダースローの元祖「サブマリン投手」だったからだ。

強い地肩を基礎に強靭な足腰づくりのため、重松と島原の二人三脚の特訓は続いたものの、なかなか結果が出ない。後輩から次々に追い越され、球団が初優勝した昭和二十九年暮れには引退も考えた。挫折するたびに重松や川崎徳次ら先輩投手に励まされプロに踏みとどまった。やっと摑んだ栄光が昭和三十一年の最優秀投手だったのだ。

日本シリーズ第3戦の試合前、
パ・リーグ表彰式で最優秀投手賞の表彰を受ける島原幸雄投手
（昭和31年10月13日、平和台球場）
提供：西日本鉄道

西鉄の三年連続日本一で島原は稲尾とともに主力投手に成長、昭和三十二年に13勝、三十三年も11勝をあげた。気の優しい島原を野手陣も盛り上げ、彼が投げると豊田や中西は普段以上によく打ったという。

剛球左腕・畑隆幸 　鉄腕のライバル、悲運のサウスポー

昭和二十九年の初リーグ優勝時に川崎・河村・西村・大津と20勝級投手を擁し「投手王国」を築いていた西鉄ライオンズだが、唯一のウィークポイントである左腕エースの確保は数年来の課題だった。

昭和三十一年、稲尾和久と同期入団の畑隆幸と西原恭治はともに左腕で三原の期待も大きかった。とくに小倉高校のエースとして昭和二十九年春に準優勝、甲子園大会に四度出場、ハワイ遠征高校選抜チームのエースだった畑は、セ・パ両リーグのほぼ全球団が獲得に乗り出し、最後は西鉄と南海の間で二重契約問題に発展するほど熾烈な獲得競争の末の入団だった。

鳴り物入りで西鉄に入団した畑は昭和三十一年のシーズン、五月に初勝利をあげると二

カ月余りで7勝をあげ、うち4完封と鮮烈なデビューを飾る。しかし、二重契約問題で春季キャンプやオープン戦への参加自粛・選手登録の遅れによる練習不足は、七月に入って椎間板ヘルニアというかたちで畑の肉体を蝕んだ。以降の恵まれた才能を活かせず、常に故障と闘いながらのプロ生活、それでも10勝以上を三度記録した。

入団時の稲尾は甲子園のスターだった畑の影に隠れて、全く注目されなかった。畑の剛球を目の当たりにした稲尾は、ライバル畑に速球で勝る自信がなかったので、コントロールに活路を見いだすしかなかったと告白している。畑の存在がなければ、鉄腕稲尾は違うタイプの投手になったかもしれない。大分県出身の二人は中学時代からの縁、野球を離れれば仲良しの同期生だった。

西鉄入団後すぐ、畑には「マーシャン」というあだ名が付けられた。畑の出身地である日田市から筑後川を下った田主丸町の有名人「鯉とりマーシャン」に似ているという理由である。平和台球場での試合中、畑は度々大下弘から「マーシャン！」と呼ばれ、吉塚うなぎのキモを買いに行かされたという。

昭和三十八年の最後のリーグ優勝時に13勝をあげた畑だったが、翌三十九年暮れに自由契約となり中日に移籍した。中日入団式の日、仰木彬は球団に内緒で名古屋まで列車移動に付き添い、傷心の畑を見送ったという。温和な性格で先輩からも後輩からも愛された畑

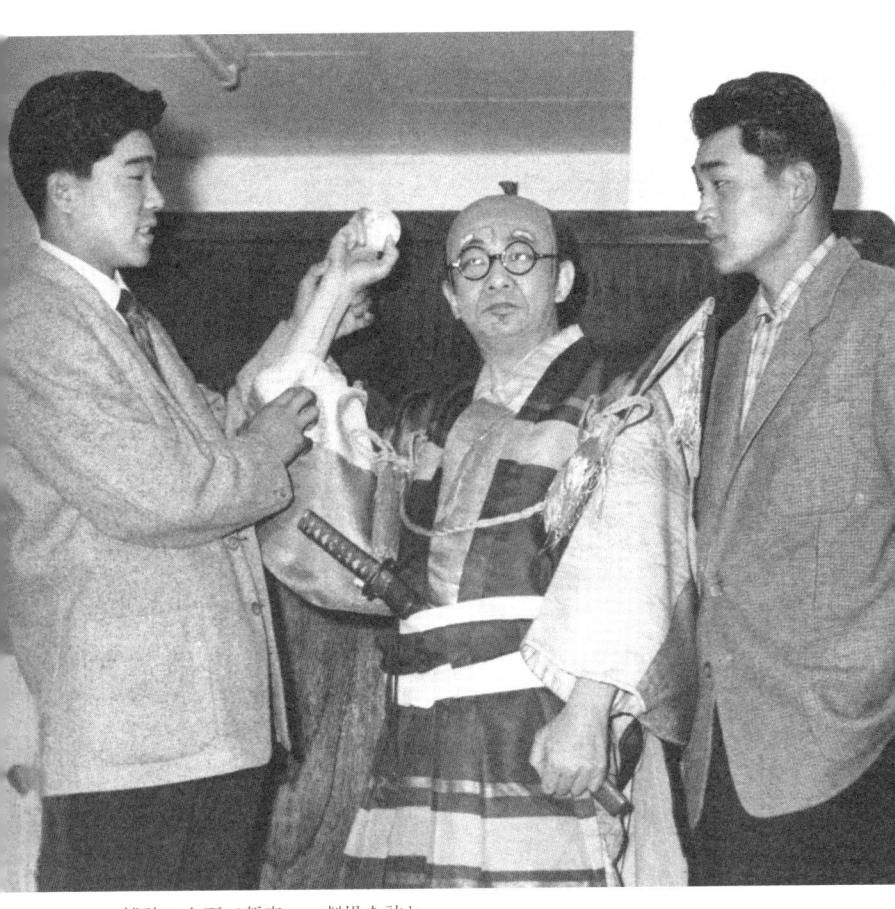

雑誌の企画で新宿コマ劇場を訪れ、
畑隆幸（右）の母校、小倉高校の大先輩である
コメディアン・古川ロッパにボールの投げ方を伝授する稲尾和久（左）
（「野球界」昭和32年6月号より）

ならではのエピソードである。

畑は現役引退後、野球界から身を引き永年の修行ののち、北九州・小倉で夫婦で焼き鳥店を営み、夫人の故郷である若松に住んだ。

リーグ優勝した昭和三十八年に結婚した畑夫人の実家は若松の医家だった。畑にとって小倉高校野球部の大先輩である作家・火野葦平の旧宅からほど近い場所にあり、葦平の親族らのかかりつけ病院だったという。

葦平といえば「河童」、畑のあだ名の由来である「鯉とりマーシャン」本人と葦平は河童を通じて深い親交があり、葦平の作品にも登場している。縁とは不思議なものである。

また、畑は好きな作家に火野を挙げている。

チームの良心、大津守 酒好きな球団初のノーヒッター

西鉄ライオンズの伝説には酒にまつわる逸話が多い。中洲で夜遅くまで酒を浴びて翌日のデーゲームで大活躍、といった類いで野武士伝説を彩っている。さぞや酒豪揃いだったのだろうと思い、お元気なOBに伺うと、意外にも酒を飲まない方、飲めない方が多い。

和田博実や河村久文のようにほとんど酒を口にしない選手もいれば、酒豪のイメージの強い大下弘もビール一本程度の飲酒だったという。遠征移動の夜行列車で酒を飲み干したという逸話も、実際は同行の新聞記者らが飲んだ量も半端じゃなかったらしい。途中駅から乗り込んだ記者が選手だけで飲んだと勘違いして記事にしたりで、陽気なチームカラーと相まって伝説は誇張されていった。

河野昭修さんがお元気な頃、「チームで一番の酒豪は誰でしたか」と質問したところ、「自分だ」という返事が返ってきた。他の方に伺っても河野さんが一番だろうと言う。その河野が白旗をあげた相手がチームにいた。それが大津守投手である。

大津は福岡県立明善高校から昭和二十五年に西鉄クリッパースへ入団、抜群の制球力と小気味好いピッチングで翌二十六年にはリーグ最多登板、初優勝の昭和二十九年には18勝、三十年には21勝をあげるなど五年間で64勝、稲尾和久入団以前の主力投手として活躍した。昭和三十年六月四日、本拠地・平和台球場での対近鉄パールズ戦で彼はノーヒットノーランを達成した。球団初の偉業であるとともに、九州の球場でのプロ野球初の快挙だった。

チーム一の善人で大の酒好きと言われた大津は、翌三十一年の公式戦開幕後に結核を患い、二年間のファーム暮らしの後、昭和三十三年に快挙達成の相手・近鉄へトレードされた。ここで大津はなんと「西鉄キラー」として復活し、稲尾に22連敗していた弱小球団で

試合前の投球練習を行う大津守投手。
昭和28〜29年途中までのホーム用ユニフォーム姿
（昭和28年、平和台球場）提供：西日本鉄道

二年連続二桁勝利をあげた。

驚いたのはトレードに出した三原監督である。近鉄は大津を西鉄戦にどんどん投げさせ、西鉄は凡打の山を築いた。奇跡の大逆転優勝をあげた年、西鉄の苦戦の一因が近鉄・大津の存在だったのだ。

藤井寺球場での三連戦、西鉄の元同僚たちは大津をなんとか攻略しようと、登板前夜に彼を誘い出し「ベロベロになるまで酔わせよう」と刺客・河野を差し向けた。西鉄チームが大好きだった大津は久々に河野と楽しい酒を飲み交わし、二人とも泥酔するほど酒を浴びた。

翌日の試合、二日酔いのはずの大津は予定通り先発。西鉄打線を1点に抑えて3対1で勝利投手となる。これには野武士軍団も降参の白旗をあげた。次の登板試合前、関口清治が大津のもとへやって来て言った一言が「マモル、お前はうちに投げる前の晩は飲むな」だった。「酒は飲め飲め……」の黒田節で知られる福岡に相応しい酒仙投手の称号を贈りたい。

大下弘日記　野球人の葛藤と覚悟『球道徒然草』

 西鉄ライオンズの球団社長・西亦二郎は常々「大下弘なくして西鉄の黄金期はなかっただろう」と周囲に話した。監督の三原脩は著書で「打撃陣を五人あげるなら川上・大下・中西・長嶋・王。三人なら大下・中西・長嶋。ただ一人選ぶなら、大下弘」と記し、彼の野球界での功績を讃えた。

 大下弘は日々の出来事や葛藤を毛筆で日記風に綴っていた。初リーグ優勝を果たし、自身も最優秀選手に輝いた昭和二十九年のオフ、十一月二十七日に筆を起こし、西鉄を去る昭和三十四年まで五年余にわたり二十四冊に書き綴られた日記には「球道徒然草」という題名が付けられた。

 大下の日記には、自身の喜びや悩み、感謝はもちろん、チームへの思い、ともに西鉄黄金期を戦った仲間に対する彼の素直な言葉も記されている。

 初の日本一をめざした昭和三十一年五月十七日には「豊田兄」と題し、この年初の首位打者を獲得する豊田泰光へ「〜球界青史に残る偉業を打樹してよ。好漢自重」と記して初の激励

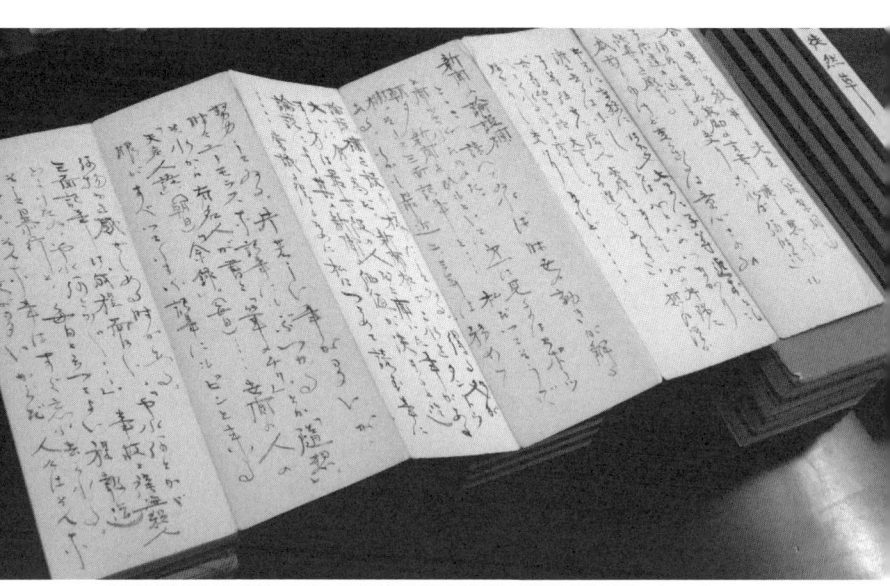

大下弘の日記
「球道徒然草」
所蔵:松本龍氏

サムライ列伝

日に「雌伏五年。兄の努力報われる時。凡ての欲望振り捨て、目前の栄華を追う事勿れ。球史に残る金字塔打ち樹てよ」と、結果が出ている時こそ、周囲の雑音に惑うことなく前進すべしと説いた。昭和二十一年のデビュー以来、常に球界のスターとして歩んできた大下だからこそのアドバイス。彼の存在が西鉄選手の精神的支柱だった。

大下弘が活躍し最優秀選手に輝いた昭和32年の日本シリーズ。平和台球場での第1戦の朝、早朝トレーニング後に愛犬と戯れる大下(「野球界」臨時増刊、昭和32年11月号より)

した。七月五日の日記では「両リーグの第一人者となった君の前途は洋々。引っ込み思案は敵と知れ。君の持ち味を消す事なく（以下略）」と記して豊田が初めてファン投票でオールスター戦に選出されたことを喜んだ。

この年25勝をあげて飛躍した島原幸雄には五月二十

チーム状態が悪く、自身も故障離脱しリハビリに励んでいた昭和三十三年は葛藤や現役続行への悩みが多い。その中で「鉄腕稲尾」と題された六月の日記には「彼在りて西鉄の屋台骨は崩壊せず、中西、豊田、関口の打棒の冴えも、彼無くば無用の長物と化す。偉大なる鉄人、稲尾和久。技術、識見ともに兼ね備えたる野球人。年令を越えて賛嘆の声あがる」と記した。

現役最後の昭和三十四年、長期の故障療養の中で、大下は復帰が遠い現状から抜け出すように読書に励んだ。吉川英治や川口松太郎をはじめ西鉄ライオンズの熱狂ファンとして知られた石原慎太郎の著書も全作所有し読み返していると記すほど、大下は読書好きだったのである。

別府の療養施設でのリハビリ中、頻繁に見舞いに訪れた後援会副会長・松本英一氏（松本龍元衆議院議員の父）への感謝の言葉、激励に応える決意の言葉も数多く記されている。

この日記の原本（二十四冊中十九冊）は大下の死後、松本家に預けられ保管されてきた。野球史を語る貴重な日記は、平成二十四年七月三日からの王貞治ベースボールミュージアム「九州の野球歴史展」で初公開された。

本豊をイメージさせ、まさに戦前のスーパースターだった。さらに巨人軍で唯一、永久欠番となっている1番と3番の両方をつけプレーした選手でもある。

115　サムライ列伝

元祖ウグイス嬢・今泉京子 平和台球場で二十三年間皆勤賞

西鉄クリッパース時代から西鉄ライオンズが昭和四十七年のシーズン限りで球団を譲渡するまでの二十三年間、ただの一日も休まずに、球団職員として平和台球場のウグイス嬢を務めたのが今泉京子である。

「他の球団は数人のウグイス嬢が交代でアナウンスを担当したけど、西鉄は最後まで私一人。喉が弱くてよく熱を出したの。四十度の熱があって声が出ない時も、代わりはいない。私がやるしかなかった」

西鉄が球団を持つと決めた際、本社事業課の所属だった彼女は業務命令で出向、わずか五名の球団職員中、唯一の女性だった。他球場の場内アナウンスを女性が担当していることを知った西亦二郎球団社長が彼女を抜擢、アナウンス経験どころか、野球を見たこともなく、勿論ルールも全く知らない位置からのスタートだった。

そんなふうだから当然教えてくれる人は誰もいない。ラジオでプロ野球中継の実況を聴いたり、草野球を観ながら実況の練習をした。生粋の博多っ子の彼女は最初の頃、博多弁

平和台球場のアナウンス室で原稿を手に放送中の今泉京子
(昭和31年頃)
提供：今泉京子氏

まる出しのアナウンスをしてしまい、相手チームから笑われた。悔しさを嚙み締めて、無我夢中で実況経験を積む中で彼女は成長し、いつしか監督や選手、審判からも「きょうこちゃん」の愛称で親しまれ信頼されるようになる。

「仕事の厳しさを教えてくれたのは三原監督。私にとって平和台球場の放送室は戦場だった。マイクに向かえば失敗は許されなかったのよ。三原監督は策士のように言われることも多いけど、言動は常に本道だった。選手をはじめ私も監督に誉められようと無我夢中だったの」

アナウンスに万全を期すために、新聞スクラップをまとめ、スコアブックも自分流で工夫してまとめた。試合開始の二時間半前には球場入りし、前日までの両チームの選手の公式記録などを確認し原稿を用意した。当日の天候なども含めて情報を整理し準備しておくことで、万が一のトラブルにも柔軟に対応することができるのだと感じ、常に努力した。

ウグイス嬢といっても、彼女の場合、雑務も多かった。試合球の用意、練習時間に流すBGMの選曲、遠征時の切符の手配から相手チームとの連絡、スケジュール管理、選手の給料の受け渡しまで、何でも完璧にこなした。

試合が長引くと、審判がアナウンス席へいそいそと向かう光景がよく見られた。今泉によると、実は審判からの「帰りの汽車の手配を頼む」といった個人的なお願いごとが多か

ったそうだ。万事おおらかな時代である。

プロ野球のオフシーズンも、契約更改の準備やスカウトのサポート（手土産の用意・出張手配）など、仕事は山積み。黄金期に始めたオフ恒例のゴルフも選手に混じって参加した。ライオンズを離れるまで、プライベートで旅行したり趣味を持つ余裕はなかった。

今でもOB会の集まりに参加する時、彼女はOBとは戦友のような関係だという。まぎれもなく今泉京子は「史上最強球団」の一員だった。

平和台球場で行われた「ファンの集い」での光景。
当時流行したフラフープに悪戦苦闘の豊田。その様子を見て喜ぶ稲尾、中西ら
（昭和33年11月。提供：西日本新聞）

野武士伝説

野武士の名の由来　日本を代表する映画との因果

平成二十三年夏、埼玉西武ライオンズの「ライオンズクラシック2011」グッズとして製作された豊田泰光直筆デザインの「野武士軍団」Tシャツは完売の人気だった。この、黄金期の西鉄ライオンズを讃える「野武士」という呼称は、誰がいつ、どこで名付けたものなのか。

明治四十四年九月創刊の雑誌「野球界」（明治四十一年創刊の「ベースボール」を改題、昭和三十四年休刊の月刊誌）などに連載を持っていたスポーツライターの大和球士さんの記述が最初だという方もいるが、OBや当時の関係者に聴き取りしても確たる証言が得られない。

そんな中で、元アナウンサー・羽佐間正雄さんの「映画のヒットと共に昭和二十九年定着」説は状況証拠も揃っており、真説に近いと思われる。

西鉄が初優勝した昭和二十九年四月、黒澤明監督の代表作が劇場公開された。戦国時代、野盗山賊の略奪に困窮していた百姓が用心棒に侍を雇い、野党山賊の一団と戦う物語『七

人の侍』である。略奪を繰り返す悪党集団は「野武士」であり、彼らを懲らしめた七人の侍もまた浪人、言い換えれば良い「野武士」だった。平和台のファンは西鉄の荒々しい個性溢れる選手たちを救世主「七人の侍」にたとえたというわけだ。

快進撃を続けるチームも遠征先では「山賊集団」と罵倒された。東京での西鉄の宿舎は後楽園球場のすぐ近くにあった大国屋旅館だったが、選手たちはユニフォーム姿にスパイク履きのまま、コンクリート舗装の道の上を賑やかに歩いて球場入りした。庶民的と言える反面、巨人など他チームの選手に比較して、その行動は「田舎者チーム」と映った。

ある時、大柄な坂上惇たちがスーツを来て駅に降り立つと、物々しい集団に出迎えられた。荒々しい雰囲気が紳士たちには見えず、怖いもの知らずの太々しい様相がヤクザの親分に間違われたというのだ。

大下弘を筆頭に、自由奔放に振る舞う若い選手たちは「サムライ」にたとえられた。野武士という呼称は、当初は侮辱的に言われ始めたものだったのかもしれない。しかし、勝ち続ける中で蔑称はいつしか称号に変わり、映画の大ヒットに連動するように定着した。

土盛りの頃の平和台球場に集まるファンは労働者も多く、スタンドからは熱烈な声援も多い反面、ミスや凡プレーには味方に対しても容赦なくヤジが飛んだ。「ばかやろう！」といった罵声も多かった。ぶざまな敗戦には一升瓶や石などもグランドに投げ込まれ、選

初リーグ優勝で迎えた中日との日本シリーズ、
第3戦当日早朝に開門を待つファン
（平和台球場、昭和29年11月2日）
提供：西日本鉄道

手たちは身を守るために必死にプレーした。

本拠地での圧倒的な高勝率は、明らかに平和台の熱気が生んだもの。そう考えると「野武士軍団」という呼称は、西鉄チームに対してだけでなく、彼らの活躍を演出した平和台球場とファンの熱狂そのものだったのかもしれない。

島原キャンプ　記念碑と記憶に遺る、永遠の青春地

西鉄ライオンズのキャンプ地といえば長崎県島原市。全盛期の野武士たちの数々の伝説は島原で生まれ、キャンプを訪れた記者が書いた記事を通じて広まった。

きっかけは昭和二十七年に完成した島原市営球場のこけら落としに西鉄対阪急の公式戦が行われたこと。二十九年から西鉄の島原キャンプが始まったが、宿舎となった国光屋をはじめとする島原の受け入れ態勢の良さに加えて、球団の親会社・西日本鉄道の戦略にも合致していたことはあまり知られていない。

西鉄クリッパースが誕生した昭和二十五年八月に大牟田線と島原観光汽船の連絡運輸が始まるなど、当時の西鉄は鉄道事業やバス事業で九州各県の同業者との連携を深め、観光

125　野武士伝説

練習を終え国光屋でくつろぐ、この年に入団した新人たち。
和田博実、若生忠男、田中久寿男ら
（昭和30年2月）
提供：西日本鉄道

事業の強化を進めていた。『まぼろしの邪馬台国』の著書で知られる宮崎康平が役員を務める島原鉄道とタイアップして、島原・雲仙の観光ルート開発が進められ、紅葉シーズンの大牟田線には「雲仙号」も登場した。

宮崎は当時の西鉄社長・野中春三に可愛がられ、度々野中のもとに経営相談に行っていたとの宮崎の妻・和子さんの証言である。島原観光汽船も宮崎康平が興した会社。彼はのちに西鉄の福岡市内観光バスのガイド音源の制作を担当したり、昭和四十二年にかしいかえんに隣接し開設された「香椎バナナ園」にも関わったのである。

島原キャンプが始まった昭和二十九年は取材陣も疎らだったというが、同年にリーグ優勝して迎えた翌三十年のキャンプからは大勢の取材陣が島原を訪れ、街は元気ざかりの選手たちと取材陣で昼も夜も賑わった。夜中に宿舎を抜け出して、朝まで遊んだという類の話は枚挙に暇がない。

当時、小学生だった三十番神・護国寺の岩永泰賢住職は「国光屋を出発した選手たちは、寺の横の路地を走って市営球場へ向かっていました。名前は知っていても、当時はテレビもないし新聞の写真も荒くて選手の顔はよく判らない。宿舎に行って選手にサインをしてもらっても、サインも読めない（笑）。それが稲尾さんで、ずっと宝物でした」と懐かしく語ってくれた。

最後に島原でキャンプが行われてから三十年後の平成十四年十二月、市営球場入口に「西鉄ライオンズキャンプ地記念碑」が建立された。当時OB会長だった関口清治をはじめ、稲尾和久らOB十七人が参加し、除幕式と記念植樹、少年野球教室が行われた。その後も岩永住職らが働きかけて、稲尾が監督を務めていたマスターズリーグ・福岡ドンタクズのキャンプを島原でという話が進むなど、島原と西鉄ライオンズの交流は続いたが、稲尾の急逝により実現しなかった。

平成二十三年十二月に西鉄グランドホテルで開催されたOB会大忘年会には国光屋・鐘ケ江管一さん夫妻も集い、青春の地・島原の思い出話で盛り上がった。

猛烈コーチは名ランナー　九州一周駅伝監督・久保田昇

西鉄ライオンズの若き野武士たちが三原脩監督や「鬼コーチ」として知られた重松道雄二軍監督以上に恐れていたコーチが、親会社・西鉄事業部に所属し、陸上競技界で活躍した久保田昇である。

戦後の陸上競技記録を次々に塗り替え、1500、5000メートルの日本記録を作っ

島原キャンプで打撃練習中の大下弘選手
(昭和32年2月13日)
提供：西日本鉄道

たこともある久保田は、毎年春と秋のキャンプ練習にトレーナー（臨時コーチ）として派遣され、若手選手を中心に猛烈な走り込みを課した。

昭和二十八年入団の河村久文は著書の中でユーモアを交えて、キャンプでの氏の特訓ぶりを「殺人ランニング」「殺人体操」と記し、走り込みでのエピソードを紹介。初優勝した昭和二十九年の平和台球場でのキャンプでは、球場を十五周走った後に、当時流行していたデンマーク体操を九十分間、フルコースで毎日行い、さらに大濠公園を三周走らされたと告白している。この年、初めて行われた島原での二次キャンプでも久保田の猛烈なトレーニングは続いた。

とにかく走る、身体と根性を鍛えることに久保田は全力を注いだ。駅勤務時代には、仕事の合間や休憩時間に、毎日六万回の縄跳びをしていたと、当時の「西鉄社報」で告白している。本社事業部勤務の時は、毎日久留米の自宅から福岡の西鉄本社まで40キロを毎日走って通勤したそうだ。

久保田は西鉄陸上部の監督を兼務すると後進を育てることに情熱を燃やし、昭和三十四年からは九州一周駅伝の福岡チームの監督・総監督となり、君原健二や渡辺勝己らのちのオリンピック代表選手を要して福岡の五連覇にも貢献した。その後も福岡県陸上選手団の役員などを歴任し、昭和三十九年の東京オリンピックでは審判員として参加している。

野球の世界で走り込みは今も昔も重要な練習である。オフにしっかり走り込んだかどうかで、長丁場の公式戦で常時活躍できるかが決まる。西鉄に入団した高卒の若手投手陣が早々に戦力となって開花し、好成績をあげることができた影には彼の存在があった。夏場以降の首位争いを乗り切る体力と集中力は他球団を圧倒し、僅差で交わす逆転優勝の原動力となった。

中西太監督時代、久保田は西鉄事業部で球場担当課長となり、到津遊園長となっており、「西鉄社報」に「勝負根性」というタイトルで寄稿。その中で、「練習に魂を込め、試合で最高の結果を出すのがプロ」だと力説し、中西監督が立てる練習計画の緻密さと合理性を誉めた。ただし、「練習に取組む選手は魂が込められていない」と手厳しく叱咤激励。人一倍の努力をして初めて「勝負根性」がついてくるんだと、愛するライオンズにエールを送っている。

久保田運動具店　選手の活躍を支えた用具職人

西鉄ライオンズの躍進を、戦後復興期、道具が手に入らない時代から一貫して野球用具を提供し支えたのが「久保田スラッガー」のブランドで知られる久保田運動具店（福岡市中央区に福岡支店）の江頭重利さんである。

久保田スラッガー専属契約の福岡ソフトバンクホークス・本多雄一選手をはじめ、多くの現役プロ選手が久保田のグラブを使い活躍している。江頭さんは福岡の野球史を側面から支え、六十年近く見てきた人物だ。

昭和二十七年に同店に入社した江頭さんはその年から西鉄ライオンズの担当となり、グラブやバットだけでなくユニフォームや試合球を提供してきた。昭和四十三年に福岡支店を開設するまでは、大阪と福岡を行き来する日々が続いたという。

江頭さんが考案し、今ではメジャーなグラブの型付け方法となっている「湯もみ型付け」の技術は、西鉄ライオンズとの深い関わりから生まれた。

野球用具の注文はキャンプ時までに選手単位で年間受注する。昭和二十九年からキャン

132

プ地は島原になった。二月初めの島原は寒く、霜が降ることも多々ある。そのためグラウンドに灯油をまいて燃やし温め、ベンチには手を温めるための木炭も置かれていた。選手たちは暖をとるため、グラブをはめたまま木炭の火にあたるのだが、観察しているとグラブの皮が柔らかくなり、中から脂もしみ出してくる。これにヒントを得て試行錯誤を繰り返し、型付け技法を生み出したのである。

選手の個性は野球用具の扱いにも表れる。中西太は注文するバットを決めると「まとめて宿舎へ送っておいてくれ」と言い、豪快なバッティング同様に細かいことを気にしなかった。

木製バットとグリップを調整する機械は、豊田泰光選手の野球用具に対するこだわりが生んだもの。バットをダース単位で納品すると、豊田は一本ずつバランスを点検し細かい指示をしてくる。その場で対応するために試行錯誤して機械を創作し、球団がホークスに変わった今も現役で使われている。

三原脩と久保田運動具店の創業者・久保田信一は昭和九年に都市対抗野球で優勝した「全大阪」で一緒にプレーした。ともに東京六大学の花形選手だったが、その後三原は日本プロ野球契約選手第一号となり、プロ野球の発展に一生を捧げた。

三原はユニフォームやグラブをはじめ、野球用具に対しての思い入れも強かった。物資

が少なく流通業の発展前の昭和二十年代当時、九州の田舎チームが良い野球用具を常に入手できたのは、久保田運動具店のサポートがあったからだ。

西鉄ライオンズの時代から、今も福岡の野球文化を支える久保田運動具店福岡支店には、中西が使用していたグラブをはじめ、西鉄全盛期の選手の色紙や写真などが展示されている。

中西太が入団し、江頭重利さんが西鉄ライオンズ担当になった
昭和27年3月21日、パ・リーグ開幕戦前の記念撮影（春日原球場）
提供：西日本鉄道

歴代の西鉄合宿所　数々の野武士伝説を生んだ大円寺寮

　西鉄ライオンズの最初の合宿所は、福岡市内線の大学病院前電車通りにあった「たまや旅館」である。昭和二十八年に入団し、当初二軍で過ごした高倉照幸らも春日原球場での一次キャンプが終わると、たまや旅館に寝泊まりしてプロ生活の第一歩を歩み出した。呉での二次キャンプが終わると、二軍は大阪・堺市の石津川にあった合宿所行きとなる。一軍が遠征してくると同じ宿舎に寝泊まりする。一軍と二軍とでは食事や待遇に雲泥の差があり、高倉ら二軍の選手は「きっと上に上がってみせる」と練習に励んだという。
　余談だが、執筆を始めるにあたり筆者自身の親族らに聴き取りをしたところ、実弟の妻の母方の親戚が「たまや旅館」を経営していたことが判った。筆者の親の世代は、実際に平和台球場で伝説の試合の数々を目撃したことが自慢であり、全盛期から五十年を経ても、福岡では西鉄ライオンズの痕跡がまだ数多く遺っていると実感、執筆を始めるきっかけとなった。
　昭和二十九年には唐人町に和風二階建の西鉄ライオンズ合宿所が設けられ、一軍はここ

昭和29年の日本シリーズ第3戦を勝利で終えた夜、
大円寺寮にて西鉄ライオンズのマスコットガールだった
少女歌手・草葉ひかるを囲んで。
川崎徳次、中西太、坂上惇、西村貞朗、高倉照幸の5選手
「野球界」昭和29年12月号（第44巻第12号）より

へ移った。唐人町商店街からほど近い合宿所は通称「大円寺寮」と呼ばれ、昭和三十四年に百道寮が完成するまでの五年間使われた。この間にライオンズは四度リーグ優勝し三度の日本一に輝く。野武士軍団の数々の伝説はここで生まれたことになり、同時に商店街は西鉄ライオンズの門前町の様相だった。

三原脩監督は大円寺寮の向かいにあった大円寺に住居を借り、高校卒の若い選手たちの生活を至近距離から観察し生活指導をしたというが、監督の目をかすめて門限破りをし遊んだエピソードが多くの選手にあるのも面白い。

寮近くのヘアーサロン男爵には三原監督をはじめ選手たちが散髪に訪れていて、当時子どもだったご主人が思い出を語ってくれた。ライオンズが福岡を去った後、ライオンズのライバルだったホークスが福岡へ来て本拠地のドームが完成。唐人町商店街は今度はホークスの門前町となったのは縁であろうか。

また、大円寺寮時代、二軍の合宿は香椎球場の隣接地に香椎寮が新設されて石津川から移転。博多高に通いながら二軍の練習や試合に出場していたという安部和春は、香椎寮からプロ生活をスタートした。安部は昭和三十八年、西鉄最後のリーグ優勝時の優勝投手である。

大円寺寮の跡地には、現在西鉄の分譲マンションが建ち、香椎寮と香椎球場の跡地はか

昭和34年春に百道海岸そばに完成した一軍寮。
左は雨天練習場（提供：西日本鉄道）

しいかえんの敷地になった。

最後の合宿所となった百道寮は日本シリーズ三連覇達成の翌昭和三十四年に完成、日本一チームの名に恥じない当時最先端の室内練習場などの設備を備えていた。

空巣捕物帳 ファンの機転が初優勝に貢献

平成二十四年五月二十七日、福岡市早良区に「サザエさん通り」が誕生した。夕刊フクニチに連載を始める際、長谷川町子さんが作品の構想を練った地が自宅近くの百道海岸だった縁である。戦後復興を始めた福岡で生まれた国民的漫画の連載中、磯野家は幾度も空巣の被害にあっている。防犯設備が整った現代であれば、一生に一度会う

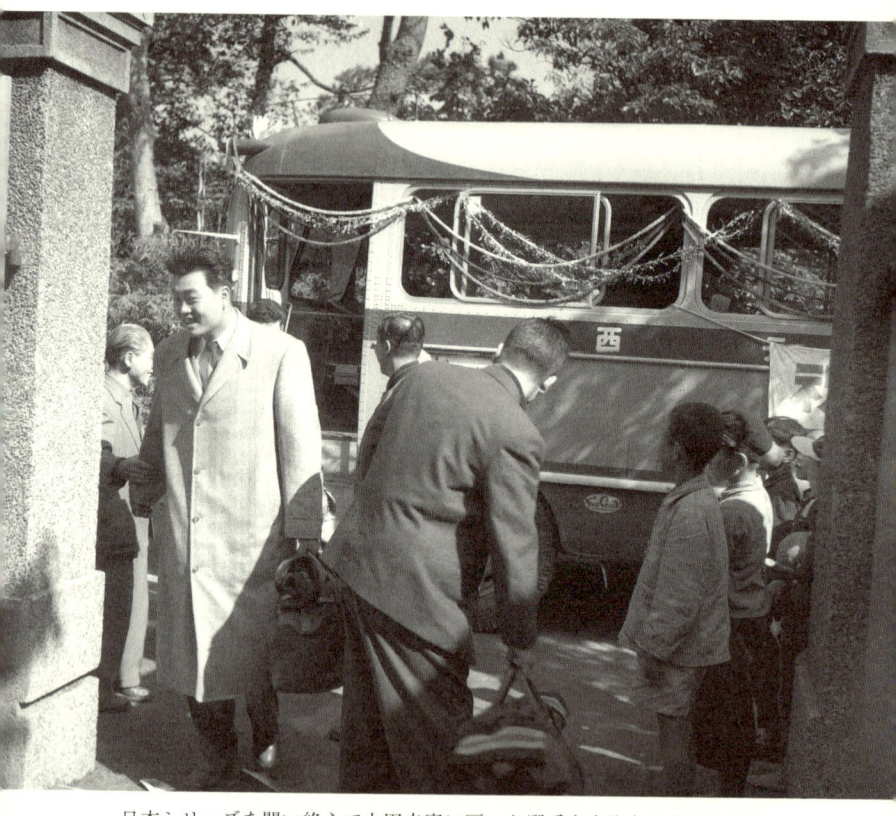

日本シリーズを闘い終えて大円寺寮に戻った選手を出迎える子どもたち。
左は西村選手
（昭和29年11月9日、福岡市唐人町）
提供：西日本鉄道

かどうかの泥棒被害だが、全盛期の西鉄ライオンズも毎年のように被害にあい、新聞紙上に「西鉄選手の寮に賊」の文字が踊った。

昭和二十九年十月四日、初のリーグ優勝を目前に控えた時期にも唐人町の大円寺寮に空巣が入った。中西太、西村貞朗、日比野武、田部輝男らの背広やジャンパーなど四十点余り（当時の金額で時価三十四万円相当）の被害となった。

遠征帰りのオフ日で、選手らが夜の街へ出掛けた留守を狙った計画的犯行だったが、この時は新聞記事を見た西鉄ファンの質店主人の機転で、約二十四時間のスピード逮捕となっている。

盗難の翌日、犯人は換金するために博多区対馬小路の山口質店に中西の合オーバーを持ち込んだ。点検するとネームが「西」とあり、「中」の文字が潰されていることに気づいた。主人はすぐに警察に通報、二人組が逮捕され盗品の大半は選手に戻ったのである。

この時期、西鉄ライオンズは宿敵南海ホークスの脅威の追い上げ（18連勝を含む26勝1敗で猛追）を受け熾烈な首位争いをしていた。中西ら選手は不慮の被害に動揺したものの解決が早かったことが幸いし、チームは引き分けを挟み10連勝して初優勝を勝ち取った。

ファンの機転がなければ0・5ゲーム差の初優勝はなかったかもしれない。

また初の日本一となった昭和三十一年、シリーズ最優秀選手を獲得した豊田泰光は大円

寺寮に入った空巣に賞金二十万円を全額盗まれた。この時は犯人が捕まらず、悲運の豊田に救いの手を差し出したのは馴染みの料亭の女将さんたちだった。すぐに各店へ奉賀帳を回してくれて、盗まれた金額以上のカンパが集まったのである。感激した豊田は博多の情の深さを語る逸話として、度々語っている。

豊田は入団直後の初月給も合宿所（たまや旅館）で全額盗難にあっているが、こちらはチーム内の手癖の悪い不良選手の犯行だった。山賊集団とあだ名された所以のひとつであるが、この時代は治安も悪く「盗まれるような所に置く方が悪い」という考え方が一般的。常に緊張感を持ち生活した選手は、精神的な逞しさと注意力を身につけ、三原脩監督のめざす「考える野球」に対応することができたと言い過ぎか。

昭和三十四年、サザエさん通りにほど近い百道に新しい寮が完成して以降、侵入が困難になったことで選手の盗難被害は激減した。その反面、選手はハングリーさを失い、チーム力が衰退したのも事実である。

博多どんたく珍景　前夜祭で仮装し練り歩き

ゴールデンウィークの福博の街が「博多どんたく」一色となるのは西鉄ライオンズ全盛期も同じである。戦時下で中断していた伝統行事「博多松囃子」を中心に、戦後に復興祭として再開されたどんたくは、年々進歩発展し昭和三十七年に現在のような「福岡市民のまつり」となる。博多松囃子が保存会を結成し、護国神社へ初参拝した昭和二十八年に平和台球場でも宿敵の毎日や南海を迎えての「どんたくシリーズ」公式戦が始まった。

球団の親会社・西日本鉄道では昭和二十三年からどんたく期間中の花電車三台の運行を開始。初のリーグ優勝を遂げた昭和二十九年を皮切りに、西鉄ライオンズにちなんだ花電車は昭和三十・三十三・四十六年と計四度も作られ、祭りを彩ったのである。

花電車がどんたく前夜に初運行された昭和三十年五月二日の夜、西鉄の若き野武士たちはファンに語り継がれる爆笑の珍事件を起こす。翌三日からの対毎日戦を控えた休養日、キャプテン・川崎徳次の「今年は我々も博多どんたくに参加するぞ」との声かけで四十数名の選手が夕方五時に川崎邸に集まった。もちろん三原脩監督ら首脳陣・球団には内緒で

どんたくの仮装をして料亭の大広間の舞台で演技する選手ら。
上段左から、中西、河村、坂上、橋本。
下段左から、十八番のドジョウすくいを披露する川崎、
中西に化粧を施す豊田、女装の仰木
（昭和30年5月2日、料亭やま祢にて）
「野球界」昭和30年6月号より

ある。

選手たちは川崎夫人が準備した衣装をまとい、思い思いの仮装や化粧を施した。踊りの先生に唄や通称「お富与三郎」として知られる人気演目「玄冶店(げんやだな)」の振り付けまで習い、満を持して中洲の歓楽街へと勢いよく繰り出したのである。

しかし当然のことだが、どんたく前夜に仮装して街を練り歩くグループは彼ら以外にいない。人々はすぐに変装した彼らに気づき、あっという間に黒山の人だかりができ、ほとんど見せ物状態となった。これには図太さに自信のある選手たちも恥ずかしさに耐えられず、すぐに中洲から逃げ出した。彼らは熱狂的な西鉄ファンの主人がいる渡辺通りの料亭「やま祢」へ避難し、深夜まで大広間で酒を飲みバカ騒ぎしたという。

大下・関口・日比野のベテラン三選手以外みな参加したというこの大騒動の翌日、彼らはフラフラ状態ながら毎日に3対2で勝利(勝利投手は河村久文)、3連戦も2勝1敗と勝ち越した。さすがのプロ根性というべきか、河村の言葉を借りれば「目一杯遊びほうけて試合に負けたら、人から何を言われるかわからん。遊びだ後は絶対にやってやる」というのが選手たちの共通認識だった。遊びが絡んだ際のチームワークの良さは他を圧倒、野武士伝説に華を添える象徴的なエピソードとなった。

後日談、当然ながら三原監督は騒動を知り「優勝チームの自覚を持て」と叱責したが、

145　野武士伝説

自身がめざす遠心力野球の完成が近いことを実感していたのか、それ以上の罰を与えなかった。プロは試合で結果を出す、そのためにどうすべきか、試合でも「考える野球」を目指した三原は、選手らの自戒を促したのだろう。

稲尾入団秘話　同県人の絆から始まった鉄腕伝説

栄光の西鉄ライオンズの代名詞、鉄腕・稲尾和久の入団時のエピソードは本人著の本などで度々語られているが、ひとつだけ補足する事実がある。

稲尾は別府緑丘高三年の昭和三十年八月、先に獲得に向けて動いていた南海ホークスではなく、同じ契約条件を出してきた西鉄への入団を決意する。その理由が、父・久作の「大阪は遠い。福岡だったらワシの伝馬船をこいでいつでもお前に会いに行ける。そうじゃやっぱり西鉄がエエ」というひと言だったというのは、ファンの間では有名な話だ。

別府湾で漁師を営む久作は、息子が漁師を継いでくれることを期待し、プロ球界へ進むことそのものを反対していた。それが西鉄入りへ急転するきっかけは、球団の親会社・西日本鉄道の相談役、村上巧児の稲尾家訪問である。同行したのは菊池安右衛門（当時、西

日本鉄道常務、井筒屋百貨店社長）とスカウトの中島国彦だった。三人はともに大分県中津市の出身である。

村上は福岡県内の私鉄五社が合併し西日本鉄道が誕生した際の初代社長を務め、昭和十八年には「西鉄軍」でプロ野球経営に参入した経験もある。戦時下での臨戦体制の一端を担った責任をとり辞職し別府に蟄居したものの、井筒屋百貨店の会長をはじめ、昭和二十一年には貴族院議員となるなど、この頃も九州政財界の重鎮だった。

村上はライオンズ誕生後、娘婿の木村重吉が西鉄本社の社長に就任すると、西鉄相談役となって球団を後方から支援していた。

大分県が経営地盤だった九州水力電気出身で、西鉄だけでなく大分交通の社長を務めた村上は、別府でも名士であった。その村上の突然の訪問は、南海とのスカウト合戦にケリを付ける切り札となったのだ。

実はこの訪問は、稲尾の担当スカウトだった竹井の苦戦をみて、村上や木村の親戚でもあった中島が画策したものだった。もし稲尾が南海に入団していたらと考えると、大下弘や中西太の獲得でも最後の詰め（契約）で活躍したアイデアマン中島の真骨頂は、実はこの時だったと言えそうである。

村上巧児が亡くなったのは昭和三十八年十月二十一日。前日の十月二十日、近鉄との最

147　野武士伝説

昭和31年の日本シリーズ第4戦、試合前に投球練習する稲尾和久
（昭和31年10月14日、平和台球場）
提供：西日本鉄道

終四連戦に4連勝した西鉄ライオンズは、プロ野球史上最大の14・5ゲーム差を逆転して最後のリーグ優勝を遂げた。試合後、稲尾は別府の村上邸に優勝の報告電話を入れたという。

時は巡り、鉄腕稲尾は平成十九年十一月十三日に福岡大学病院で永眠した。恋女房だった捕手の和田博実に促されて、和田の主治医のいる福大病院への検査入院だったが、稲尾家を村上とともに訪問した菊池安右衛門の息子・昌弘氏がその直前まで病院長として在籍していたのは縁かもしれない。昌弘氏は村上巧児の生家である中津市の村上記念病院の理事長在任中、平成二十四年に故人となった。人の縁の不思議を感じる。

黄金バッテリー始動 野球界と映画界、新人二人の出逢い

西鉄ライオンズの黄金バッテリーといえば、ともに大分県出身の稲尾和久と和田博実である。稲尾の通算276勝は和田の存在あってこその記録、豊田泰光は著書で「南海の杉浦忠と野村克也のバッテリーと稲尾・和田の対戦成績21勝21敗」を引き合いに出し、和田が野村と互角の捕手だった証明としている。

ともに昭和十二年生まれ、稲尾は別府で生まれ育ち、和田は鹿児島県で生まれ育ち臼杵市で育った。二人の出逢いは中学野球。野球を始めた当時は捕手だった稲尾は、早生まれで一年先輩の捕手・和田に憧れ、和田のスローイングや歩き方までマネするほどのファンだったという。西鉄が臼杵高校の和田をスカウトするついでに、南海が先に目をつけていた稲尾にも接触を始めたことは、ファンによく知られる事実だ。

その和田が最晩年に肌身離さず持っていた写真がある。真ん中に稲尾、左に和田、そして右には俳優の高倉健が写っている。晩年の和田はこの写真を見せながら、鉄腕稲尾をリードする際に、稲尾の生命線で最も自信を持って投げさせた球種がシュートであったことなどを話してくれた。

残念ながら肝心の写真が撮られた経緯は聞き逃したが、玉造陽二（和田と同じく昭和三十年入団の外野手）が詳細を教えてくれた。

撮影時期は稲尾入団年の昭和三十一年夏、チームの東京遠征の際に休日を利用して東映東京撮影所を訪問、その際に撮影所の方が写したものだろうとのこと。高倉健の母校、県立東筑高校の後輩である仰木彬の誘いで、仰木・玉造・和田・稲尾の四人で見学に行ったのだそうだ。同年冬の再訪問には雑誌「野球界」記者も同行し、撮影所訪問記として記事にもなった。

東映東京撮影所にて、右から高倉健、稲尾和久、和田博実
（昭和31年夏）
提供：和田貴美子氏

この時期、新人の稲尾は先発ローテーション入りしたばかり。一方の高倉健は前年にプロデューサーのマキノ光雄にスカウトされ、東映の第二期ニューフェイスとして映画デビュー直後であった。ともに「昭和三十一年デビュー」の新人、高倉は活躍し始めたばかりの稲尾に興味を持ち、ぜひ会いたかったのだとか。

三原脩監督は、大車輪のごとく活躍する稲尾のお目付役に、早くから和田を指名した。体格では他の捕手に劣りながら自己管理で努力して正捕手の座を射止めた和田は酒を飲まない。同郷で相性が良かったことに加えて、酒豪の稲尾の監視役にぴったりだったのだ。捕手として完全試合とノーヒットノーランを各二度達成した和田だが、稲尾とは「幻の」完全試合が一試合あるだけ。先頭打者にホームランを打たれた後を二十七人で完全に抑えたというものだ。和田の強気のリードは度々稲尾とチームのピンチを救ったが、和田曰く「稲尾ほど完璧な投手を見たことがない」の言葉通り、お互いの信頼あってこその黄金バッテリーだった。

引退し所属チームが別々となった後、二人は「稲和会」を作って大分の野球少年たちの指導を毎年行い、故郷への恩返しを続けた。

志賀島の休日　漁師の息子は釣りが苦手

飛行機や新幹線など長距離移動の手段が進化した現在、荷物も別便が当たり前で移動はラクになっている。西鉄ライオンズ全盛期の昭和三十年代、移動の多くは夜行列車で博多―大阪間でも十時間以上かかる長旅。荷物も自分で運ぶのが当たり前だった。食料事情が悪かった時代、野球用具だけでなくお米も持参した。荷物を別送するようになったのは物流が発達した昭和三十七年頃からである。

本拠地平和台球場では、地元ファンの声援を受けて圧倒的な勝率を誇る野武士軍団も、関西・関東と続くアウェーの遠征では苦戦を強いられた。全盛期の一塁手、河野昭修さんに引退が早かった理由を伺うと「遠征ばかりで体力が持たなかった」との返答。疲れとストレスを紛らすためにお酒を飲む習慣も身に付いたという。

当時は長距離移動のあとに休養日が設けられていた。監督や選手はそれぞれ趣味や遊びでリフレッシュし、人気選手には雑誌などの取材が行われることも多かった。

史上最強と言われた昭和三十二年のシーズン、関西遠征を終えて福岡に戻った選手たち

右：志賀島連絡船で舵をとる稲尾和久、左は田中久寿男
左上：稲尾（左）を尻目に次々に釣り上げる和田（右）
左下：鵜狩、小渕、滝内、若生、久保山、打越、玉木ら釣り参加者
（「野球界」昭和32年7月号より）

は雑誌の企画で夏の休養日を「志賀島の休日」として過ごす。中谷準志主将以下の若手選手たちは「国宝金印」で知られる志賀島へ博多港からの連絡船で移動し、船での魚釣りを楽しんだ。この時、普段から魚釣りが趣味の関口清治や中西太らは参加していない。

この日の注目は、漁師の家に育った二年目の稲尾和久。天性の強い手首やバランス感覚が少年期から漁船の艪をこぐことで鍛えられたことはすでに知れわたり、チームメイトも記者も「さぞや釣り上手だろう」と期待して稲尾の釣りを見守った。

ところが、稲尾が釣り上げたのは15センチ級の小魚五匹だけで最下位。最初のうちは「（自分が釣り名人の）強打者なので魚が敬遠してるんだよ」と豪傑笑いしていた稲尾だったが、最後は「実は魚釣りはあまりやらなかった。艪ばかり漕いでいたので」と全面降参。漁師の息子が、実は釣りが苦手だったことがバレてしまい、チームメイトに格好の笑いネタを提供した。

稲尾は釣り大会後、プロ野球記録となるシーズン20連勝を記録するなど35勝をあげ、史上最年少でのリーグMVPに選出された。前年25勝のエース島原が不運な怪我で戦線離脱した穴を、二年目の稲尾はエースの自覚を持って埋めて余りある大活躍だった。

稲尾の連勝中、三原脩監督は幾度も奇策を試みた。シーズン最多連勝記録13に並んだ九月三日の毎日戦では、稲尾が苦手にしていた葛城隆雄の打席で彼を一塁へ回し、左腕の若

生忠男をワンポイントで投げさせて14連勝を達成。エースの力投とチーム一丸の勝利への執念は7ゲーム差でのリーグ制覇、そして日本選手権で宿敵・巨人を4勝1分で破る圧倒的な連覇へ繋がった。

鉄腕 vs 大リーガー　ジャッキー・ロビンソンとの縁

埼玉西武ライオンズは平成二十四年七月一日の西武ドームと四日のヤフードームで、ライオンズ・クラシック2012「稲尾和久生誕七十五周年　永久欠番メモリアルゲーム」を実施した。シーズン42勝をあげた昭和三十六年当時の西鉄ライオンズのユニフォームを復刻し、監督・コーチ・選手全員が稲尾の背番号24をつけてプレーするという日本初の試みである。

大リーグでは二〇〇四年に「黒人初のメジャーリーガー」として知られ、有色人種のメジャーリーグ参加の道を開いたジャッキー・ロビンソンを顕彰する「ジャッキー・ロビンソン・デー」が制定され、二〇〇七年には希望する選手全員が背番号42を着用して試合が行われており、今回のイベントの参考となった。

ロビンソンが活躍した一九五〇年代、日本球界は毎年のように全米オールスターチームや大リーグの単独チームを招聘して試合を行い、野球技術を学んだ。

西鉄ライオンズが初の日本一を達成した昭和三十一年には、前年度のワールドチャンピオン、ブルックリン・ドジャースを招き、十月十九日の後楽園球場での対巨人戦を皮切りに全国を巡り19試合を闘った。この時のドジャースの主力選手がジャッキー・ロビンソンである。

日本シリーズ第六戦が終了してわずか二日後が初戦という慌ただしさの中、十一月十三日の福岡・平和台球場での最終戦まで全日本チームとしても9試合を闘い、三原脩監督と水原茂監督が交互に指揮をとって3勝6敗だったが、勝利ゲームは全て三原の指揮した試合となり「知将」の面目躍如となった。中西太や豊田泰光がホームランを放ち、この年新人王となり日本シリーズでも3勝をあげた稲尾和久が6試合に登板して防御率2・25と大リーガー相手に好成績を納める活躍で、自信を深める機会となった。

平和台球場での最終戦に先発した稲尾は9回表に連打されて降板するまで1失点でしのぎ接戦を演出した。稲尾は8安打を浴び、ロビンソンに2安打を許しているが、要所を締める投球術はこの時バッテリーを組んだ南海・野村克也捕手を驚かせた。二人はともにこの年に躍進しライバルとなる。

ジャッキー・ロビンソンを囲んで
全日本ユニフォームの豊田泰光（右）、毎日・榎本喜八（左）
（昭和31年11月4日、西宮球場）
「野球界」昭和31年12月号より

この試合の記録映像が、球団の親会社だった西日本鉄道に遺っている。稲尾・野村の若きバッテリーがジャッキー・ロビンソンをはじめとする大リーガーを相手に堂々の勝負をし、豊田・中西・大下の西鉄勢が躍動している。

ドジャースを愛したロビンソンは帰国後にジャイアンツ（当時はニューヨーク・ジャイアンツ）へのマネー移籍の話が出て「ドジャースに居られないならば」と潔く引退を決意。のち背番号42が大リーグ全球団共通の永久欠番となったロビンソンと同じように、日本球界に大きな足跡を遺した鉄腕投手稲尾が永久に語り継がれることを願う。

三原流のツキ&ゲン担ぎ　櫛田神社の節分祭に毎年参加

全盛期の西鉄ライオンズを率いた三原脩監督は、チームや選手の運・ツキにとても敏感だったことはよく知られている。試合の采配では、過去の実績や好調な選手を使うのではなく、選手の持つ運やツキを大切にし、場面ごとに適材適所の選手起用を行った。

流線型打線とともに三原魔術の代名詞ともいえる「超二流」論は、守備や打撃など一芸に秀でた選手を上手に活用し、成功確率の高い戦術を採用したものだ。代走・守備要員と

して活躍し、昭和三十三年の日本シリーズ第五戦で起死回生の同点ホームを踏んだ滝内弥瑞生がその好例である。

三原の采配は、日頃から選手一人ひとりをよく観察し、管理拘束せずとも選手それぞれの行動情報が自然と入る流れを作ることから始まった。そこから選手各人の好不調やツキを掌握し、采配へ繋げていたのである。

球界に先駆けて「先乗りスコアラー」を導入し、対戦チームの情報収集にも積極的だったのが三原監督である。移動日にはチームを離れて自身で他チームの試合を視察することもあった。短期決戦になるほど、三原の情報収集・解析力は威力を発揮し、日本シリーズは8割の高確率で制した。情報戦を制す三原の采配は、周囲の予想を超える選手起用・戦術に映り「魔術師」「知将」の異名に繋がっている。

ゲン担ぎも常に行われた。キャンプイン前には、博多総鎮守・櫛田神社と筥崎宮への参拝祈願が恒例となっていた。西鉄本社に遺る球団の写真資料の中にも、西鉄球団社長と三原監督を中心に、職員や選手を伴った新年の参拝風景や祈願祭の様子、優勝後の報告参拝の写真が多数ある。

博多っ子たちに人気があった理由の一端が判る写真も多い。十日恵比須の正月大祭にも選手たちは参加し、祈願祭だけでなによく駆り出されていた。

160

櫛田神社の節分祭で豪快に豆をまく中西太、豊田泰光の両選手
「野球界」昭和34年3月号より

く子どもたちとの凧揚げ大会や即興サイン会なども行われた。
 二月三日、櫛田神社の節分祭にも主力選手が豆まき神事に参加した。昭和二十九年からキャンプ地は島原だったが、「豆まきのために博多へとんぼ帰りしたよ」と平成二十三夏に亡くなった河野昭修は懐かしそうに語ってくれた。紋付袴姿で恥ずかしそうに写真に収まっている西村貞朗選手の写真などは、拙著『写真集・西鉄ライオンズとその時代』(和田博実監修／海鳥社)に掲載されている。
 ゲンを担ぐ博多の人々に、球団や選手が協力したことも多かった。新天町の新ビル竣工記念や岩田屋の増床記念イベントのテープカットなど、野武士たちは引っぱりだこの人気だった。
 「地域のために」と設立された西鉄球団は、三原監督のもとで博多っ子にとって必要不可欠なものとなった。役割を終えて球団が譲渡されたのは昭和四十七年、今から四十数年前のことだった。

162

大下チームと三鷹　少年野球を支えたスポーツ店

　平成二十四年八月二十日、新天町の老舗スポーツ用品店「三鷹スポーツ」が閉店した。昭和二十一年十月、新天町の誕生とともに創業し、昭和から平成に至る福岡のスポーツ文化を支えた老舗の歩みは、そのまま西鉄ライオンズと平和台球場の歴史に重なる。
　西鉄ライオンズ全盛の昭和三十年代、野武士軍団の活躍に胸躍らせた野球少年の多くは「三鷹」でユニフォームや道具類を揃えた。また、平和台球場で行われる西鉄の公式戦では「三鷹」のユニフォームを着たボールボーイが活躍した。
　大下弘は昭和二十八年春、自分が住む相割町（現在の警固小学校区）の子どもたちを中心に少年野球「大下チーム」を結成した。西鉄の熱狂的ファンだった福岡相互銀行常務の榎本重彦は、ベーブ・ルースが「病床の少年をユニフォーム姿で見舞い、サインボールを与えて励ました」というエピソードに感銘を受け、少年たちに夢を与えたいと大下に相談。子ども好きの大下は榎本の申し出を快諾し、それぞれが福岡で戦後初の少年野球チームを作り、野球を通じての交流を始めたのだ。

大下はチーム結成後すぐに三鷹で子どもたちのユニフォームを作った。号が入ったシンプルだが格好良いデザインだった。対する榎本チームも三鷹でユニフォームを作った。こちらはグレーの布地に赤の背番号だった。

平成二十三年九月に亡くなった辺見じゅん氏の著作『大下弘——虹の生涯』には、大下と少年たちとのふれあいがいきいきと記されている。練習は大下がオフの日、学校が終わってから行われた。近所の原っぱや大濠公園が練習場所となり、公園の周囲を大下が先頭になって元気にランニングする光景が見られた。練習がある日の大下家は元気な子どもたちの歓声で溢れかえった。

大下チームと榎本チームの試合で、大下は審判役に豊田泰光や稲尾和久を連れてくることもあった。中洲の芸妓衆が応援に駆けつけたこともあったという。大下チームは試合に負けることが多かったが、たまに勝つとホームランアイスのご褒美をもらったという。大下チームの野球を楽しく、のびのびと体験させたかった大下は、少年野球チームの費用を全て自分で負担した。昭和三十一年以降は怪我で試合を欠場することも多かった大下だが、チームは彼が引退し福岡を離れる昭和三十五年初春まで続いた。

大下の引っ越しの数日前に福岡大学グラウンドで行われ、三月一日に平和台球場で行われた引退試合が大下最後の西鉄ユニフォーム姿となった。

164

試合前、球場入りする西鉄ライオンズ選手を迎える
三鷹のユニフォームを着たボールボーイ
(昭和31年、平和台球場)
提供:西日本鉄道

自由奔放なふるまいで野武士軍団の象徴と言われた大下だったが、直筆日記「球道徒然草」に記された内容の多くは自身との葛藤である。「子どもたちに夢を」と純粋に願う大下にとって、大下チームこそが「野武士軍団」での活躍の原動力だった。

幸運のライオン像　初日本一を応援したブリヂストン

西鉄ライオンズは昭和三十一年から日本シリーズで巨人を破り三連覇したが、実は三度とも優勝決定は後楽園球場であり、平和台球場では日本一の胴上げをしていない。地元に残って応援したファンは三度ともラジオやテレビで日本一の瞬間を迎え、感動の場面には立ち会えていないわけである。

三連覇中の巨人との対戦は平和台で6勝2敗、後楽園では6勝3敗1分けと数字の上では圧倒している。本拠地での成績は納得するが、後楽園での勝利の影に実は一頭の「ライオン像」の存在があった。

三原脩監督と水原茂監督の因縁から「厳流島の決闘」にたとえられて盛り上がった昭和三十一年の日本シリーズ、三原の「偶数試合必勝」の戦略もあって後楽園での初戦は0対

4と完敗する。応援団や熱心なファンは福岡から駆けつけていたが、スタンドの大半は巨人ファンで埋まり、完全アウェーの戦いだった。

第二戦の試合前、三塁側の西鉄ダグアウト上に一頭のライオンの剥製が登場した。ブリヂストンの創業者、石橋正二郎氏が地元球団の応援にと、所有するベルギーライオンの剥製を送り込んだのである。威風堂々とした外見に機械仕掛けで動く大きな口、球場に駆けつけた応援団はもちろん、若い選手たちも「百獣の王が見守ってくれれば百人力だ」と意気上がり、この試合に打ち勝った。

平和台へ移動しての第三戦にはライオン像の代わりに、ブリヂストンの久留米本社からブラスバンドが応援に加わった。ブラス演奏が加わったことで応援は一段と派手になり、球場はお祭り状態。いきなり4点を奪われる劣勢も、十八番となった終盤の大逆転で、救援した新人稲尾に初勝利がついた。西鉄はライオン像が待つ後楽園での第六戦に勝ち、4勝2敗で初の日本一。ライオン像が登場した試合は全勝だった。

選手が東京から凱旋して行われた優勝パレードには、西鉄ニュースカーに続く先頭車両にライオン像が乗せられ、ブリヂストン楽団が乗った西鉄バスが続いた。楽団の演奏する「ブリヂストンマーチ」が高らかに鳴り響く中、三原監督以下の選手たちはオープンカーに分乗して市内をパレードしたのである。

初日本一を祝う優勝パレードのため、東京から運ばれた
ライオン像（昭和31年10月23日）提供：西日本鉄道

　なぜブリヂストンが西鉄ライオンズの応援に駆けつけたのか。その理由は平成二十四年秋に発刊された中野政則氏著『正二郎はね──ブリヂストン創業者父子二代の魂の軌跡』（出窓社）に詳しく紹介されている。「球団の親会社の西日本鉄道は当時から日本有数のバス会社だった。バスにはタイヤが付きもの、バス会社が経営する球団の応援に駆けつけるのは当然」というのが理由だったそうだ。
　このライオン像は現在、ブリヂストン東京工場のある東京都小平市の中央図書館に寄贈され展示されている。平成二十三年の「ライオンズクラシック」では、このライオンをモチーフにした「幸運のライオン」ぬいぐるみがグッズになり再登場した。

優勝パレードの先頭で福岡スポーツセンター前を進むライオン像
(昭和31年10月23日) 提供：西日本鉄道

169　野武士伝説

宰相・選手も好んだ明太子　謎の珍味を切り札に交渉

西鉄ライオンズと関わりが深い「博多の食文化」の代表格は、昭和二十四年に発売されたふくやの「味の明太子」である。西鉄球団創設に関わった元スカウト部長の中島国彦の証言によれば、昭和二十四年秋のプロ野球2リーグ分裂に絡む西鉄のプロ野球参入交渉や、有望選手のスカウト交渉の切り札のひとつが辛子明太子だったという。

今でこそ博多の味の代表格として辛子明太子は筆頭に挙げられるが、西鉄ライオンズが全盛期を迎える昭和三十年代初めは知る人ぞ知る珍味だった。仕事柄、中洲への出入りの多かった中島は、夜遅くまで店頭で明太子のだし汁創りに励むふくやの創業者・川原俊夫氏と親しくなる。中島は理想の味を求めて調味液の改良に挑む川原氏の「味見役」として度々批評したそうだ。

同じ頃、プロ野球への参入を目指していた西日本鉄道は、昭和二十五年の2リーグ分裂とともにパシフィックリーグに参加する。その橋渡しをしたのが当時、西鉄の筆頭株主の麻生多賀吉（麻生太郎元首相の父）だった。球団創設の実務を担当した中島は、麻生を通

170

シーズンオフ、選手や球団職員一緒の旅行にて。
中島国彦、和田博実、稲尾和久ら。
(昭和31年冬)
提供：中島国彦氏

じて吉田茂首相や白洲次郎と親しくなり、連合国軍総司令部（GHQ）や野球連盟を動かしたのである。

中島は上京するたびにふくやで購入した「味の明太子」を手土産に東京・渋谷の麻生家や白洲家に顔を出した。交渉術に長けた中島はここで一計を案じ、ふくやの包装紙を捨てて、あえて新聞紙に包みなおして手渡していた。簡単に手に入らない「謎の珍味」明太子は彼らの関心を誘い、注文を受けるほど珍重され、中島の株が上がったのは言うまでもない。英国生活を経験していた吉田や白洲は、明太子をカナッペ代わりにパンに塗って食べていたそうだ。

中島はスカウト活動にも辛子明太子を秘密兵器に使った。小切手での契約金支払いが普通の業界で、札束を目の前に積んでの現金支払いを切り札として詰めの交渉をした中島は、博多の食文化の代表として辛子明太子を手土産に使った。戦後復興期の質素な生活の中で成長した当時の新人選手たちにとって、福岡の豊かな食文化は魅力的だったのである。

チームの遠征でも辛子明太子は活躍した。夜行列車での移動が常だった選手たちは、気分転換に車中で酒盛りすることも多かった。辛みと塩分の効いた明太子は格好の酒のつまみだった。十時間以上続く列車旅の疲れを癒し、明日への活力となっていたわけだ。

中島は川原俊夫氏に製法特許を取るように何度も勧めたというが、川原氏は特許を取得

172

しなかった。様々な味の辛子明太子が誕生し、選手たちも「ふくや」の味を好む稲尾和久に対し、「いとや」ファンの中西太、「稚加榮」ファンの和田博実という具合に、個性的な野武士軍団の活躍に共鳴するように明太子業界も発展したのである。

パ会長・中澤不二雄　怪童の名付け親と博多の縁

西鉄ライオンズの個性あふれる選手を讃える呼称で、最も印象的で特長を言い当てたものは稲尾和久の「鉄腕投手」であろう。同様に中西太についた「怪童」も、彼の才能を表す最も的確な表現として定着した。

この「怪童」の名付け親は、戦後復興期からの野球評論やプロ野球解説者として知られ、昭和三十四年二月にパ・リーグの初代専任会長となった中澤不二雄である。

中澤は現在のアジア大会の原点である大正二年の「極東オリンピック・マニラ大会」で日本代表に選ばれ、名遊撃手として活躍、チームは優勝した。その後も大正十一年に日本最初の職業野球チーム「天勝野球団」に所属し、のち社会人野球チーム「大連満州倶楽部」の選手兼任監督となり、昭和二年の第一回都市対抗野球大会に出場して優勝。日本の

野球創世記に名を刻んだ名選手である。

中澤は終戦後、日本テレビのプロ野球専属解説者として活動した時期が長く、野球文化を広く伝えた「ミユキ野球教室」の初代司会者でもあった。パ・会長に就任した昭和三十四年の天覧試合（巨人対阪神戦）では、天皇陛下の説明役を務めている。

中澤と西鉄との縁は、西鉄ライオンズ誕生時の監督候補だったことから始まる。鬼塚格三郎（小倉高校甲子園優勝時の監督）や中澤ら他の候補がダメだったことで、三原脩の招聘へと流れが傾いたのである。

中澤は博多・店屋町にある戦前からの名喫茶店「ブラジレイロ」へよく立ち寄った。先代主人・中村安衛氏の奥様と中澤が親戚だったからである。

西鉄の珈琲好きな選手たちが西鉄商店街（西鉄街）の喫茶風月や紅屋、ばんぢろに通ったように、昭和二十六年に現在地へ移転したブラジレイロには、南海ホークスの選手がよく顔を出したという。

昭和二十七年三月、中澤は鹿児島・鴨池球場での西鉄対大洋オープン戦を取材。新人・中西は5番サードで試合に臨み、のち杉浦忠をはじめとする中西と対戦した多くの投手が驚嘆した「打球が急激に浮き上がった」ホームランを目撃。圧倒された中澤は記事で中西の名前の上に、プロ野球史に刻まれる「怪童」の二文字をつけた。

174

ペナントレース最終戦で逆転優勝した西鉄・中西監督（右）に
優勝旗を手渡すパ・リーグ会長の中澤不二雄（左）
（昭和38年10月20日、平和台球場）
提供：西日本鉄道

昭和三十一年の西鉄対巨人の日本選手権第四戦の試合前、中澤はブルペンで投球練習する稲尾に声をかけ、アドバイスをした。同様に明治大学の後輩である大下弘にも声をかけた。稲尾はシリーズ初先発の第二戦で勝利投手になるも巨人打線に打ち込まれた。中澤の的確なアドバイスを活かした稲尾はこの試合で巨人打線を完封。シリーズ3勝をあげて初の日本一の原動力となった。

昭和三十八年の西鉄ライオンズ最後のリーグ優勝決定試合後、中澤はパ・会長として怪童・中西太選手兼任監督に優勝旗を手渡したのち、在任中の昭和四十年に脳出血で他界した。

風月と平和台饅頭 <small>選手の胃袋を満たしたステーキ</small>

昭和三十年代、西鉄ライオンズとともに福博の名物と言われたのが風月本店である。現在の天神コアの場所にあった西鉄街の一角に喫茶風月が開業したのは昭和二十四年五月だった。

モダンな民芸風の店構えで美味しい珈琲（一杯六十五円）を出すお店はたちまち人気と

なり、西鉄ライオンズが誕生した昭和二十六年には隣接する因幡町商店街まで増床されレストランも開業、各界の著名人も多く訪れるなど、戦後復興期における福岡の文化サロン的な役割を果たした。

風月本店で昭和二十五年春に西鉄ライオンズの前身、クリッパースの選手歓迎会が行われたのを皮切りに、ライオンズ全盛期にもオフの日には監督の三原脩をはじめ、中西太や豊田泰光ら主力選手もお店を頻繁に訪れた。彼らは一階のレストランで一人前250グラムの特大ビーフステーキを必ず二人前注文し、それをペロッと平らげたという。食後に二階の喫茶店で珈琲を飲む彼らの姿を見ることができたそうである。

風月の入口にはショーウィンドウがあり、時事ネタの巨大なチョコレート細工などが展示された。昭和三十三年四月、平和台球場の全面改装時にはチョコレート135キロを使った本物そっくりの平和台球場も登場した。スコアボードやナイター設備から一塁、三塁側スタンドまで、職人が十日がかりで細密に作り込んだチョコレートケーキは大変な話題となった。平成十一年に発行された『風月50年の歩み』（風月フーズ）には、中西選手がチョコレートケーキの平和台球場を眺める写真が掲載されている。

さらに西鉄ライオンズが日本選手権三連覇を達成した翌昭和三十四年には、日本一球団にあやかり「平和台饅頭」を発売、チームの人気とともに一世を風靡した。東京・中村屋

野武士伝説

チョコレートケーキの平和台球場を見つめる中西太選手
（昭和33年、風月本店）
提供：風月フーズ株式会社

の菓子職人を招いて作られた饅頭は、三原監督をはじめ選手の名前を印刷した個包装で、大下弘、中西太、稲尾和久ら人気選手名をセットで箱詰めして販売していたという。宣伝も積極的に行われ、新装なった平和台球場の三塁側内野スタンド上段には「平和台饅頭・風月」の広告看板も登場した。一塁側の西鉄ライオンズベンチや応援団席側から見ると、打席に立つバッターの背景にこの看板がちょうど目に入る。平和台本舗の看板をはじめ、当時の球場にあった看板もまた、西鉄ライオンズと平和台球場の記憶の一部となったのである。

昭和三十八年の西鉄ライオンズ最後のリーグ優勝時、中西太選手兼任監督が出演した平和台饅頭のテレビCMが作られたという記事を当時の雑誌で見つけ、筆者なりに調査を行った。残念ながら風月フーズ本社にも平和台饅頭に関するレシピや包装紙などの資料は遺っておらず、写真資料も少ない。テレビCMの有無も判らず終いであるが、もし存在するのであればぜひ観てみたい。

179　野武士伝説

野武士アンケート　野武士たちに共通する好みの色は？

昭和三十一年七月号の雑誌「野球界」に興味深いアンケートが載っている。西鉄ライオンズの監督・選手たちに好きな映画・音楽・趣味・料理・作家・観戦したいスポーツなどの質問に対する返答が一覧となっているのだが、「好きな色」という項目で「緑色・明るい緑」と答えた選手が島原幸雄・河村久文・西村貞朗・稲尾和久・若生忠男・和田博実・仰木彬・高倉照幸・玉造陽二ら若手十二人。ライオンズのユニフォームや球団旗に繋がる「黒」「濃紺」と答えた川崎徳次・畑隆幸・河野昭修・今久留主淳の四人を大きく引き離す人気ぶりである。

「緑色」といえば、宿敵・南海ホークスのチームカラー。当時の若手の多くが緑色を好んでいたという共通点は意外で面白い。ちなみに豊田泰光は純白、中西太は茶色、大下弘は紫色が好きだと答えている。

他の質問では「好きな料理」一番人気は「肉料理」が圧倒的に第1位。これも面白いのは「肉」と答えたのは若い選手たちで、大下や川崎らベテラン選手は魚料理や日本料理を

雑誌「野球界」の対談で山手樹一郎氏宅を訪れた
西村貞朗、豊田泰光、仰木彬の3選手
「野球界」昭和31年5月号より

あげている。次いで多いのが当時の大衆料理の代表格「中華料理」、三原脩監督が大事な試合前に選手に配った博多名物「水たき」をあげたのは高倉だけだった。

好きな作家は、剣豪小説で知られた当時の人気作家で西鉄ライオンズ選手とも交流が深かった山手樹一郎をあげる人が多く、大下を筆頭に十三人。次いで三原監督が好きだった吉川英治が三人。この年新人の小倉高校出身の畑は同窓の大先輩・火野葦平をあげ、稲尾は夏目漱石をあげた。ちなみに趣味で読書をあげたのは皆無というのが面白い。

ロカビリー投法で知られた若生忠男は、アンケートで高校時代にボクシング選手も兼ねていたことを告白。関口清治は柔道二段であることが記されている。

好きな音楽では「ラテン」「軽音楽（ジャズ）」に人気が二分される中、大下は邦楽（琴・三味線）をあげているが、これは芸者さん好きということであろうか。いずれにしても、野球以外の各人の興味思考が判る内容である。

中西青年監督　後援会長は紳士服世界一

東京オリンピックの一年前、五輪予約券発売前日の昭和三十八年十月二十四日に西鉄ライオンズ最後の優勝パレードが行われた。二十日の対近鉄戦に史上最大14・5ゲーム差を逆転する優勝を決めてからわずか四日目、二十六日に開幕する巨人との日本選手権を控え、パレード後に平和台球場で練習をするという忙しさである。

その間、選手兼任監督二年目の中西太監督は二十一日午後にKBCのスタジオで「スター千一夜」に一家揃ってゲスト出演の収録。同日には西鉄球団生みの親で西日本鉄道合併時の初代社長・村上巧児が亡くなり二十四日に博多・聖福寺で告別式も行われるなど、慌ただしいスケジュールの中で、監督以下の選手たちは日本選手権に臨んだ。

この年の日本選手権は鉄腕稲尾と王・長嶋の対決を筆頭に盛り上がったが、3勝4敗で初めて巨人に敗退。巨人は翌々年の昭和四十年からV9時代を迎える。

当時の福岡の世情に目を向けると、二十五日には福岡市民会館の完成披露、十二月一日には現在地への博多駅の移転新開業を控えており、福岡市が大都市へと進化する転換期で

電車通り（現在の明治通り）で行われた優勝パレード
（昭和38年10月24日、現在の中央区役所付近）提供：西日本鉄道

もあった。
　優勝パレードは東公園を出発し、現在の明治通りを平和台球場をゴールに行われた。球団オーナーや社長らのオープンカーに続き、中西監督以下の選手はジープでパレード。この時、中西監督のジープに一緒に乗った名誉の人物が、下新川端に店舗を構える高級紳士服店よしのや主人・吉野芳右衛門氏であった。
　熱狂的な西鉄ライオンズファンで中西太後援会長だった吉野氏は、中西の背広をはじめ、勝新太郎や宇津井健ら各界の著名人が通うほどの仕立て技術を持っていた。中西が監督に就任し、西鉄選手の背広一式も担当していた。
　当時の吉野氏は野球界だけでなく横綱栃の海後援会事務局長、元横綱朝潮後援会副会長、花柳流名取り、春日流名取りなど、多趣味多彩で人柄の良さも手伝い、中西は特に吉野氏を慕っていたという。
　その吉野氏が最も輝いたのは西鉄優勝の翌年八月、東京オリンピックを前に開催された

「世界紳士服技術コンクール」で世界一位と建設大臣賞を獲得した時である。当時、同コンクールはオリンピック開催地で四年に一度開催され、戦後復興著しい日本の紳士洋服技術の高さを世界に知らしめた大会となり、吉野が国内外三千点の出品の最高位となったのである。

三原脩監督時代の西鉄は、三原の意向で東京・銀座のテーラー仕立てのユニフォームや背広を着た。福岡に三原の納得する技術を持つ紳士服店がなかったからである。のちユニフォームは久保田運動具店が担当するが、同店の福岡支店が開店するのは中西監督七年目の昭和四十三年。地元の高級テーラーの躍進は、吉野氏の仕立てた背広を着る西鉄選手らに「我々の背広は世界一だ」という誇りを与えた。

打撃練習に新兵器　坂上式バッティングマシン

中西太監督に豊田泰光助監督、稲尾和久投手コーチという、全員が選手兼任の「青年内閣」が発足した昭和三十七年、西鉄ライオンズの打撃練習に一台の新兵器が登場した。昭和二十九年、西鉄の初リーグ優勝のシーズンに中継ぎ中心で44試合に投げ7勝1敗、投手

としで活躍した坂上惇が引退後に発案した「坂上式バッティングマシン」である。

当時、自動式の打撃練習マシンは国内はもちろん大リーグにもなく、試作機を試した中西や豊田をはじめ、大リーグの練習を視察した巨人軍・長嶋茂雄や王貞治らも驚いたという。さらに坂上を可愛がった中澤パ・リーグ会長のお墨付きをもらい、西鉄ライオンズや巨人軍など八球団が次々に導入。開発販売を手がける坂上は一躍、時の人となった。

ティーバッティングやトスバッティングの練習に革命を起こしたマシンは、坂上の西鉄投手時代の経験から生まれた。専門の打撃投手やピッチングマシンがない時代である。投手は前日の試合で完投していても、野手の打撃練習のために一人四十五分間も投げねばならない。雨が降ると野手は完全休養だが、投手は雨天練習場でピッチング練習が当たり前だった。

つらい練習に加え、投手と野手の練習格差に理不尽さを感じた坂上は「よし、ひとつ野手を休めな

西鉄投手時代の坂上惇
提供：坂上惇氏

187　野武士伝説

くしてやろう」と意地悪な考えを起こし、知人で発明家だった中洲のバー「リンドバーグ」の河辺忠夫氏に相談してマシンを開発したのである。

コンパクトで室内練習場など狭い場所でも一人で練習でき、ボールを上げる方向や距離も自由に調整できるマシン。坂上の経験が随所に活かされ「かゆい所に手が届く」性能だった。早速マシンを商品化するために、坂上は銀行から借金して商品化、二百台を作って球団や選手に売り込んだ。

しかし、坂上の「選手も自宅練習用に買ってくれるだろう」という目論みは失敗、それならばと今のバッティングセンター式に娯楽施設向けの機械として全国へ売り込んだ。デパートの屋上や遊園地、さらには遊覧船にまで進出。バッティングセンターの先駆けとなり、筥崎宮参道沿いの福岡水族館にも昭和三十八年春に設置された。

二百台のマシンはなんとか完売したものの、社員に集金を持ち逃げされた坂上の会社は倒産。その後、後楽園球場の右翼スタンド下に日本で唯一の硬式バッティングセンターを開設し、球場が閉場するまで営業を続けた。

「高給取りの主力選手ならマシンを買うと思ったが、家に帰ってまで練習する真面目な選手はいなかった。同じ買うならゴルフバッグ一式の方が売れた。それに、西鉄球団からはお金ももらってないよ」と笑う坂上だが、マシンは昭和三十八年の西鉄最後のリーグ優

坂上式バッティングマシンで熱心に練習する長嶋茂雄と
開発を手がけたリンドバーグ・河辺忠夫氏
(昭和42年4月、巨人軍多摩川グランド)
提供：坂上惇氏

勝の一助となり、本格的に練習に導入した川上哲治率いる巨人軍はV9を達成した。坂上のマシンは確かにプロ野球史の陰の立役者だった。

関取と野武士の縁　互いに刺激し合う勝負師たち

西鉄全盛期のエースといえば「鉄腕投手」稲尾和久である。昭和四十年代に入り稲尾に代わってエースに名乗りをあげた池永正明と稲尾には「漁師の息子」という共通項がある。少年期から伝馬船を漕いだことで足腰が鍛えられたという訳だ。

大分県別府市出身の稲尾と山口県豊浦郡豊北町（現・下関市）出身の池永、この二人の出身地を地図上で結ぶ中間地点は不世出の大横綱・双葉山の出生地・宇佐市である。彼らものちに大成したからこそ付いてくる少年期の逸話だが、揺れる船の上で艪を漕ぐためには強靭な足腰が必要なのは至極当然のことである。

また、海運業を営む両親を手伝い伝馬船を漕いでいた。

稲尾の著書によると、彼の父親は宇佐八幡宮で開かれる奉納相撲大会の常連優勝者だったという。連覇を阻んだのがのちの双葉山だったというが、双葉山の経歴を調べると、時

代は合うものの宇佐の奉納相撲大会に出場したという記録は見つからず、真相は闇の中である。

野球と大相撲は永く戦後の二大人気スポーツだっただけに、西鉄の野武士たちと力士の交流は活発だった。福岡スポーツセンターを会場に昭和三十二年から九州場所が本場所となると、場所中に大相撲を観戦する中西太や豊田泰光の姿が度々目撃された。

豊田は当時の人気力士・鶴ヶ嶺と仲が良かった。場所中に応援に駆けつけることはもちろん、若乃花に負けた鶴ヶ嶺と飲みに行き、気分転換に一役買うこともあった。その逆に、東京遠征中の豊田がスランプに陥った際も、鶴ヶ嶺と飲み明かしたことで翌日から絶好調になることもあったという。

一方の中西は大関・琴ヶ浜と懇意で、一緒に相撲や野球をしたり、互いに試合観戦や激励に訪れた際の写真が野球雑誌や新聞を賑わした。昭和三十三年、西鉄が日本選手権三連覇を達成した際の祝勝会にも琴ヶ浜は出席しており、関取衆の中で最も西鉄の選手たちと仲が良かった力士だろう。支度部屋を訪れた西村貞朗・畑隆幸両投手と将棋を指す姿も写真に残っている。

同年の九州場所（十一月九日初日、二十三日千秋楽）は大関・朝汐が優勝し、朝汐と親しかった重松道雄二軍監督と西村は、高砂部屋の宿舎だった千代町の松源寺へお祝いに訪

191　野武士伝説

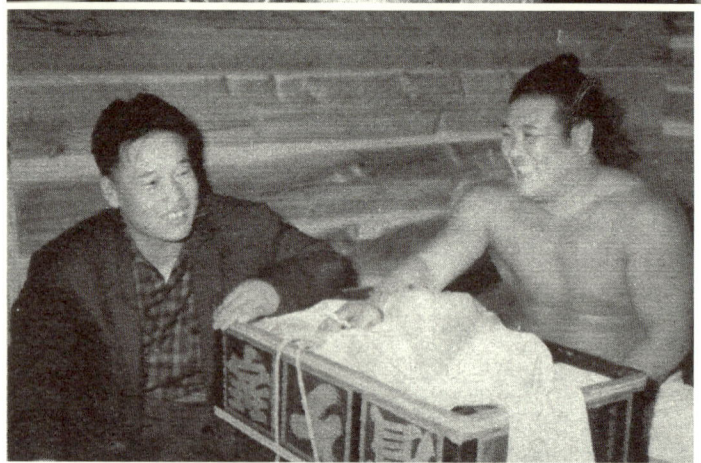

上：西鉄ライオンズ日本選手権3連覇祝勝会に駆けつけた
　　琴ヶ浜と談笑す中西、稲尾、豊田
下：九州場所の支度部屋へ琴ヶ浜を激励に訪れた中西
「野球界別冊 九州場所大相撲画報」昭和33年12月号より

れた。当時、九州場所の優勝力士は福岡スポーツセンターから部屋まで、夕暮れ時の福博のまちをオープンカーでパレードするのが慣例で、朝汐も千代町までパレードを行った。昭和三十年代前半はプロ野球は王・長嶋の登場直前、大相撲は大鵬・柏戸らの登場直前で、双方の永い歴史の中で最も熱気があり幸せな時代だったかもしれない。

ジンクスと打撃開眼　個性を活かす三原野球の神髄

　野球選手に限らないが、ジンクスを信じる人は今も昔も多い。西鉄クリッパース監督でライオンズでも助監督・コーチとして三十二年までチームを支えた宮崎要は、昭和二十九年の初の日本選手権で「俺が自転車で合宿入りすると勝つんだ」とジンクスを披露している。実際、このシリーズで宮崎が自転車で合宿入りした第三戦、四戦は連勝した。
　豊田泰光は昭和三十二年春の雑誌「野球界」の対談で「オレは妊娠した女の人をみるといい成績が出る」と真面目に語っている。このジンクスは中学時代からのもので「試合に行って泊まった家の奥さんが妊娠中で、その時に初優勝を体験。それ以来ずっと……」ということらしい。感情コントロールが上手かった豊田らしいジンクスである。

逆転勝利の日本シリーズ第4戦のあとで
左から、NHKのアナウンサー、河野昭修内野手、稲尾和久投手、
三原脩監督、解説者の小西得郎氏
（昭和31年10月14日、平和台球場）
提供：西日本鉄道

「ツキとヨミの研究」の第一人者だった三原脩監督は、チーム状態が良い時は策略に頼らず選手の自主性を優先し上手にコントロールした。スランプに陥った選手にも難しいことを言わず、選手の性格に沿ったアドバイスを送り、立ち直りを待った。

昭和三十二年の西鉄ライオンズは「史上最強」と言われたが、開幕から4連敗という最悪のスタートだった。開幕戦で毎日に完敗した夜、福岡市唐人町の三原監督宛に「ミハラカントクノオウジョウヲトムラウ」と弔電、しかも監督自身が受け取らないウナ電（至急電報）が届いたという。誰の悪戯かは不明だが、神経質な三原監督を動揺させるに充分で、そのまま連敗が続いてしまう。

平和台球場での4連敗という最悪の状態で、三原監督は負の連鎖を破るべくファンや担当記者が驚く秘策に出る。打撃不振だった不動の中心打者・中西太を昭和二十七年の入団以来となる6番に降格させたのだ。神経質な中西は責任感から打撃不振に陥ることも多かったが、三原は「考えないで昨年の通りにバットを振れ。何年選手をやっていても、バッティングは一つだ。フォームではない、打つ事だ」と彼の不振が心の迷いから来ることを判って的確なアドバイスをした。気楽に打たせることで短期間に調子を取り戻し、チームも5連勝して波に乗ったのである。

三原はまた、教科書通りの打撃フォーム論を鵜呑みすることはなく、選手各人の特長を

活かした打撃を受け入れた。一番の好例が苦労して昭和二十九年に一塁手のレギュラーに定着し、13本塁打を放って優勝に貢献した河野昭修である。

河野の打撃は外角高めの「悪球打ち」を得意としたが、これは河野本人によると「修猷館時代から剣道が得意で、中二で初段の腕前だった。必殺技は右胴ばらい。右銅一点ばりで昇段試験でも相手をなぎ倒した」そうだ。得意技は右胴ばらい。右銅一点ばりで昇段試験でも相手をなぎ倒した」そうだ。必殺技は「飛びあがりざま相手の脳天を割る面一本、外角高めを打つコツは、何を隠そう剣道の胴ぎりの極意から会得したものである」と告白している。

敬遠球にも食らいつく河野のしぶとい打撃は、幾度も記憶に残る決定打を生んだのである。

背番号3の系譜　プロ野球初の背番号3は九軌の車掌

平成二十五年五月、長嶋茂雄氏が松井秀喜氏とともに国民栄誉賞を受賞した。長嶋といえば「背番号3」である。長嶋以前のプロ野球界で背番号3のイメージの筆頭にあったのは大下弘だろう。昭和二十一年のセネタースでのデビュー以来、西鉄へ移籍後も昭和三十

四年の引退まで一貫して背番号3をつけた。長嶋がそうであったように、大下の現役時代、福博のまちの銭湯の下足札3は子どもたちが取り合う憧れの番号だった。

昭和二十七年四月に大下が西鉄へ移籍する以前、誕生したばかりの西鉄ライオンズで四番を最初に打った田部輝男は、西鉄時代に「ツーストライクの夕べ」と言われる粘りの打撃でファンを沸かせ、豊田泰光は著書で「プロのしぶとい打撃を勉強させてもらった」と話す。選手の面倒見もよく、西鉄が初のリーグ優勝を遂げた昭和二十九年限りで引退するも、温厚な性格で田部を慕っていた選手は多い。引退後は芝浦工業大学監督として、のちに西鉄ライオンズに入団した伊原春樹や片岡新之介らを育てた。

その田部の従兄弟で、日本プロ野球界で最初の背番号3をつけた選手が、大下弘の明治大学の先輩で長嶋茂雄の巨人軍での先輩にあたる田部武雄である。

昭和九年、九州で最初に開催されたプロ野球の試合は小倉・到津球場で行われた日米野球だ。ベーブ・ルースが特大ホームランを打った試合で、対戦チーム大日本東京野球倶楽部（巨人軍の前身）の一番打者だった田部は、西鉄の監督となる三原修とともにプレーした。捕手以外のポジションは難なくこなす万能選手で、六大学時代、三原や水原茂らと神宮の杜を沸かせた名選手だった。美男子ぶりも半端でなく、明治大学時代に観戦に来る女性ファンの大半が田部目当てだったという。翌十年の第一次アメリカ遠征では、一番打者

197　野武士伝説

として109試合で105盗塁という驚異的数字を記録、本場アメリカの野球相手にホームスチールを度々成功させ「田部がスチールできないのは一塁だけだ」と、アメリカ人を驚かせた。

現在のイチローばりの活躍をした田部は「沢村賞」に名を残す沢村栄治とともに大リーグから熱心な勧誘も受けている。巨人軍で二代目の主将を担うも、首脳陣と衝突してあっさり退団。その後は満州へ渡り都市対抗野球などで活躍、昭和十九年に大連で現地召集され、翌二十年六月の沖縄地上戦で戦死した。

この田部の自由奔放な振る舞いとエピソードは大下弘に通じ、グラウンドを縦横無尽に駆け抜ける派手なプレースタイルは長嶋茂雄を彷彿とさせる。韋駄天ぶりはイチローや福本豊をイメージさせ、まさに戦前のスーパースターだった。さらに巨人軍で唯一、永久欠番となっている1番と3番の両方をつけてプレーした選手でもある。

三原脩が西鉄の監督となり、九州人の好む豪快なプレースタイルを模索した時、彼のイメージに田部武雄があったことは想像に難くない。

昭和九年の日米野球対戦チームが結成される際、彼は転職を繰り返し、招集された時にはなぜか西日本鉄道の前身・九州電気軌道で車掌をしていたというから、西鉄との不思議な縁に驚く。彼が戦死しなければ野武士軍団の名コーチになったかもしれない。

開幕戦の試合前、
打撃練習中の大下弘外野手に話しかける三原脩監督
(昭和32年3月30日、平和台球場)
提供:西日本鉄道

199　野武士伝説

主な参考文献

「にしてつ社報」一九四九～一九七二年までの関連記事

「野球界」一九五〇～一九六〇年発行の各月号、博友社

「週刊ベースボール」一九五八～一九七二年発行の各号、ベースボール・マガジン社

「にしてつニュース」一九五九～一九七二年までの関連記事

「西鉄ライオンズファンブック」七二年度ほか、西鉄ライオンズ

三原脩『勝つ――戦いにおけるツキとヨミの研究』サンケイ新聞社出版局、一九七三年

『史上最強の球団 あぁ！西鉄ライオンズ』ベースボール・マガジン社、一九七八年

河村英文『西鉄ライオンズ――最強球団の内幕』葦書房、一九七八年

三原脩『風雲の軌跡――わが野球人生の実記』ベースボール・マガジン社、一九八三年

小野博人『ああ西鉄ライオンズ』西日本新聞社、一九八三年

豊田泰光『風雲録――西鉄ライオンズの栄光と週末』葦書房、一九八五年

『永遠なり西鉄ライオンズ』日刊スポーツ出版社、一九八八年

『激動の昭和スポーツ史・プロ野球（上・下）』ベースボール・マガジン社、一九八九年

赤瀬川隼『獅子たちの曳光――西鉄ライオンズ銘々伝』文藝春秋、一九九一年

辺見じゅん『大下弘――虹の生涯』新潮社、一九九二年

スポーツニッポン新聞西部本社編『記者たちの平和台』葦書房、一九九三年

近藤唯之『戦後プロ野球五〇年』新潮社、一九九四年
西日本新聞社編『さよなら平和台——夢を思い出をありがとう。』西日本新聞社、一九九七年
森山真二『わが青春の平和台』海鳥社、一九九八年
河村英文『西鉄ライオンズ——伝説の野武士球団』葦書房、一九九八年
立石泰則『魔術師——三原脩と西鉄ライオンズ』文藝春秋、一九九九年
近藤唯之『プロ野球新・監督列伝』PHP文庫、一九九九年
『風月50年の歩み』風月フーズ、一九九九年
稲尾和久『神様、仏様、稲尾様——私の履歴書』日本経済新聞社、二〇〇二年
大倉徹也『ベースボールマガジン秋季号 球団興亡史』ベースボール・マガジン社、二〇〇四年
大倉徹也『わが愛しきパ・リーグ』講談社、二〇〇五年
中西太『西鉄ライオンズ最強の哲学』ベースボール・マガジン社、二〇〇七年
西日本新聞社編『鉄腕伝説稲尾和久——西鉄ライオンズと昭和』西日本新聞社、二〇〇七年
新貝行生『鉄腕稲尾の遺言』弦書房、二〇〇八年
和田博実監修・益田啓一郎著『西鉄ライオンズとその時代——ボクらの最強ヒーロー伝説』海鳥社、二〇〇九年
高倉照幸『切り込み隊長の野球人生』高倉総監督「喜寿祝の会」、二〇一一年
中野政則著『正二郎はね——ブリヂストン創業者父子二代の魂の軌跡』出窓社、二〇〇四年
にしてつWebミュージアム http://www.nishitetsu.co.jp/museum/

あとがき

　西日本鉄道に遺る西鉄ライオンズの記録写真から四百枚余りを選び、『西鉄ライオンズとその時代』という写真集にまとめたのが平成十九年のことだ。故・和田博実氏に監修していただき、当時の話をうかがう中で「伝説」として語られている事と実像には大きな差があることに気づいた。酒豪揃いのイメージが強いが、実際は和田氏をはじめ河村久文（英文）氏、高倉照幸氏ら主力には酒をほとんど飲まない方も多い。二日酔いが伝説である大下弘氏にしても、実際はビール一本で顔を赤くするほどで、酒豪というよりも酒の席の雰囲気が好きだったという。写真集が縁でライオンズOB会のお手伝いをするようになり、これまで発行された書籍などに語られていないお話を伺う機会が増えていった。
　そんな時に産経新聞さんから新聞連載のお話をいただき、ライオンズ球団が誕生して六十年という節目を迎えることもあり「西鉄ライオンズの連載をしてみたい」と伝えて連載が始まった。全盛時をまったく知らない私に執筆ができるだろうか、という不安は当然あった。しかし、ライオンズOBやご遺族をはじめ、当時の関係者の方々にご支援いただき、

結果的に一年連載の約束が二年間四十四回続き、周囲の勧めもあって今回の書籍化となった訳である。

書籍化にあたり、連載中に書けなかった逸話もつけ加えた。本当はまだまだ書きたい話があるのだが、証言を得られなかったり資料の確証がないものは省いた。例えば、三原脩監督が大事な試合の前に選手宅へ届けたという新三浦の「博多水だき」は、新三浦説以外にも過去の本で多数の説があるので省いたという具合だ。なお、執筆にあたり西鉄球団関係者の敬称は略させていただいた。

この本が少しでも実像を知る記録・記憶の一助になればと思う。

平成二十六年三月

益田啓一郎

取材・資料提供・協力先一覧（敬称略）

西日本鉄道株式会社
株式会社西武ライオンズ
西鉄ライオンズOB会　会員およびご遺族各位
NPO法人西鉄ライオンズ研究会
株式会社産業経済新聞社
株式会社ふくや
風月フーズ株式会社
ブラジレイロ
今泉京子
中島国彦
坂上惇
和田貴美子
松本龍
井野和人
江頭重利
岩永泰賢
宮崎春而

益田啓一郎（ますだ・けいいちろう）昭和41年大分県宇佐市生。九州デザイナー学院卒業。企画会社運営の傍ら、アンティーク絵葉書研究や近代写真資料の掘り起こし、鳥瞰図絵師・吉田初三郎の研究をライフワークとする。近年は西日本鉄道「にしてつWebミュージアム」をはじめ写真資料の解読・活用を本業とし、テレビ番組や映画などへの企画協力も増加。著作「ふくおか絵葉書浪漫」「美しき九州『大正広重』吉田初三郎の世界」「西鉄ライオンズとその時代」（何れも海鳥社刊）、にしてつフォトブックシリーズ（17巻）、「冷泉のあゆみ〜まちづくり戦後史」など。博多総鎮守・櫛田神社「博多カレンダー委員」。

デジタルアーカイブサイト
WEB地図の資料館　http://www.asocie.jp/

伝説の西鉄ライオンズ
2014年5月10日　第1刷発行

■

著　者　益田啓一郎
発行者　西　俊明
発行所　有限会社海鳥社
〒812-0023　福岡市博多区奈良屋町13番4号
電話092(272)0120　FAX092(272)0121
印刷・製本　大村印刷株式会社
ISBN 978-4-87415-908-8
http://www.kaichosha-f.co.jp
［定価は表紙カバーに表示］
JASRAC　出1405189-401

はじめに

　本書は，日本数学教育学会高専・大学部会の教材研究グループ（ＴＡＭＳ）が，高専や大学で学ぶ数学の自習演習書として出版を計画した「ドリルと演習シリーズ」全3冊のうちの1冊で，「基礎数学」を学んだ方が微分積分を学ぶためのドリルです。

　本書を出版するにあたり，執筆者らは，微分積分学の中で学ぶべき項目を再検討し，学習される方が無理なく学ぶことができる問題を集めました。本書に書かれてあることは，自然現象を理解する上でも，また，さらに進んだ数学を学んでいく上でも，必要不可欠なものばかりです。このドリルを使って学習されるみなさんが，微分積分学の基礎をしっかりと身につけられることを願っています。

　このドリルには次のような特徴があります。

(1) 学習内容が，到達目標ごとに細かく分かれている。
(2) 各項目とも2ページからなり，表面には基礎事項の要約と例題，裏面には問題が書いてある。
(3) 各項目の終わりに到達目標をチェックする欄を設けてある。
(4) ミシン目と綴じ穴がついていて，切り離して綴じることができる。

　問題の分量と難易度については，各項目の学習を自力で20分以内に終えられるように配慮をしましたが，20分で解けなくても構いません。原則として例題と問題を対応させ，例題を読めば問題を解くことができるようにしてあります。また，すべての問題に解答をつけました。このドリルを1冊やり遂げることができれば，確かな基礎学力が身につくものと確信しています。

このドリルを使って学習される方へ

　問題には解答を書き込むためのスペースをとってあります。途中の式も含め，自分の答えを書き込んで下さい。問題が解けない場合には，表面の例題を読んで下さい。問題に対応した例題があるはずです。問題を解いたあとで，解答を確認して下さい。

　チェック項目の欄には，次のような印をつけてみて下さい。

(○)：問題を自力で解くことができ，到達目標がよく理解できたと感じたとき

(△)：例題の解説を見ながら問題を解くことができ，到達目標がなんとなくわかったと感じたとき

(×)：例題の解説を読んでも問題を解くことができず，到達目標が全くわからないと感じたとき

　理解が不十分な項目については要点と例題を読み返し，もう一度問題を解いてみることをお勧めします。

授業や講義でこのドリルを使用される先生方へ

　このドリルは切り離して綴じることができます。授業や講義で使用する場合，このまま1冊の本として使用することの他に，課題や宿題として提出させ，コメントをつけて返却し，学生に綴じて保管させる，という方法なども考えられます。利用方法についてのご意見や，実際に使用されてお気づきになったことなどがありましたら，電気書院のホームページのお問い合わせよりご連絡頂ければ幸いです（https://www.denkishoin.co.jp/）。

2009年12月　　執筆者一同

ドリルと演習シリーズ2　微分積分　目次

1. 数列 …………………………………………………………………… 1
2. 等差数列 ……………………………………………………………… 3
3. 等比数列 ……………………………………………………………… 5
4. 数列の和 ……………………………………………………………… 7
5. 漸化式と数列 ………………………………………………………… 9
6. 数学的帰納法 ………………………………………………………… 11
7. 数列とその収束・発散 ……………………………………………… 13
8. 等比数列の極限 ……………………………………………………… 15
9. 無限級数の収束と発散 ……………………………………………… 17
10. 等比級数の収束条件とその和 ……………………………………… 19
11. 関数の極限 (1) ……………………………………………………… 21
12. 関数の極限 (2) ……………………………………………………… 23
13. 関数の連続と中間値の定理 ………………………………………… 25
14. 平均変化率と微分係数 ……………………………………………… 27
15. 導関数の定義 ………………………………………………………… 29
16. 整式の導関数 ………………………………………………………… 31
17. 積と商の導関数 ……………………………………………………… 33
18. 合成関数の導関数 …………………………………………………… 35
19. 自然対数の底と指数関数の導関数 ………………………………… 37
20. 対数関数の導関数と対数微分法 …………………………………… 39
21. 三角関数の導関数 …………………………………………………… 41
22. 逆三角関数の導関数 ………………………………………………… 43
23. 導関数の計算 ………………………………………………………… 45
24. 高次導関数 …………………………………………………………… 47
25. ロピタルの定理 ……………………………………………………… 49
26. 関数の増減と極値 (1) ……………………………………………… 51
27. 関数の増減と極値 (2) ……………………………………………… 53
28. 関数の増減と極値 (3) ……………………………………………… 55
29. 関数の最大と最小 …………………………………………………… 57
30. 関数のグラフの凹凸 ………………………………………………… 59
31. 接線と法線 …………………………………………………………… 61
32. 媒介変数表示 ………………………………………………………… 63
33. 媒介変数表示された曲線の接線 …………………………………… 65
34. テイラーの定理 ……………………………………………………… 67
35. 関数の1次近似 ……………………………………………………… 69
36. 微分と近似 …………………………………………………………… 71
37. べき級数 ……………………………………………………………… 73
38. 不定積分の定義 ……………………………………………………… 75
39. 不定積分の公式 ……………………………………………………… 77
40. 不定積分の置換積分法 (1) ………………………………………… 79
41. 不定積分の置換積分法 (2) ………………………………………… 81
42. 不定積分の部分積分法 (1) ………………………………………… 83
43. 不定積分の部分積分法 (2) ………………………………………… 85
44. 不定積分の部分積分法 (3) ………………………………………… 87
45. 2次式を含む関数の不定積分 ……………………………………… 89
46. 分数関数の不定積分 ………………………………………………… 91
47. 三角関数の不定積分 (1) …………………………………………… 93
48. 三角関数の不定積分 (2) …………………………………………… 95
49. 漸化式と不定積分 …………………………………………………… 97

#	項目	ページ
50	定積分の定義と微分積分学の基本定理	99
51	定積分の置換積分法 (1)	101
52	定積分の置換積分法 (2)	103
53	偶関数・奇関数の定積分	105
54	定積分の部分積分法 (1)	107
55	定積分の部分積分法 (2)	109
56	$\sin^n x, \cos^n x$ の定積分	111
57	広義積分	113
58	図形の面積 (1)	115
59	図形の面積 (2)	117
60	極座標	119
61	極方程式で表される曲線	121
62	図形の面積 (3)	123
63	曲線の長さ (1)	125
64	曲線の長さ (2)	127
65	曲線の長さ (3)	129
66	立体の体積	131
67	回転体の体積 (1)	133
68	回転体の体積 (2)	135
69	回転体の側面積	137
70	速度と加速度 (1)	139
71	速度と加速度 (2)	141
72	曲面の方程式	143
73	偏導関数と偏微分係数	145
74	合成関数の偏導関数	147
75	高次偏導関数	149
76	接平面	151
77	全微分	153
78	2変数関数の1次と2次の近似式	155
79	2変数関数の極値	157
80	陰関数の微分法	159
81	条件つきの極値問題	161
82	包絡線	163
83	2重積分の計算 (1)	165
84	2重積分の計算 (2)	167
85	2重積分の順序変更	169
86	極座標への変換	171
87	2重積分の変数変換	173
88	2重積分と立体の体積	175
89	2重積分と曲面積	177
90	2重積分と平面図形の重心	179
91	1階微分方程式の解法 (1)	181
92	1階微分方程式の解法 (2)	183
93	1階微分方程式の解法 (3)	185
94	1階微分方程式の応用	187
95	2階線形微分方程式の解法 (1)	189
96	2階線形微分方程式の解法 (2)	191
97	2階線形微分方程式の応用	193
98	いろいろな微分方程式	195

積分公式一覧

$a > 0, p \neq -1, A \neq 0, \alpha \neq 0, \beta \neq 0$ は定数, C は積分定数である。

[1] $\displaystyle \int x^p \, dx = \frac{1}{p+1} x^{p+1} + C$

[2] $\displaystyle \int \frac{1}{\sqrt{x}} \, dx = 2\sqrt{x} + C$

[3] $\displaystyle \int \frac{1}{x} \, dx = \log |x| + C$

[4] $\displaystyle \int \cos x \, dx = \sin x + C$

[5] $\displaystyle \int \sin x \, dx = -\cos x + C$

[6] $\displaystyle \int \sec^2 x \, dx = \tan x + C$

[7] $\displaystyle \int e^x \, dx = e^x + C$

[8] $\displaystyle \int \sinh x \, dx = \cosh x + C$

[9] $\displaystyle \int \cosh x \, dx = \sinh x + C$

[10] $\displaystyle \int \log x \, dx = x \log x - x + C$

[11] $\displaystyle \int \tan x \, dx = -\log |\cos x| + C$

[12] $\displaystyle \int \frac{1}{x^2 - a^2} \, dx = \frac{1}{2a} \log \left| \frac{x-a}{x+a} \right| + C$

[13] $\displaystyle \int \frac{1}{x^2 + a^2} \, dx = \frac{1}{a} \operatorname{Tan}^{-1} \frac{x}{a} + C$

[14] $\displaystyle \int \frac{1}{\sqrt{a^2 - x^2}} \, dx = \operatorname{Sin}^{-1} \frac{x}{a} + C$

[15] $\displaystyle \int \frac{1}{\sqrt{x^2 + A}} \, dx = \log \left| x + \sqrt{x^2 + A} \right| + C$

[16] $\displaystyle \int \sqrt{a^2 - x^2} \, dx = \frac{1}{2} \left(x\sqrt{a^2 - x^2} + a^2 \operatorname{Sin}^{-1} \frac{x}{a} \right) + C$

[17] $\displaystyle \int \sqrt{x^2 + A} \, dx = \frac{1}{2} \left(x\sqrt{x^2 + A} + A \log \left| x + \sqrt{x^2 + A} \right| \right) + C$

[18] $\displaystyle \int e^{\alpha x} \sin \beta x \, dx = \frac{e^{\alpha x}}{\alpha^2 + \beta^2} \left(\alpha \sin \beta x - \beta \cos \beta x \right) + C$

[19] $\displaystyle \int e^{\alpha x} \cos \beta x \, dx = \frac{e^{\alpha x}}{\alpha^2 + \beta^2} \left(\alpha \cos \beta x + \beta \sin \beta x \right) + C$

---

[0] 次の式で定義される関数をハイパーボリック関数という。

$$\cosh x = \frac{e^x + e^{-x}}{2}, \quad \sinh x = \frac{e^x - e^{-x}}{2}, \quad \tanh x = \frac{e^x - e^{-x}}{e^x + e^{-x}}$$

1 数列

数列の初項, 一般項, 部分和などを理解している。

数列と一般項 ある規則にしたがって並べられた数の列を数列という。おのおのの数をその数列の項という。はじめから順に初項（第 1 項）, 第 2 項, 第 3 項, ⋯ という。第 n 項を n の式で表したものをその数列の一般項という。数列は, 一般に各項がはじめから何番目の項であるかの番号を用いて

$$a_1, a_2, a_3, \cdots, a_n, \cdots$$

などと表す。また, この数列を第 n 項で代表させて $\{a_n\}$ と表す。

数列の部分和 初項から第 n 項までの和を第 n 部分和といい, S_n で表す。

例題 1.1 一般項が次の式で表される数列の, 初項から第 5 項までを順に書け。

(1) $a_n = -2n + 5$　　　(2) $a_n = n^2 + n$　　　(3) $a_n = 3^{n-1}$

＜解答＞ n に, 順番に 1, 2, 3, 4, 5 を代入していけばよい。

(1) 3, 1, −1, −3, −5

(2) 2, 6, 12, 20, 30

(3) 1, 3, 9, 27, 81

例題 1.2 次の数列はどんな規則にしたがっているかを考え, 第 5 項 a_5 と第 7 項 a_7 を求めよ。

(1) 1, 4, 7, 10, ⋯　　　　　　　　(2) $1, -\dfrac{1}{2}, \dfrac{1}{4}, -\dfrac{1}{8}, \cdots$

＜解答＞

(1) 次々に定数 3 を加える, という規則にしたがっているので
$$a_5 = a_4 + 3 = 10 + 3 = 13, \quad a_7 = a_5 + 3 + 3 = 13 + 3 + 3 = 19$$

(2) 次々に定数 $-\dfrac{1}{2}$ をかける, という規則にしたがっているので
$$a_5 = a_4 \cdot \left(-\frac{1}{2}\right) = -\frac{1}{8} \cdot \left(-\frac{1}{2}\right) = \frac{1}{16}, \quad a_7 = a_5 \cdot \left(-\frac{1}{2}\right)^2 = \frac{1}{16} \cdot \left(-\frac{1}{2}\right)^2 = \frac{1}{64}$$

例題 1.3 一般項が次の式で表される数列の第 5 部分和を求めよ。

(1) $a_n = 3n - 4$　　　　　　　　(2) $a_n = 2^n$

＜解答＞

(1) 第 1 項から第 5 項までは順に −1, 2, 5, 8, 11 となるから第 5 部分和は
$$S_5 = -1 + 2 + 5 + 8 + 11 = 25$$

(2) 第 1 項から第 5 項までは順に 2, 4, 8, 16, 32 となるから第 5 部分和は
$$S_5 = 2 + 4 + 8 + 16 + 32 = 62$$

| ドリル no.1 | class | no | name |

問題 1.1 一般項が次の式で与えられる数列の，初項から第 5 項までを順に書け。

(1) $a_n = 5n - 8$

(2) $a_n = n^2 - n$

(3) $a_n = 2^{n-3}$

(4) $a_n = \sin \dfrac{(n-1)\pi}{2}$

問題 1.2 次の数列の規則を考え，( ) 内に適当な数を記入せよ。

(1) (　　　), 8, 14, 20, (　　　), (　　　), 38, $\cdots$

(2) 3, -6, 12, (　　　), (　　　), $\cdots$

問題 1.3 一般項が次の式で表される数列の第 4 部分和 S_4 を求めよ。

(1) $a_n = 2n - 1$

(2) $a_n = 3^n$

チェック項目　　　　　　　　　　　　　　　　　月　日　月　日

| 数列の初項, 一般項, 部分和などを理解している。 | | |

2 等差数列

> 等差数列の初項と公差を理解し，一般項と部分和を求めることができる。

等差数列の一般項と部分和 初項に次々に一定の数 d を加えて得られる数列を等差数列といい，d を公差という。初項 a，公差 d の等差数列の一般項を a_n，第 n 部分和を S_n とすれば，次の式が成り立つ。

$$a_n = a + (n-1)d, \quad S_n = \frac{1}{2}n(a_1 + a_n) = \frac{1}{2}n(2a + (n-1)d)$$

例題 2.1 初項 $a = 3$，公差 $d = 2$ の等差数列 $\{a_n\}$ について，次のものを求めよ。

(1) 第 10 項 a_{10} 　　(2) 一般項 a_n 　　(3) 第 n 部分和 S_n

＜解答＞

(1) $a_{10} = 3 + (10-1) \cdot 2 = 21$

(2) $a_n = 3 + (n-1) \cdot 2 = 2n + 1$

(3) $S_n = \frac{1}{2}n(3 + (2n+1)) = n(n+2)$

例題 2.2 等差数列 $35, 32, 29, 26, \cdots$ について，次のものを求めよ。

(1) 一般項 a_n 　　(2) 第 n 部分和 S_n

＜解答＞

(1) 初項が 35，公差が -3 であるから $a_n = 35 + (n-1) \cdot (-3) = 38 - 3n$

(2) $S_n = \frac{1}{2}n(2 \cdot 35 + (n-1) \cdot (-3)) = \frac{1}{2}n(73 - 3n)$

例題 2.3 第 4 項が 9，第 11 項が -19 である等差数列について，次のものを求めよ。

(1) 初項 a，公差 d，一般項 a_n 　　(2) 第 n 部分和 $S_n < 0$ となる最小の n

＜解答＞

(1) 一般項 $a_n = a + (n-1)d$ で，第 4 項が 9，第 11 項が -19 であるから

$$a + 3d = 9, \quad a + 10d = -19$$

この a, d についての連立方程式を解いて $a = 21, d = -4$ となる。一般項は

$$a_n = 21 + (n-1) \cdot (-4) = 25 - 4n$$

(2) (1) から，$a = 21, d = -4$ であるから，

$$S_n = \frac{1}{2}n(2 \cdot 21 + (n-1) \cdot (-4)) = n(23 - 2n)$$

が成り立つ。$S_n < 0$ となればよいから，$n(23 - 2n) < 0$ を解けばよい。$n > 0$ だから $23 - 2n < 0$，すなわち $n > \frac{23}{2}$ となるので，$S_n < 0$ となる最小の n は，$n = 12$ である。

ドリル no.2   class   no   name

問題 2.1 初項 $a=5$, 公差 $d=-3$ の等差数列 $\{a_n\}$ について, 次のものを求めよ。

(1) 第 10 項 a_{10}

(2) 一般項 a_n

(3) 第 n 部分和 S_n

問題 2.2 等差数列 $-15, -11, -7, \cdots$ について, 次のものを求めよ。

(1) 一般項

(2) 初項から第 n 項までの和 S_n

問題 2.3 第 5 項が -2, 第 9 項が 6 である等差数列について, 次のものを求めよ。

(1) 初項 a, 公差 d, 一般項 a_n

(2) 初項から第 n 項までの和 S_n

(3) $S_n > 0$ となる最小の n

チェック項目	月 日	月 日
等差数列の初項と公差を理解し, 一般項と和を求めることができる。	

3 等比数列

等比数列の初項と公比を理解し，一般項と部分和を求めることができる。

等比数列の一般項と部分和 初項に次々と一定の数 r をかけて得られる数列を等比数列といい，r をその公比という。初項 a，公比 r の等比数列の一般項を a_n，第 n 部分和を S_n とすれば，次の式が成り立つ。

$$a_n = ar^{n-1}, \qquad S_n = \begin{cases} \dfrac{a(1-r^n)}{1-r} = \dfrac{a(r^n-1)}{r-1} & (r \neq 1) \\ na & (r = 1) \end{cases}$$

例題 3.1 等比数列 $8, 4, 2, \cdots$ について，次のものを求めよ。

(1) 公比 r (2) 一般項 a_n (3) 第 n 部分和 S_n

＜解答＞

(1) $a_2 = a_1 \cdot r$ だから，公比 $r = \dfrac{a_2}{a_1} = \dfrac{4}{8} = \dfrac{1}{2}$

(2) 初項 $a = 8$，公比 $r = \dfrac{1}{2}$ であるから $a_n = 8 \cdot \left(\dfrac{1}{2}\right)^{n-1} = \dfrac{2^3}{2^{n-1}} = 2^{3-(n-1)} = 2^{4-n}$

(3) $S_n = \dfrac{8\left(1-\left(\dfrac{1}{2}\right)^n\right)}{1-\dfrac{1}{2}} = 16(1-2^{-n}) = 16 - 2^{4-n}$

例題 3.2 第 3 項が 18，第 5 項が 162 である等比数列について次のものを求めよ。ただし，公比 r は正とする。

(1) 初項 a，公比 r，一般項 a_n (2) 第 5 部分和 S_5 (3) $S_n = 80$ となる n

＜解答＞

(1) $a_3 = ar^2$，$a_5 = ar^4$ であるから，$ar^2 = 18$，$ar^4 = 162$ が成り立つ。これから

$$\frac{ar^4}{ar^2} = \frac{162}{18} \qquad \therefore \quad r^2 = 9$$

となるから $r = \pm 3$ である。$r > 0$ だから $r = 3$ が得られる。これを $ar^2 = 18$ に代入すれば $a = 2$ となるから，一般項は

$$a_n = 2 \cdot 3^{n-1}$$

(2) $r \neq 1$ だから，$S_n = \dfrac{a(r^n - 1)}{r - 1}$ において $a = 2$，$r = 3$，$n = 5$ とすればよい。

$$S_5 = \frac{2(3^5 - 1)}{3 - 1} = 3^5 - 1 = 242$$

(3) $S_n = \dfrac{2(3^n - 1)}{3 - 1} = 80$ を解けばよい。$3^n = 81 = 3^4$ となるから $n = 4$ である。

ドリル no.3　　class　　　no　　　name

問題 3.1 等比数列 $3, \sqrt{3}, \cdots$ について, 次のものを求めよ。

(1) 公比 r

(2) 一般項 a_n

(3) 第 8 部分和 S_8

問題 3.2 第 2 項が 24, 第 5 項が 3 の, 等比数列について, 次のものを求めよ。ただし公比は実数とする。

(1) 初項 a, 公比 r, 一般項 a_n

(2) 第 n 部分和 S_n

(3) $S_n = 90$ となる n

チェック項目	月　日	月　日
等比数列の初項と公比を理解し, 一般項と和を求めることができる。		

4　数列の和

いろいろな数列の和と総和の記号 $\sum$ (シグマ) を理解している。

総和の記号 $\sum$:　数列 $\{a_n\}$ に対して $\displaystyle\sum_{k=1}^{n} a_k = a_1 + a_2 + a_3 + \cdots + a_n$

$\sum$ の性質　数列 $\{a_n\}, \{b_n\}$ と定数 c について,

$$\sum_{k=1}^{n}(a_k + b_k) = \sum_{k=1}^{n} a_k + \sum_{k=1}^{n} b_k, \qquad \sum_{k=1}^{n} ca_k = c\sum_{k=1}^{n} a_k$$

基本的な和の公式

$$\sum_{k=1}^{n} 1 = n, \quad \sum_{k=1}^{n} k = \frac{1}{2}n(n+1), \quad \sum_{k=1}^{n} k^2 = \frac{1}{6}n(n+1)(2n+1)$$

例題 4.1　次の和を $\sum$ 記号を使わないで表せ。

(1) $\displaystyle\sum_{k=1}^{4} \frac{1}{k}$ 　　　　　　　　　　　(2) $\displaystyle\sum_{k=1}^{4} \cos\frac{k\pi}{3}$

＜解答＞

(1) $\displaystyle\sum_{k=1}^{4} \frac{1}{k} = \frac{1}{1} + \frac{1}{2} + \frac{1}{3} + \frac{1}{4}$

(2) $\displaystyle\sum_{k=1}^{4} \cos\frac{k\pi}{3} = \cos\frac{\pi}{3} + \cos\frac{2\pi}{3} + \cos\frac{3\pi}{3} + \cos\frac{4\pi}{3}$

例題 4.2　和 $\sqrt{1} + \sqrt{3} + \sqrt{5} + \sqrt{7} + \sqrt{9} + \cdots + \sqrt{99}$ を $\sum$ 記号を用いて書き表せ。

＜解答＞　数列 $\sqrt{1}, \sqrt{3}, \sqrt{5}, \sqrt{7}, \cdots$ の第 k 項は $a_k = \sqrt{2k-1}$ である。したがって $2k-1 = 99$ から $\sqrt{99}$ は第 50 項であることが分かる。よって

$$\sqrt{1} + \sqrt{3} + \sqrt{5} + \sqrt{7} + \sqrt{9} + \cdots + \sqrt{99} = \sum_{k=1}^{50} \sqrt{2k-1}$$

例題 4.3　次の和を $\sum$ 記号を用いて表し, その和を求めよ。(1) は等差数列の和である。

(1)　$1 + 5 + 9 + \cdots + 77$ 　　　　　　(2)　$1\cdot 3 + 2\cdot 4 + \cdots + n(n+2)$

＜解答＞

(1)　数列 $1, 5, 9, \cdots$ の第 k 項は $4k - 3$ である。$4n - 3 = 77$ より 77 は第 20 項となるから,

$$\text{与式} = \sum_{k=1}^{20}(4k - 3) = 4\sum_{k=1}^{20} k - \sum_{k=1}^{20} 3 = 4\cdot\frac{20\cdot 21}{2} - 3\cdot 20 = 780$$

(2)　第 k 項は $k(k+2) = k^2 + 2k$ であるから

$$\begin{aligned}\text{与式} &= \sum_{k=1}^{n} k(k+2) = \sum_{k=1}^{n} k^2 + 2\sum_{k=1}^{n} k \\ &= \frac{1}{6}n(n+1)(2n+1) + 2\cdot\frac{1}{2}n(n+1) = \frac{1}{6}n(n+1)(2n+7)\end{aligned}$$

ドリル **no.4**　　class　　　no　　　name

問題 4.1 次の和を $\sum$ 記号を使わないで表せ。

(1) $\displaystyle\sum_{k=1}^{5} \frac{1}{k+1}$

(2) $\displaystyle\sum_{k=1}^{6} \sin\frac{k\pi}{6}$

問題 4.2 和 $\sqrt{5}+\sqrt{8}+\sqrt{11}+\sqrt{14}+\sqrt{17}+\cdots+\sqrt{62}$ を $\sum$ 記号を用いて書き表せ。

問題 4.3 次の和を求めよ。

(1) $5+7+9+11+\cdots+(2n+3)$

(2) $1\cdot 2+2\cdot 5+3\cdot 8+4\cdot 11+\cdots+n(3n-1)$

チェック項目	月　日	月　日
いろいろな数列の和と $\sum$ 記号を理解している。		

5 漸化式と数列

数列の漸化式を理解し，漸化式から数列を作ることができる。

漸化式 数列 $\{a_n\}$ の，隣接するいくつかの項の間に成り立つ関係式を漸化式という。
漸化式による数列の決定 漸化式によって数列 $\{a_n\}$ を定めるとき，$a_1, a_2, a_3, a_4, \cdots$ の規則性から数列の一般項 a_n を求めことができる場合がある。

例題 5.1 次の漸化式で定められる数列の第5項までを書け。

(1) $a_{n+1} = 2a_n + n$, $a_1 = -1$
(2) $a_{n+2} = 3a_n + a_{n+1}$, $a_1 = 0$, $a_2 = 1$

＜解答＞ 漸化式で $n = 1, 2, 3, 4$ を代入していく。

(1) $a_1 = -1$, $a_2 = 2 \cdot (-1) + 1 = -1$, $a_3 = 2 \cdot (-1) + 2 = 0$, $a_4 = 2 \cdot 0 + 3 = 3$, $a_5 = 2 \cdot 3 + 4 = 10$

(2) $a_1 = 0$, $a_2 = 1$, $a_3 = 3 \cdot 0 + 1 = 1$, $a_4 = 3 \cdot 1 + 1 = 4$, $a_5 = 3 \cdot 1 + 4 = 7$

例題 5.2 次の漸化式で定められる数列の一般項を求めよ。

(1) $a_{n+1} = 2a_n + 1$, $a_1 = 1$
(2) $a_{n+1} = a_n + 3n + 2$, $a_1 = 5$

＜解答＞ 数列を作ることによって規則を発見する。

(1) できるだけ規則を発見しやすいように工夫して書くようにする。

$$
\begin{array}{rll}
a_1 & & = 1 \\
a_2 = 2a_1 + 1 = 2 \cdot 1 + 1 & & = 2 + 1 \\
a_3 = 2a_2 + 1 = 2(2+1) + 1 & & = 2^2 + 2 + 1 \\
a_4 = 2a_3 + 1 = 2(2^2 + 2 + 1) + 1 & & = 2^3 + 2^2 + 2 + 1 \\
a_5 = 2a_4 + 1 = 2(2^3 + 2^2 + 2 + 1) + 1 & & = 2^4 + 2^3 + 2^2 + 2 + 1
\end{array}
$$

以上からの類推によって

$$a_n = 2^{n-1} + 2^{n-2} + \cdots + 2 + 1 = \frac{2^n - 1}{2 - 1} = 2^n - 1$$

(2) 与えられた漸化式を $a_{n+1} - a_n = 3n + 2$ と変形し，

$$
\begin{array}{rlll}
a_2 - a_1 & = & 3 \cdot 1 & + 2 \\
a_3 - a_2 & = & 3 \cdot 2 & + 2 \\
a_4 - a_3 & = & 3 \cdot 3 & + 2 \\
& \vdots & & \\
+)\ a_n - a_{n-1} & = & 3 \cdot (n-1) & + 2 \\
\hline
a_n - a_1 & = & 3(1 + 2 + \cdots + (n-1)) + 2(n-1) &
\end{array}
$$

$$\therefore \quad a_n = a_1 + 3 \cdot \frac{n(n-1)}{2} + 2(n-1) = \frac{3n^2 + n + 6}{2}$$

ドリル **no.5**　　class　　　no　　　name

問題 5.1 次の漸化式で定められる数列の第5項までを書け。

(1) $a_{n+1} = 3a_n + n$, $a_1 = -2$

(2) $a_{n+2} = 2a_n - a_{n+1}$, $a_1 = 1$, $a_2 = 0$

問題 5.2 次の漸化式で定められる数列の一般項を求めよ。

(1) $a_{n+1} = 3a_n + 1$, $a_1 = 1$

(2) $a_{n+1} = a_n + 4n - 1$, $a_1 = 3$

チェック項目	月　日	月　日
数列の漸化式を理解し，漸化式から数列を作ることができる。		

6 数学的帰納法

数学的帰納法を使って命題の証明をすることができる。

数学的帰納法　「すべての自然数 n について成り立つ」命題を証明するためには，次の 2 つのことを示せばよい。

(1) $n = 1$ のときにその命題は成り立つ。

(2) $n = k$ のときにその命題が成り立つと仮定すると，$n = k+1$ のときもその命題が成り立つ。

この証明方法を数学的帰納法という。

例題 6.1　すべての自然数 n について次の等式が成り立つことを，数学的帰納法によって証明せよ。
$$1 + 3 + 5 + \cdots + (2n-1) = n^2 \qquad ①$$

<解答>　(1) $n = 1$ のときは 左辺 $= 1$，右辺 $= 1^2 = 1$ であるから ① が成り立つ。

(2) 自然数 k に対して，$n = k$ のときの等式
$$1 + 3 + 5 + \cdots + (2k-1) = k^2$$
が成り立つと仮定して，$n = k+1$ のときの等式
$$1 + 3 + 5 + \cdots + (2k-1) + (2k+1) = (k+1)^2 \qquad ②$$
が成り立つことを示せばよい。

$$\begin{aligned}
② の左辺 &= (1 + 3 + 5 + \cdots + (2k-1)) + (2k+1) \\
&= k^2 + (2k+1) \\
&= (k+1)^2 = ② の右辺
\end{aligned}$$

となって $n = k+1$ のときの等式 ② が成り立つことが示された。

(1), (2) により，数学的帰納法によって，すべての自然数 n に対して 等式 ① が成り立つ。

例題 6.2　数列 $\{a_n\}$ は，漸化式 $a_1 = 1$, $a_{n+1} = 2a_n + 1$ で定義されている。このとき，すべての自然数 n について次の等式が成立することを，数学的帰納法によって証明せよ。
$$a_n = 2^n - 1 \qquad ①$$

<解答>　(1) $n = 1$ のとき左辺 $a_1 = 1$，右辺 $2^1 - 1 = 1$ なので ① が成り立つ。

(2) 自然数 k に対して，$n = k$ のときの等式 $a_k = 2^k - 1$ が成り立つと仮定して，$n = k+1$ のときの等式
$$a_{k+1} = 2^{k+1} - 1$$
が成り立つことを示せばよい。問題の条件から $a_{k+1} = 2a_k + 1$ だから
$$左辺 = a_{k+1} = 2a_k + 1 = 2(2^k - 1) + 1 = 2 \cdot 2^k - 2 + 1 = 2^{k+1} - 1 = 右辺$$

となって $n = k+1$ のときの等式も成り立つ。

(1), (2) により，数学的帰納法によって，すべての自然数 n について等式 ① が成り立つ。

ドリル **no.6**　　class　　　no　　　name

問題 6.1 すべての自然数 n について次の等式が成り立つことを，数学的帰納法によって証明せよ．

$$1^2 + 2^2 + 3^2 + \cdots + n^2 = \frac{1}{6}n(n+1)(2n+1)$$

問題 6.2 数列 $\{a_n\}$ は漸化式 $a_1 = 1, a_{n+1} = 3a_n + 4$ で定義されているとする．このとき，すべての自然数 n について次の等式が成り立つことを，数学的帰納法によって証明せよ．

$$a_n = 3^n - 2$$

チェック項目	月　日	月　日
数学的帰納法を使って命題の証明をすることができる．		

7　数列とその収束・発散

数列について，収束と発散とを理解し，収束する数列の極限値を求めることができる。

数列の極限　数列 $\{a_n\}$ において，n が限りなく大きくなるとき，a_n が定数 A に限りなく近づくならば，数列 $\{a_n\}$ は A に収束する，または，$\{a_n\}$ の極限値は A であるといい，次のように表す。

$$\lim_{n \to \infty} a_n = A \quad \text{または} \quad a_n \to A \ (n \to \infty)$$

収束しない数列 $\{a_n\}$ は発散するという。発散には次の 3 つの場合がある。

(1) $\lim_{n \to \infty} a_n = \infty$　（正の無限大に発散）

(2) $\lim_{n \to \infty} a_n = -\infty$　（負の無限大に発散）

(3) 振動する　（上記以外の場合）

数列の極限値　数列 $\{a_n\}, \{b_n\}$ がともに収束して $\lim_{n \to \infty} a_n = A$, $\lim_{n \to \infty} b_n = B$ のとき，次が成り立つ。ただし c は定数，複号は同順とする。

[1] $\lim_{n \to \infty} (a_n \pm b_n) = A \pm B$　　　　[2] $\lim_{n \to \infty} c a_n = cA$

[3] $\lim_{n \to \infty} (a_n b_n) = AB$　　　　[4] $\lim_{n \to \infty} \dfrac{a_n}{b_n} = \dfrac{A}{B}$　($b_n \neq 0$, $B \neq 0$)

例題 7.1　一般項が次の式で与えられる数列について，収束するか発散するか調べ，収束するときは極限値を求めよ。

(1) $\dfrac{n}{3} - 4$　　　(2) $5n - 3n^2$　　　(3) $\dfrac{3n^2 + 4n}{2n^2 - 3}$

(4) $\dfrac{3n^2 - 2n - 4}{5n + 6}$　　　(5) $\dfrac{7n + 6}{2n^2 - 3n - 5}$　　　(6) $\sqrt{n+5} - \sqrt{n}$

＜解答＞

(1) $\lim_{n \to \infty} \left(\dfrac{n}{3} - 4 \right) = \infty$　（発散）

(2) $\lim_{n \to \infty} (5n - 3n^2) = \lim_{n \to \infty} n^2 \left(\dfrac{5}{n} - 3 \right) = -\infty$　（発散）

(3) 分母と分子を n^2 で割って，$\lim_{n \to \infty} \dfrac{3n^2 + 4n}{2n^2 - 3} = \lim_{n \to \infty} \dfrac{3 + \frac{4}{n}}{2 - \frac{3}{n^2}} = \dfrac{3}{2}$　（収束）

(4) 分母と分子を n で割って，$\lim_{n \to \infty} \dfrac{3n^2 - 2n - 4}{5n + 6} = \lim_{n \to \infty} \dfrac{3n - 2 - \frac{4}{n}}{5 + \frac{6}{n}} = \infty$　（発散）

(5) 分母と分子を n^2 で割って，$\lim_{n \to \infty} \dfrac{7n + 6}{2n^2 - 3n - 5} = \lim_{n \to \infty} \dfrac{\frac{7}{n} + \frac{6}{n^2}}{2 - \frac{3}{n} - \frac{5}{n^2}} = 0$　（収束）

(6) 分母と分子に $\sqrt{n+5} + \sqrt{n}$ をかける。この変形を分子の有理化という。
$\lim_{n \to \infty} (\sqrt{n+5} - \sqrt{n}) = \lim_{n \to \infty} \dfrac{(\sqrt{n+5} - \sqrt{n})(\sqrt{n+5} + \sqrt{n})}{\sqrt{n+5} + \sqrt{n}} = \lim_{n \to \infty} \dfrac{5}{\sqrt{n+5} + \sqrt{n}} = 0$
（収束）

ドリル **no.7**   class   no   name

問題 7.1 一般項が次の式で与えられる数列について，収束するか発散するか調べ，収束するときは極限値を求めよ．

(1) $\sqrt{5n+3}$

(2) $2n^3 - 5n$

(3) $\dfrac{7n+6}{3n^2-5n+4}$

(4) $\dfrac{4n^2+5}{3n^2-2n}$

(5) $\dfrac{2n^2-4n+3}{6n+5}$

(6) $\sqrt{3n+7} - \sqrt{3n}$

チェック項目	月 日	月 日
数列について，収束と発散とを理解し，収束する数列の極限値を求めることができる．		

8 等比数列の極限

等比数列の収束・発散について理解し，極限を求めることができる。

等比数列の極限 初項 a，公比 r の等比数列 $a, ar, ar^2, \cdots, ar^{n-1}, \cdots$ は $-1 < r \leqq 1$ のときに限って収束し，次が成り立つ。ただし $a \neq 0$ とする。

$$\lim_{n \to \infty} ar^{n-1} = \begin{cases} \pm\infty & (r > 1 \text{ のとき}) \quad (\text{ただし複号は } a \text{ の符号と一致する}) \\ a & (r = 1 \text{ のとき}) \\ 0 & (-1 < r < 1 \text{ のとき}) \\ \text{振動} & (r \leqq -1 \text{ のとき}) \end{cases}$$

例題 8.1 次の等比数列の収束，発散を述べよ。また，収束する場合は極限値を求めよ。

(1) $1, 3, 9, 27, \cdots$ (2) $-2, -6, -18, -54, \cdots$ (3) $\dfrac{1}{3}, \dfrac{1}{9}, \dfrac{1}{27}, \cdots$

(4) $1, -\dfrac{\sqrt{2}}{2}, \dfrac{1}{2}, -\dfrac{\sqrt{2}}{4}, \cdots$ (5) $2, -2, 2, -2, \cdots$ (6) $3, -6, 12, -24, \cdots$

＜解答＞

(1) $r = 3, a > 0$ であるので ∞ に発散する。

(2) $r = 3, a < 0$ であるので $-\infty$ に発散する。

(3) $r = \dfrac{1}{3}$ であるので収束し，極限値は 0 である。

(4) $r = -\dfrac{1}{\sqrt{2}}$ であるので収束し，極限値は 0 である。

(5) $r = -1$ であるので発散する。とくに振動である。

(6) $r = -2$ であるので発散する。とくに振動である。

例題 8.2 一般項が $a_n = \left(\dfrac{2x-3}{5}\right)^n$ で与えられる等比数列が収束するように x の値の範囲を定め，その極限値を求めよ。

＜解答＞ 公比 $r = \dfrac{2x-3}{5}$ の等比数列だから $-1 < \dfrac{2x-3}{5} \leqq 1$ であれば収束する。これを解いて

$$-5 < 2x - 3 \leqq 5$$
$$-2 < 2x \leqq 8$$
$$-1 < x \leqq 4$$

が得られる。$x = 4$ のとき $r = 1$ となるから，この数列は $1, 1, 1, \cdots$ となり，極限値は 1 である。また，$-1 < x < 4$ のときは $-1 < r < 1$ となるから，極限値は 0 である。

ドリル no.8   class   no   name

問題 8.1 次の等比数列の収束, 発散を述べよ。また, 収束する場合は極限値を求めよ。

(1) $8,\ 12,\ 18,\ 27,\ \cdots$

(2) $2^{\frac{1}{2}},\ 2,\ 2^{\frac{3}{2}},\ 2^2,\ \cdots$

(3) $9,\ 3,\ 1,\ \dfrac{1}{3},\ \cdots$

(4) $2\sqrt{2},\ 2,\ \sqrt{2},\ 1,\ \dfrac{1}{\sqrt{2}},\ \cdots$

(5) $5,\ -\sqrt{5},\ 1,\ -\dfrac{1}{\sqrt{5}},\ \dfrac{1}{5},\ \cdots$

(6) $2,\ -6,\ 18,\ -54,\ \cdots$

問題 8.2 一般項が $a_n = \left(\dfrac{4x-1}{3}\right)^n$ で与えられる等比数列が収束するように x の値の範囲を定め, その極限値を求めよ。

チェック項目	月 日	月 日
等比数列の収束・発散について理解し, 極限を求めることができる。		

9　無限級数の収束と発散

無限級数の収束・発散について理解し，極限を求めることができる。

無限級数　数列 $\{a_n\}$ に対して，各項を $+$ で結んだ式 $\sum_{n=1}^{\infty} a_n = a_1 + a_2 + a_3 + \cdots + a_n + \cdots$
を無限級数または級数という。

級数の和　数列 $\{a_n\}$ の第 n 部分和 $S_n = \sum_{k=1}^{n} a_k$ が作る数列 $\{S_n\}$ を考える。数列 $\{S_n\}$ が収束するとき，級数は収束するといい，極限値 $\lim_{n\to\infty} S_n = S$ を級数の和という。数列 $\{S_n\}$ が発散するとき，級数は発散するという。

級数の和が収束する必要条件　級数 $\sum_{n=1}^{\infty} a_n$ が収束するならば，$\lim_{n\to\infty} a_n = 0$ である。この対偶によって，$\lim_{n\to\infty} a_n = 0$ が成り立たないならば，級数 $\sum_{n=1}^{\infty} a_n$ は発散することがわかる。

例題 9.1　級数 $\sum_{n=1}^{\infty} \dfrac{1}{n(n+1)} = \dfrac{1}{1\cdot 2} + \dfrac{1}{2\cdot 3} + \cdots + \dfrac{1}{n(n+1)} + \cdots$ の和を求めよ。

＜解答＞　第 n 部分和 S_n を計算する。部分分数分解 $\dfrac{1}{n(n+1)} = \dfrac{1}{n} - \dfrac{1}{n+1}$ を用いると

$$\begin{aligned} S_n &= \frac{1}{1\cdot 2} + \frac{1}{2\cdot 3} + \cdots + \frac{1}{n(n+1)} \\ &= \left(\frac{1}{1} - \frac{1}{2}\right) + \left(\frac{1}{2} - \frac{1}{3}\right) + \cdots + \left(\frac{1}{n} - \frac{1}{n+1}\right) \\ &= 1 - \frac{1}{n+1} \end{aligned}$$

となる。$\lim_{n\to\infty} S_n = 1$ であるから，この級数は収束し，その和は 1 である。

例題 9.2　次の級数が発散することを示せ。

(1) $\sum_{n=1}^{\infty} (-1)^{n+1} = 1 + (-1) + 1 + (-1) + \cdots$

(2) $\sum_{n=1}^{\infty} \dfrac{n}{n+1} = \dfrac{1}{2} + \dfrac{2}{3} + \dfrac{3}{4} + \cdots$

＜解答＞　数列の第 n 項を a_n，第 n 部分和を S_n とする。

(1) S_n を計算すると，$S_n = \begin{cases} 1 & (n \text{ が奇数のとき}) \\ 0 & (n \text{ が偶数のとき}) \end{cases}$ である。数列 $\{S_n\}$ は発散するから，級数は発散する。

（別解）$\lim_{n\to\infty} a_n = \lim_{n\to\infty} (-1)^{n+1}$ は存在しないので，級数は発散する。

(2)
$$\lim_{n\to\infty} a_n = \lim_{n\to\infty} \frac{n}{n+1} = \lim_{n\to\infty} \frac{1}{1 + \dfrac{1}{n}} = 1 \neq 0$$

であるから，級数は発散する．

ドリル no.9　　class　　no　　name

問題 9.1 級数 $\displaystyle\sum_{n=1}^{\infty}\frac{2}{(2n-1)(2n+1)} = \frac{2}{1\cdot 3}+\frac{2}{3\cdot 5}+\cdots+\frac{2}{(2n-1)(2n+1)}+\cdots$ について，次の問いに答えよ。

(1) $\displaystyle\frac{2}{(2n-1)(2n+1)}$ を部分分数に分解せよ。

(2) 第 n 部分和 S_n を求めよ。

(3) 級数の和を求めよ。

問題 9.2 次の級数が発散することを示せ。

(1) $\displaystyle\sum_{n=1}^{\infty}\left(\sqrt{n+1}-\sqrt{n}\right) = \left(\sqrt{2}-\sqrt{1}\right)+\left(\sqrt{3}-\sqrt{2}\right)+\left(\sqrt{4}-\sqrt{3}\right)+\cdots+\left(\sqrt{n+1}-\sqrt{n}\right)+\cdots$

(2) $\displaystyle\sum_{n=1}^{\infty}\cos n\pi = \cos\pi+\cos 2\pi+\cos 3\pi+\cdots+\cos n\pi+\cdots$

(3) $\displaystyle\sum_{n=1}^{\infty}\frac{n+1}{2n+1} = \frac{2}{3}+\frac{3}{5}+\frac{4}{7}+\cdots+\frac{n+1}{2n+1}+\cdots$

チェック項目　　　　　　　　　　　　　　　　　　　月　日　月　日

| 無限級数の収束・発散について理解し，極限を求めることができる。 | | |

10 等比級数の収束条件とその和

等比級数の和を，公式を用いて求めることができる。

等比級数 等比数列 $\{ar^{n-1}\}$ から作られる級数
$$\sum_{n=1}^{\infty} ar^{n-1} = a + ar + ar^2 + \cdots + ar^{n-1} + \cdots$$
を，初項 a, 公比 r の等比級数という。等比級数の部分和
$$S_n = a + ar + ar^2 + \cdots + ar^{n-1} = \frac{a(1-r^n)}{1-r} \quad (r \neq 1)$$
は $|r| < 1$ のときに限って収束するから，等比級数の和は次のように与えられる。
$$\sum_{n=1}^{\infty} ar^{n-1} = a + ar + ar^2 + \cdots + ar^{n-1} + \cdots = \frac{a}{1-r} \quad (|r| < 1)$$

例題 10.1　次の等比級数の収束，発散を調べ，収束するときは，その和を求めよ。
(1)　$1 + \frac{2}{3} + \frac{4}{9} + \cdots$　　　　(2)　$3 - 4 + \frac{16}{3} - \cdots$　　　　(3)　$6 - 3\sqrt{2} + 3 - \cdots$

＜解答＞ $a_2 = a_1 \cdot r$ だから，等比数列の公比は $r = \frac{a_2}{a_1}$ で求めることができる。

(1) $r = \frac{2}{3}$ だから $|r| < 1$ を満たす。したがってこの等比級数は収束し，和 S は
$$S = \frac{1}{1-\frac{2}{3}} = \frac{1}{\frac{1}{3}} = 3$$

(2) $r = \frac{-4}{3}$ だから $|r| \geq 1$ となる。したがってこの等比級数は発散する。

(3) $r = \frac{-3\sqrt{2}}{6} = -\frac{\sqrt{2}}{2}$ だから $|r| < 1$ を満たす。よってこの等比級数は収束し，その和 S は
$$S = \frac{6}{1-\left(-\frac{\sqrt{2}}{2}\right)} = \frac{12}{2+\sqrt{2}} = \frac{12(2-\sqrt{2})}{2} = 6(2-\sqrt{2})$$

例題 10.2　循環小数は収束する等比級数の和である。次の循環小数を分数で表せ。
(1)　$0.\dot{5} = 0.5555\cdots$　　　　(2)　$0.\dot{5}\dot{7} = 0.575757\cdots$　　　　(3)　$0.1\dot{2}\dot{3} = 0.1232323\cdots$

＜解答＞

(1) $0.\dot{5} = 0.5 + 0.05 + 0.005 + 0.0005 + \cdots = \dfrac{0.5}{1-0.1} = \dfrac{5}{9}$

(2) $0.\dot{5}\dot{7} = 0.57 + 0.0057 + 0.000057 + \cdots = \dfrac{0.57}{1-0.01} = \dfrac{19}{33}$

(3) $0.1\dot{2}\dot{3} = 0.1 + 0.023 + 0.00023 + 0.0000023 + \cdots = 0.1 + \dfrac{0.023}{1-0.01} = \dfrac{61}{495}$

ドリル no.10　　class　　　no　　　name

問題 10.1 次の等比級数の収束, 発散を調べ, 収束するときは, その和を求めよ。

(1) $1 - \dfrac{1}{2} + \dfrac{1}{4} + \cdots$

(2) $1 + \dfrac{\pi}{3} + \dfrac{\pi^2}{9} + \cdots$

(3) $\dfrac{1}{2} + \dfrac{\sqrt{2}}{3} + \dfrac{4}{9} + \cdots$

(4) $\displaystyle\sum_{n=1}^{\infty} 2 \cdot \left(\dfrac{1}{3}\right)^{n-1}$

問題 10.2 次の循環小数を分数で表せ。

(1) $0.\dot{4}\dot{5} = 0.454545\cdots$ 　　　(2) $0.75\dot{3} = 0.7535353\cdots$

チェック項目	月　日	月　日
等比級数の和を, 公式を用いて求めることができる。		

11 関数の極限 (1)

関数の極限を調べることができる。

定理　極限値 $\lim_{x \to a} f(x) = A$, $\lim_{x \to a} g(x) = B$ が存在するとき，次の式が成り立つ。ただし c は定数で，複号は同順とする。

[1] $\lim_{x \to a} (f(x) \pm g(x)) = A \pm B$　　　　[2] $\lim_{x \to a} cf(x) = cA$

[3] $\lim_{x \to a} (f(x)g(x)) = AB$　　　　[4] $\lim_{x \to a} \dfrac{f(x)}{g(x)} = \dfrac{A}{B}$　$(g(x) \neq 0,\ B \neq 0)$

右極限と左極限

(1) $x > a$ の値をとりながら $x \to a$ となることを $x \to a + 0$ と表す。

(2) $x < a$ の値をとりながら $x \to a$ となることを $x \to a - 0$ と表す。

ただし，$a = 0$ のとき，$x \to 0 + 0$, $x \to 0 - 0$ はそれぞれ $x \to +0$, $x \to -0$ と書く。

例題 11.1　次の関数の極限を求めよ。

(1) $\lim_{x \to 3}(x^2 - 3x)$　　　(2) $\lim_{x \to \infty}(x^3 - 5x^2 + 4)$　　　(3) $\lim_{x \to -\infty} 2^x$

＜解答＞

(1) $\lim_{x \to 3}(x^2 - 3x) = 3^2 - 9 = 0$

(2) $\lim_{x \to \infty}(x^3 - 5x^2 + 4) = \lim_{x \to \infty} x^3 \left(1 - \dfrac{5}{x} + \dfrac{4}{x^3}\right) = \infty$

(3) $x = -t$ と置くと $x \to -\infty$ のとき $t \to \infty$ だから $\lim_{x \to -\infty} 2^x = \lim_{t \to \infty} 2^{-t} = \lim_{t \to \infty} \dfrac{1}{2^t} = 0$

例題 11.2　次の関数の極限を求めよ。

(1) $\lim_{x \to 1-0} \dfrac{1}{x-1}$　　　　　　(2) $\lim_{x \to \frac{\pi}{2}-0} \tan x$

＜解答＞

(1) $x \to 1-0$ のとき $x-1 \to -0$ であるから，$\lim_{x \to 1-0} \dfrac{1}{x-1} = -\infty$

(2) $x \to \dfrac{\pi}{2} - 0$ のとき $\cos x \to +0$, $\sin x \to 1$ だから，$\lim_{x \to \frac{\pi}{2}-0} \tan x = \lim_{x \to \frac{\pi}{2}-0} \dfrac{\sin x}{\cos x} = \infty$

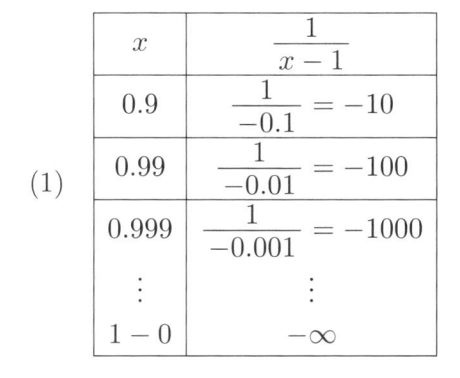

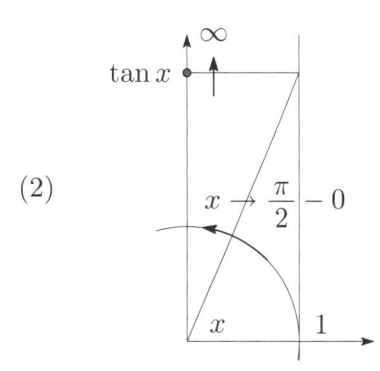

(1)

x	$\dfrac{1}{x-1}$
0.9	$\dfrac{1}{-0.1} = -10$
0.99	$\dfrac{1}{-0.01} = -100$
0.999	$\dfrac{1}{-0.001} = -1000$
$\vdots$	$\vdots$
$1-0$	$-\infty$

ドリル no.11   class   no   name

問題 11.1 次の関数の極限を求めよ。

(1) $\lim_{x \to 3}(x^2 - 6x + 9)$

(2) $\lim_{x \to -\infty} 2^{\frac{1}{x}}$

(3) $\lim_{x \to -\infty}(x^2 + 200x - 50)$

(4) $\lim_{x \to \infty}(\sqrt{x+3} + \sqrt{x})$

問題 11.2 次の関数の極限を求めよ。

(1) $\lim_{x \to -0}\left(\dfrac{1}{x} + x\right)$

(2) $\lim_{x \to 1-0}\dfrac{1}{x^2 - 1}$

(3) $\lim_{x \to +0}\dfrac{1}{\sin x}$

(4) $\lim_{x \to +0}\dfrac{1}{1 + 2^{\frac{1}{x}}}$

チェック項目	月 日	月 日
関数の極限を調べることができる。		

12 関数の極限 (2)

> 不定形の関数の極限を調べることができる。

不定形　関数の極限が $\dfrac{\infty}{\infty}, \dfrac{0}{0}, \infty \cdot 0, \infty - \infty$ になるとき，これらを不定形という。

[例題] **12.1** 次の関数の極限を求めよ。

(1) $\displaystyle\lim_{x \to \infty} \left(\sqrt{x^2+3} - x\right)$

(2) $\displaystyle\lim_{x \to 1} \dfrac{x^2+x-2}{x^2-x}$

(3) $\displaystyle\lim_{x \to \infty} \dfrac{4x^4-3x^2-4}{6x^4+7x^3-3}$

(4) $\displaystyle\lim_{x \to \infty} \dfrac{3^x+1}{2^x}$

(5) $\displaystyle\lim_{x \to 0} \dfrac{1-\cos x}{\sin x}$

(6) $\displaystyle\lim_{x \to 0} \dfrac{\sqrt{9-2x}-3}{x}$

＜解答＞

(1) $\infty - \infty$ の不定形である。分子を有理化して，
$$\lim_{x \to \infty} \left(\sqrt{x^2+3} - x\right) = \lim_{x \to \infty} \dfrac{\left(\sqrt{x^2+3}-x\right)\left(\sqrt{x^2+3}+x\right)}{\sqrt{x^2+3}+x}$$
$$= \lim_{x \to \infty} \dfrac{x^2+3-x^2}{\sqrt{x^2+3}+x} = \lim_{x \to \infty} \dfrac{3}{\sqrt{x^2+3}+x} = 0$$

(2) $\dfrac{0}{0}$ の不定形である。分母と分子を因数分解して約分すると，
$$\lim_{x \to 1} \dfrac{x^2+x-2}{x^2-x} = \lim_{x \to 1} \dfrac{(x-1)(x+2)}{x(x-1)} = \lim_{x \to 1} \dfrac{x+2}{x} = 3$$

(3) $\dfrac{\infty}{\infty}$ の不定形である。分母と分子を，分母の最高次数で割って，
$$\lim_{x \to \infty} \dfrac{4x^4-3x^2-4}{6x^4+7x^3-3} = \lim_{x \to \infty} \dfrac{4-\dfrac{3}{x^2}-\dfrac{4}{x^4}}{6+\dfrac{7}{x}-\dfrac{3}{x^4}} = \dfrac{4}{6} = \dfrac{2}{3}$$

(4) $\dfrac{\infty}{\infty}$ の不定形である。分母と分子を 2^x で割って，
$$\lim_{x \to \infty} \dfrac{3^x+1}{2^x} = \lim_{x \to \infty} \left(\left(\dfrac{3}{2}\right)^x + \dfrac{1}{2^x}\right) = \infty$$

(5) $\dfrac{0}{0}$ の不定形である。分母と分子に $1+\cos x$ をかけると，
$$\lim_{x \to 0} \dfrac{1-\cos x}{\sin x} = \lim_{x \to 0} \dfrac{(1-\cos x)(1+\cos x)}{\sin x(1+\cos x)}$$
$$= \lim_{x \to 0} \dfrac{\sin^2 x}{\sin x(1+\cos x)} = \lim_{x \to 0} \dfrac{\sin x}{1+\cos x} = \dfrac{0}{1+1} = 0$$

(6) $\dfrac{0}{0}$ の不定形である。分子を有理化して，
$$\lim_{x \to 0} \dfrac{\sqrt{9-2x}-3}{x} = \lim_{x \to 0} \dfrac{(\sqrt{9-2x}-3)(\sqrt{9-2x}+3)}{x(\sqrt{9-2x}+3)}$$
$$= \lim_{x \to 0} \dfrac{9-2x-9}{x(\sqrt{9-2x}+3)}$$
$$= \lim_{x \to 0} \dfrac{-2}{\sqrt{9-2x}+3} = -\dfrac{2}{6} = -\dfrac{1}{3}$$

ドリル **no.12**　　class　　　　no　　　　name

問題 12.1 次の極限値を求めよ．

(1) $\displaystyle\lim_{x\to\infty}\frac{3x-4}{x+2}$

(2) $\displaystyle\lim_{x\to\infty}\frac{2x-4}{x^2-3x+5}$

(3) $\displaystyle\lim_{x\to\infty}\frac{x^4+3x+2}{3x^4+4}$

(4) $\displaystyle\lim_{x\to 3}\frac{3x^2+9x-54}{x-3}$

(5) $\displaystyle\lim_{x\to\infty}\frac{\sqrt{4x^2+3}}{x+2}$

(6) $\displaystyle\lim_{x\to\infty}\frac{\sqrt{4x^2+2x}-2x}{2x}$

(7) $\displaystyle\lim_{x\to 0}\frac{x}{\sqrt{1+x}-\sqrt{1-x}}$

(8) $\displaystyle\lim_{x\to\frac{\pi}{2}}\frac{1-\sin x}{\cos x}$

チェック項目	月　日	月　日
不定形の関数の極限を調べることができる。		

13 関数の連続と中間値の定理

関数の連続の定義と中間値の定理について理解し，それを応用することができる。

関数の連続　$\lim_{x \to a} f(x) = f(a)$ のとき，関数 $f(x)$ は $x = a$ で連続であるという。
区間 I 内のすべての点で連続なときは，区間 I で連続であるという。

連続関数の性質　関数 $f(x), g(x)$ が区間 I で連続であれば，定数 c に対して，
$cf(x), f(x) \pm g(x), f(x)g(x), f(x)/g(x)\ (g(x) \neq 0)$ も区間 I で連続である。

中間値の定理　関数 $f(x)$ が，閉区間 $[a, b]$ で連続で，$f(a) \neq f(b)$ であれば，$f(a)$ と $f(b)$ の間の任意の値 k に対して，
$$f(c) = k \qquad (a < c < b)$$
を満たす c が少なくとも1つ存在する。とくに $f(a)f(b) < 0$ ならば
$$f(x) = 0 \qquad (a < x < b)$$
となる x (方程式 $f(x) = 0$ の解) が少なくとも1つ存在する。

例題 13.1　次の関数 $f(x)$ の $x = 2$ における連続性を調べよ。

(1) $f(x) = \begin{cases} 2x & (x \neq 2) \\ 4 & (x = 2) \end{cases}$

(2) $f(x) = \begin{cases} \dfrac{x^2 - 4}{x - 2} & (x \neq 2) \\ 3 & (x = 2) \end{cases}$

＜解答＞

(1) $\lim_{x \to 2} f(x) = f(2)$ が成立するかどうかを調べればよい。
$$\lim_{x \to 2} f(x) = \lim_{x \to 2} 2x = 4$$
となる。$f(2) = 4$ なので $\lim_{x \to 2} f(x) = f(2)$，したがって $f(x)$ は $x = 2$ で連続である。

(2) $\lim_{x \to 2} f(x) = f(2)$ が成立するかどうかを調べればよい。
$$\lim_{x \to 2} f(x) = \lim_{x \to 2} \frac{x^2 - 4}{x - 2} = \lim_{x \to 2} \frac{(x+2)(x-2)}{x-2} = \lim_{x \to 2}(x+2) = 4$$
となる。$f(2) = 3$ なので $\lim_{x \to 2} f(x) \neq f(2)$，したがって $f(x)$ は $x = 2$ で連続ではない。

例題 13.2　方程式 $x^3 - 3x = 1$ は，閉区間 $[0, 2]$ に少なくとも一つの解をもつことを証明せよ。

＜解答＞　$f(x) = x^3 - 3x - 1$ とおくと，関数 $f(x)$ は閉区間 $[0, 2]$ で連続である。区間の両端の値を調べると，
$$f(0) = -1 < 0,\ f(2) = 1 > 0 \quad \therefore\ f(0)f(2) < 0$$
したがって，中間値の定理により，$0 < x < 2$ の範囲で $f(x) = 0$ となる x が少なくとも1つ存在する。それが求める解である。

ドリル **no.13**　　class　　　　no　　　　name

問題 13.1　次の関数の,【　】内に指定された x の値における連続性を調べよ。

(1) 関数 $f(x) = \begin{cases} x+1 & (x<0) \\ 0 & (x=0) \\ x-1 & (0<x) \end{cases}$　　【$x=0$】

(2) 関数 $f(x) = \begin{cases} \dfrac{x^2+x-2}{x-1} & (x \neq 1) \\ 3 & (x=1) \end{cases}$　　【$x=1$】

問題 13.2　次の方程式が与えられた閉区間内に少なくとも一つの解をもつことを示せ。

(1) $x + \sin x = 1,\quad \left[0, \dfrac{\pi}{2}\right]$

(2) $x^3 - 4x^2 - 11x + 12 = 0\quad [-1, 2]$

チェック項目	月　日	月　日
関数の連続の定義と中間値の定理について理解し，それを応用することができる。		

14 平均変化率と微分係数

平均変化率と微分係数の定義と意味を理解し，具体的に計算することができる。

定義 関数 $y = f(x)$ において，x の値が x_1 から x_2 まで変化したとき，対応する y の値が $y_1 = f(x_1)$ から $y_2 = f(x_2)$ まで変化したとする。このとき $\Delta x = x_2 - x_1$ を x の変化量，$\Delta y = y_2 - y_1 = f(x_2) - f(x_1)$ を y の変化量という。これらの変化量の比

$$\frac{\Delta y}{\Delta x} = \frac{f(x_2) - f(x_1)}{x_2 - x_1}$$

を x が x_1 から x_2 まで変化したときの関数 $y = f(x)$ の平均変化率という。$x_1 = a$, $x_2 = a + h$ としたときの平均変化率の極限値

$$\lim_{\Delta x \to 0} \frac{\Delta y}{\Delta x} = \lim_{h \to 0} \frac{f(a+h) - f(a)}{h}$$

が存在するとき，この極限値を，関数 $y = f(x)$ の $x = a$ における微分係数といい，記号 $f'(a)$ で表す。

$x = a$ における微分係数 $f'(a)$ は，関数 $y = f(x)$ の $x = a$ における瞬間の変化率を表し，図形的には曲線 $y = f(x)$ 上の点 $(a, f(a))$ における接線の傾きを表す。

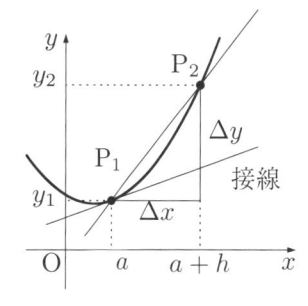

例題 14.1 関数 $y = f(x) = x^2$ に対して，x が次のように変化したときの平均変化率を求めよ。

(1) -1 から 3 まで変化　　(2) a から $a+h$ まで変化　　(3) a から b まで変化

〈解答〉

(1) $\dfrac{\Delta y}{\Delta x} = \dfrac{f(3) - f(-1)}{3 - (-1)} = \dfrac{3^2 - 1^2}{4} = \dfrac{9 - 1}{4} = \dfrac{8}{4} = 2$

(2) $\dfrac{\Delta y}{\Delta x} = \dfrac{f(a+h) - f(a)}{(a+h) - a} = \dfrac{(a+h)^2 - a^2}{h} = \dfrac{2ah + h^2}{h} = 2a + h$

(3) $\dfrac{\Delta y}{\Delta x} = \dfrac{f(b) - f(a)}{b - a} = \dfrac{b^2 - a^2}{b - a} = \dfrac{(b+a)(b-a)}{b - a} = b + a$

例題 14.2 次の関数の，括弧内の値における微分係数を求めよ。

(1) $f(x) = 2x - 3$ $(x = 2)$　　(2) $f(x) = x^2 - 3x$

解答

(1) $f'(2) = \lim\limits_{h \to 0} \dfrac{f(2+h) - f(2)}{h} = \lim\limits_{h \to 0} \dfrac{(2(2+h) - 3) - (2 \cdot 2 - 3)}{h} = \lim\limits_{h \to 0} \dfrac{2h}{h} = \lim\limits_{h \to 0} 2 = 2$

(2) $f'(a) = \lim\limits_{h \to 0} \dfrac{f(a+h) - f(a)}{h} = \lim\limits_{h \to 0} \dfrac{((a+h)^2 - 3(a+h)) - (a^2 - 3a)}{h}$

$\qquad = \lim\limits_{h \to 0} \dfrac{2ah + h^2 - 3h}{h} = \lim\limits_{h \to 0} (2a + h - 3) = 2a - 3$

ドリル no.14　class　　　no　　　name

問題 14.1 関数 $f(x) = 2x - x^2$ において，x の値が次のように変化したときの平均変化率を求めよ。

(1) 1 から 3 まで

(2) a から b まで

(3) a から $a+h$ まで

(4) -1 から $-1 + \Delta x$ まで

問題 14.2 次の関数の，括弧内の値における微分係数を求めよ。

(1) $f(x) = 3x - 1$ $(x = -2)$

(2) $y = x^2 - 3x + 2$ $(x = a)$

チェック項目	月　日	月　日
平均変化率と微分係数の定義と意味を理解し，具体的に計算することができる。		

15　導関数の定義

定義にしたがって導関数を計算することができる。

関数の導関数　関数 $y = f(x)$ の定義域に含まれる開区間 I 上のすべての点 x で，極限値

$$\lim_{h \to 0} \frac{f(x+h) - f(x)}{h}$$

が存在するとき，$f(x)$ は区間 I で微分可能であるといい，この極限値により得られる関数を $y = f(x)$ の導関数という。導関数を次のような記号で表す。

$$y', \quad f'(x), \quad \frac{dy}{dx}, \quad \frac{df(x)}{dx}, \quad \frac{d}{dx}f(x)$$

(注意)　導関数 $f'(x)$ の $x = a$ における値が微分係数 $f'(a)$ である。

例題 15.1　定義にしたがって次の関数の導関数を求めよ。

(1)　$f(x) = x^2$　　　　(2)　$f(x) = 5x - 7$　　　　(3)　$f(x) = 2x^2 + 3x$

(4)　$y = x^4$　　　　(5)　$y = \dfrac{1}{x}$　　　　(6)　$y = \sqrt{t}$

＜解答＞

(1)　$f'(x) = \lim\limits_{h \to 0} \dfrac{(x+h)^2 - x^2}{h} = \lim\limits_{h \to 0} \dfrac{x^2 + 2xh + h^2 - x^2}{h} = \lim\limits_{h \to 0} (2x + h) = 2x$

(2)　$f'(x) = \lim\limits_{h \to 0} \dfrac{(5(x+h) - 7) - (5x - 7)}{h} = \lim\limits_{h \to 0} \dfrac{5h}{h} = 5$

(3)　$f'(x) = \lim\limits_{h \to 0} \dfrac{(2(x+h)^2 + 3(x+h)) - (2x^2 + 3x)}{h}$

$\quad = \lim\limits_{h \to 0} \dfrac{4xh + 2h^2 + 3h}{h} = \lim\limits_{h \to 0} (4x + 2h + 3) = 4x + 3$

(4)　$\dfrac{dy}{dx} = \lim\limits_{h \to 0} \dfrac{(x+h)^4 - x^4}{h}$

$\quad = \lim\limits_{h \to 0} \dfrac{4x^3 h + 6x^2 h^2 + 4xh^3 + h^4}{h} = \lim\limits_{h \to 0} (4x^3 + 6x^2 h + 4xh^2 + h^3) = 4x^3$

(5)　$\dfrac{dy}{dx} = \lim\limits_{h \to 0} \dfrac{1}{h}\left(\dfrac{1}{x+h} - \dfrac{1}{x}\right)$

$\quad = \lim\limits_{h \to 0} \dfrac{1}{h} \cdot \dfrac{x - (x+h)}{(x+h)x} = \lim\limits_{h \to 0} \dfrac{1}{h} \dfrac{-h}{(x+h)x} = -\lim\limits_{h \to 0} \dfrac{1}{(x+h)x} = -\dfrac{1}{x^2}$

(6)　$\dfrac{dy}{dt} = \lim\limits_{h \to 0} \dfrac{\sqrt{t+h} - \sqrt{t}}{h}$

$\quad = \lim\limits_{h \to 0} \dfrac{t + h - t}{h(\sqrt{t+h} + \sqrt{t})} = \lim\limits_{h \to 0} \dfrac{1}{\sqrt{t+h} + \sqrt{t}} = \dfrac{1}{2\sqrt{t}}$

例題 15.2　$\lim\limits_{h \to 0} \dfrac{f(x+2h) - f(x)}{h}$ を $f'(x)$ を使って表せ。

＜解答＞　$k = 2h$ とおくと $h \to 0$ のとき $k \to 0$ だから

$$\lim_{h \to 0} \frac{f(x+2h) - f(x)}{h} = \lim_{h \to 0} 2 \cdot \frac{f(x+2h) - f(x)}{2h} = 2 \lim_{k \to 0} \frac{f(x+k) - f(x)}{k} = 2f'(x)$$

ドリル no.15   class   no   name

問題 15.1 定義にしたがって次の関数の導関数を求めよ。

(1) $f(x) = 3$

(2) $f(x) = x^2 - 2x$

(3) $y = \dfrac{1}{x^2}$

(4) $y = 3t^2 - 2t + 5$

問題 15.2 $\displaystyle\lim_{h \to 0} \dfrac{f(x-2h) - f(x)}{h}$ を $f'(x)$ を使って表せ。

チェック項目	月 日	月 日
定義にしたがって導関数を計算することができる。		

16　整式の導関数

整式で表された関数の導関数を求めることができる。

導関数の公式　関数 $y = f(x)$ の導関数を求めることを，微分するという。c が定数のとき，次の公式が成り立つ。

[1]　　$(c)' = 0$

[2]　　$(c f(x))' = c f'(x)$

[3]　　$(f(x) \pm g(x))' = f'(x) \pm g'(x)$　（複号同順）

べき関数の導関数　n が自然数であるとき，次の公式が成り立つ。

$$(x^n)' = n x^{n-1}$$

例題 **16.1**　次の関数の導関数を求めよ。

(1)　$f(x) = x^{10} + 3x^4 + x - 7$　　　　(2)　$y = (3x-2)(x+5)$

＜解答＞

(1) 整式を微分するときはそれぞれの項を微分すればよい。

$$\begin{aligned}
f'(x) &= \left(x^{10} + 3x^4 + x - 7\right)' \\
&= \left(x^{10}\right)' + \left(3x^4\right)' + (x)' - (7)' \\
&= \left(x^{10}\right)' + 3\left(x^4\right)' + (x)' - (7)' \\
&= 10x^9 + 3 \cdot 4x^3 + 1 - 0 \\
&= 10x^9 + 12x^3 + 1
\end{aligned}$$

(2) 前の問題と同じように微分するために，まず展開して公式を適用できる形にする。

$$\begin{aligned}
y' &= \left(3x^2 + 13x - 10\right)' \\
&= 3\left(x^2\right)' + 13\left(x\right)' - (10)' \\
&= 3 \cdot 2x + 13 \cdot 1 - 0 \\
&= 6x + 13
\end{aligned}$$

例題 **16.2**　次の関数を [ ] 内の変数について微分せよ。

(1)　$s = 5t^3 - 3t + 3$　$[t]$　　　　(2)　$V = \dfrac{4\pi r^3}{3}$　$[r]$

＜解答＞

(1) $\dfrac{ds}{dt} = \left(5t^3 - 3t + 3\right)' = 5\left(t^3\right)' - 3(t)' + (3)' = 15t^2 - 3$

(2) $\dfrac{dV}{dr} = \left(\dfrac{4\pi r^3}{3}\right)' = \dfrac{4\pi}{3}\left(r^3\right)' = 4\pi r^2$

ドリル **no.16**　　class　　　no　　　name

問題 **16.1**　次の関数の導関数を求めよ。

(1)　$y = x^5 - 3x^2 + x - 5$

(2)　$y = (5x - 2)(x - 1)$

(3)　$y = (2x - 3)^2$

(4)　$y = (x^2 + 3)(4x + 5)$

問題 **16.2**　次の関数を [ ] 内の変数について微分せよ。

(1)　$y = ax^2 + bx + c$　　$[x]$

(2)　$y = (as + b)^2$　　$[s]$

(3)　$S = h + vt - \dfrac{1}{2} g t^2$　　$[t]$

(4)　$S = 2\pi r^2 + 2\pi h r$　　$[r]$

チェック項目	月　日	月　日
整式で表された関数の導関数を求めることができる。		

17　積と商の導関数

> 積と商で表された関数の導関数を求めることができる。

積と商の導関数　2つの関数 $f(x), g(x)$ の積と商で表された関数の導関数について次の公式が成り立つ。

[1]　$(f(x)g(x))' = f'(x)g(x) + f(x)g'(x)$

[2]　$\left(\dfrac{f(x)}{g(x)}\right)' = \dfrac{f'(x)g(x) - f(x)g'(x)}{(g(x))^2}$,　とくに　$\left(\dfrac{1}{g(x)}\right)' = -\dfrac{g'(x)}{(g(x))^2}$

x^n の導関数　n が整数のときも，自然数の場合と同じように次の公式が成り立つ。

$$(x^n)' = n\,x^{n-1} \quad (n \text{ は整数})$$

例題 17.1　次の関数の導関数を求めよ。

(1)　$y = (2x+1)(3x-1)$ 　　　　　　　　(2)　$y = (x^3+x)(2x^2-1)$

＜解答＞

(1)　$y' = (2x+1)'(3x-1) + (2x+1)(3x-1)'$

$\qquad = 2(3x-1) + (2x+1)\cdot 3 = 12x + 1$

(2)　$y' = (x^3+x)'(2x^2-1) + (x^3+x)(2x^2-1)'$

$\qquad = (3x^2+1)(2x^2-1) + (x^3+x)\cdot 4x = 10x^4 + 3x^2 - 1$

例題 17.2　次の関数の導関数を求めよ。

(1)　$y = \dfrac{x}{x^2+1}$ 　　　　　　　　(2)　$y = \dfrac{4}{x^2+3}$

＜解答＞

(1)　$y' = \dfrac{(x)'(x^2+1) - x(x^2+1)'}{(x^2+1)^2} = \dfrac{(x^2+1) - x\cdot 2x}{(x^2+1)^2} = \dfrac{-x^2+1}{(x^2+1)^2}$

(2)　$y' = \left(\dfrac{4}{x^2+3}\right)' = 4\left(\dfrac{1}{x^2+3}\right)' = 4\left(-\dfrac{(x^2+3)'}{(x^2+3)^2}\right) = 4\left(-\dfrac{2x}{(x^2+3)^2}\right) = -\dfrac{8x}{(x^2+3)^2}$

例題 17.3　次の関数の導関数を求めよ。

(1)　$y = \dfrac{1}{x}$ 　　　　　　　　(2)　$y = \dfrac{2}{3x^3}$

＜解答＞

(1)　$\left(\dfrac{1}{x}\right)' = (x^{-1})' = -x^{-2} = -\dfrac{1}{x^2}$

(2)　$\left(\dfrac{2}{3x^3}\right)' = \dfrac{2}{3}(x^{-3})' = \dfrac{2}{3}(-3)x^{-4} = -\dfrac{2}{x^4}$

ドリル no.17   class   no   name

問題 17.1 次の関数の導関数を求めよ。

(1) $y = (3x-2)(2x+5)$

(2) $y = (x^2+2x+3)(2x-1)$

問題 17.2 次の関数の導関数を求めよ。

(1) $y = \dfrac{2x+1}{4x+3}$

(2) $y = \dfrac{3}{x^2+1}$

(3) $y = \dfrac{x^3}{x^2-1}$

(4) $y = \dfrac{x^2+x}{x^2+x+1}$

問題 17.3 次の関数の導関数を求めよ。

(1) $y = \dfrac{1}{x^2}$

(2) $y = -\dfrac{1}{2x^4}$

チェック項目	月 日	月 日
積と商で表された関数の導関数を求めることができる。		

18 合成関数の導関数

合成関数の導関数を求めることができる。

合成関数の導関数　$y = f(t)$, $t = g(x)$ がいずれも微分可能な関数であるとき，合成関数 $y = f(g(x))$ に対して次の公式が成り立つ。

$$\frac{dy}{dx} = \frac{dy}{dt}\frac{dt}{dx} = f'(t)g'(x) = f'(g(x))g'(x)$$

導関数の公式　任意の有理数 r について次の公式が成り立つ。

$$(x^r)' = r\,x^{r-1}$$

例題 18.1　次の関数の導関数を求めよ。

(1) $y = (3x^2 - 2x + 5)^3$ 　　　　　　(2) $y = \dfrac{1}{(x^2+1)^2}$

〈解答〉

(1) $t = 3x^2 - 2x + 5$ とおくと，$y = t^3$ であり，$\dfrac{dy}{dt} = 3t^2$, $\dfrac{dt}{dx} = 6x - 2$ であるから，

$$\frac{dy}{dx} = \frac{dy}{dt}\frac{dt}{dx} = 3t^2 \cdot (6x-2) = 6(3x^2-2x+5)^2(3x-1)$$

（別解）$y' = \left((3x^2-2x+5)^3\right)'$
$= 3 \cdot (3x^2-2x+5)^2 \cdot (3x^2-2x+5)'$
$= 3 \cdot (3x^2-2x+5)^2 \cdot (6x-2) = 6(3x^2-2x+5)^2(3x-1)$

(2) $t = x^2 + 1$ とおくと，$y = \dfrac{1}{t^2} = t^{-2}$ であり，$\dfrac{dy}{dt} = -\dfrac{2}{t^3}$, $\dfrac{dt}{dx} = 2x$ であるから，

$$\frac{dy}{dx} = \frac{dy}{dt}\frac{dt}{dx} = \frac{-2}{t^3} \cdot 2x = -\frac{4x}{(x^2+1)^3}$$

（別解）$y' = \left((x^2+1)^{-2}\right)'$
$= -2(x^2+1)^{-3} \cdot (x^2+1)' = -\dfrac{4x}{(x^2+1)^3}$

例題 18.2　次の関数の導関数を求めよ。

(1) $y = \sqrt[5]{(2x+7)^3}$ 　　　　　　(2) $y = x\sqrt{x^2+1}$

〈解答〉

(1) $y = (2x+7)^{\frac{3}{5}}$ となるから

$$y' = \frac{3}{5}(2x+7)^{\frac{3}{5}-1} \cdot (2x+7)' = \frac{3}{5}(2x+7)^{-\frac{2}{5}} \cdot 2 = \frac{6}{5\sqrt[5]{(2x+7)^2}}$$

(2) $y' = (x)'\sqrt{x^2+1} + x\left(\sqrt{x^2+1}\right)'$
$= 1 \cdot \sqrt{x^2+1} + x \cdot \dfrac{1}{2}(x^2+1)^{-\frac{1}{2}}(x^2+1)'$
$= \sqrt{x^2+1} + \dfrac{x^2}{\sqrt{x^2+1}} = \dfrac{2x^2+1}{\sqrt{x^2+1}}$

ドリル no.18　class　　no　　name

問題 18.1 次の関数の導関数を求めよ。

(1) $y = (2x - 5)^4$

(2) $y = (1 - x^2)^3$

(3) $y = \dfrac{1}{(3x + 1)^2}$

(4) $y = \dfrac{1}{(1 + x + x^2)^3}$

問題 18.2 次の関数の導関数を求めよ。

(1) $y = \dfrac{1}{\sqrt[4]{x}}$

(2) $y = \sqrt{4x^2 + 5}$

(3) $y = \sqrt[3]{(x + 3)^2}$

(4) $y = x\sqrt{1 - x^2}$

チェック項目	月 日	月 日
合成関数の導関数を求めることができる。		

19 自然対数の底と指数関数の導関数

自然対数の底の定義を知っている。指数関数の導関数を求めることができる。

自然対数の底 次の極限値で定義される定数 e を自然対数の底（またはネピアの数）という。
$$e = \lim_{x \to \pm\infty} \left(1 + \frac{1}{x}\right)^x = \lim_{h \to 0}(1+h)^{\frac{1}{h}}$$

e は無理数で、近似値は $e \approx 2.718$ である。

自然対数 e を底とする対数を自然対数といい、底を省略して $\log x$ と書く。電卓などでは自然対数を $\ln x$ (log natural) と表すことが多い。

指数関数の導関数 指数関数の導関数について次が成り立つ。

[1] $(e^x)' = e^x$

[2] $(a^x)' = a^x \log a \quad (a > 0, a \neq 1 \text{ は定数})$

例題 19.1 次の極限値を求めよ。

(1) $\displaystyle\lim_{x \to \infty} \left(1 + \frac{1}{3x}\right)^x$ 　　　　　　(2) $\displaystyle\lim_{h \to 0}(1 - 2h)^{\frac{1}{h}}$

＜解答＞

(1) $t = 3x$ とおくと $x = \dfrac{t}{3}$, $x \to \infty$ のとき $t \to \infty$ だから

$$\lim_{x \to \infty} \left(1 + \frac{1}{3x}\right)^x = \lim_{t \to \infty}\left(1 + \frac{1}{t}\right)^{\frac{t}{3}} = \lim_{t \to \infty}\left(\left(1 + \frac{1}{t}\right)^t\right)^{\frac{1}{3}} = e^{\frac{1}{3}}$$

(2) $-2h = k$ とおくと $\dfrac{1}{h} = -\dfrac{2}{k}$, $h \to 0$ のとき $k \to 0$ だから

$$\lim_{h \to 0}(1 - 2h)^{\frac{1}{h}} = \lim_{k \to 0}(1+k)^{-\frac{2}{k}} = \lim_{k \to 0}\left((1+k)^{\frac{1}{k}}\right)^{-2} = e^{-2}$$

例題 19.2 次の関数の導関数を求めよ。

(1) $f(x) = e^{3x+2}$ 　　　　　　(2) $f(x) = 2^{-x}$

(3) $y = x e^x$ 　　　　　　(4) $y = \dfrac{e^x + 1}{x^2}$

＜解答＞

(1) $f'(x) = e^{3x+2}(3x+2)' = 3e^{3x+2}$

(2) $f'(x) = 2^{-x} \log 2 \cdot (-x)' = -2^{-x} \log 2$

(3) $y' = (x)' e^x + x (e^x)' = e^x + x e^x = e^x(x+1)$

(4) $y' = \dfrac{(e^x+1)' \cdot x^2 - (e^x+1) \cdot (x^2)'}{(x^2)^2}$

$ = \dfrac{e^x \cdot x^2 - (e^x+1) \cdot 2x}{x^4} = \dfrac{xe^x - 2(e^x+1)}{x^3} = \dfrac{(x-2)e^x - 2}{x^3}$

ドリル **no.19**　　class　　　no　　　name

問題 19.1 次の極限値を求めよ。

(1) $\displaystyle\lim_{x\to\infty}\left(1+\frac{1}{5x}\right)^x$

(2) $\displaystyle\lim_{h\to 0}(1+2h)^{\frac{1}{h}}$

問題 19.2 次の関数の導関数を求めよ。

(1) $f(x)=e^{3x-1}$

(2) $f(x)=e^{x^3+x^2-1}$

(3) $f(x)=3^{-2x}$

(4) $f(x)=e^{2x}(x^3+2x+3)$

(5) $f(x)=\dfrac{e^{x^2}}{x+1}$

(6) $f(x)=\dfrac{e^x+1}{e^x-1}$

チェック項目	月 日	月 日
自然対数の底の定義を知っている。 指数関数の導関数を求めることができる。		

20 対数関数の導関数と対数微分法

> 対数関数の導関数を求めることができる。対数微分法を使って導関数を求めることができる。

対数関数の微分法 $a \neq 1,\ a > 0$ のとき

[1]　$(\log |x|)' = \dfrac{1}{x}$

[2]　$(\log_a |x|)' = \left(\dfrac{\log |x|}{\log a}\right)' = \dfrac{1}{x \log a}$

とくに次の公式はよく用いられる。

$$(\log |f(x)|)' = \dfrac{f'(x)}{f(x)}$$

対数微分法　$f(x)$ の対数をとることにより $f(x)$ の導関数を求める方法を，対数微分法という。

x^p (p は実数) の導関数　任意の実数 p について次の公式が成り立つ。

$$(x^p)' = p x^{p-1}\ (x > 0)$$

例題 20.1　次の関数の導関数を求めよ。

(1)　$y = \log_3 x$ 　　　　(2)　$y = x^2 \log x$ 　　　　(3)　$y = (\log x)^3$

＜解答＞

(1)　$y' = \left(\dfrac{\log x}{\log 3}\right)' = \dfrac{1}{x \log 3}$

(2)　$y' = (x^2)' \log x + x^2 (\log x)' = 2x \log x + x^2 \dfrac{1}{x} = x(2\log x + 1)$

(3)　$y' = 3(\log x)^2 (\log x)' = \dfrac{3(\log x)^2}{x}$

例題 20.2　次の関数の導関数を求めよ。

(1)　$y = \log(2x+1)^3$ 　　(2)　$y = \log|(x+3)(x-4)|$ 　　(3)　$y = \log\left|\dfrac{x}{x+5}\right|$

＜解答＞

(1)　$y = 3\log(2x+1)$ と変形し　$y' = 3 \dfrac{1}{2x+1}(2x+1)' = \dfrac{6}{2x+1}$

(2)　$y = \log|x+3| + \log|x-4|$ と変形し　$y' = \dfrac{1}{x+3} + \dfrac{1}{x-4} = \dfrac{2x-1}{(x+3)(x-4)}$

(3)　$y = \log|x| - \log|x+5|$ と変形し　$y' = \dfrac{1}{x} - \dfrac{1}{x+5} = \dfrac{5}{x(x+5)}$

例題 20.3　対数微分法により，関数 $f(x) = x^x\ (x > 0)$ の導関数を求めよ。

＜解答＞　両辺の対数をとって，

$$\log f(x) = \log x^x = x \cdot \log x$$

この両辺を x で微分して，$f(x)$ をかければ

$$\dfrac{f'(x)}{f(x)} = 1 \cdot \log x + x \cdot \dfrac{1}{x} = \log x + 1 \quad \therefore\ f'(x) = f(x)(\log x + 1) = x^x (\log x + 1)$$

ドリル no.20　class　　no　　name

問題 20.1 次の関数の導関数を求めよ。

(1) $y = \log_3(2x+1)$

(2) $y = (\log x)^2$

(3) $y = \log|x^2 + x - 5|$

(4) $y = \log(\log x)$

(5) $y = \log|(x+1)(x+2)|$

(6) $y = \log\left|\dfrac{1-x}{1+x}\right|$

問題 20.2 対数微分法によって，導関数の公式 $(a^x)' = a^x \log a$ を導け。ただし a は 1 と異なる正の定数である。

チェック項目	月　日	月　日
対数関数の導関数を求めることができる。		
対数微分法を使って導関数を求めることができる。		

21 三角関数の導関数

三角関数の極限値を求めることができる。三角関数の導関数を求めることができる。

三角関数の極限値 三角関数の極限について次の公式が成り立つ。
$$\lim_{x \to 0} \frac{\sin x}{x} = 1, \quad \lim_{x \to 0} \frac{\tan x}{x} = 1$$

三角関数の導関数 次の公式が成り立つ。

[1] $(\sin x)' = \cos x$

[2] $(\cos x)' = -\sin x$

[3] $(\tan x)' = \dfrac{1}{\cos^2 x}$

例題 21.1 次の極限値を求めよ。

(1) $\displaystyle\lim_{x \to 0} \frac{\sin 3x}{x}$　　　　(2) $\displaystyle\lim_{x \to 0} \frac{1 - \cos x}{x^2}$

＜解答＞

(1) $\displaystyle\lim_{x \to 0} \frac{\sin 3x}{x} = \lim_{x \to 0} 3 \cdot \frac{\sin 3x}{3x} = 3 \cdot 1 = 3$

(2) $\displaystyle\lim_{x \to 0} \frac{1 - \cos x}{x^2} = \lim_{x \to 0} \frac{(1 - \cos x)(1 + \cos x)}{x^2(1 + \cos x)}$
$= \displaystyle\lim_{x \to 0} \frac{1 - \cos^2 x}{x^2(1 + \cos x)} = \lim_{x \to 0} \left(\left(\frac{\sin x}{x}\right)^2 \cdot \frac{1}{1 + \cos x} \right) = \frac{1}{2}$

例題 21.2 次の関数の導関数を求めよ。

(1) $y = x^2 \cos x$　　(2) $y = \sin(3 - 2x)$　　(3) $y = \dfrac{\sin x}{1 + \cos x}$

(4) $y = \tan^4 2x$　　(5) $y = \log|\cos 2x|$　　(6) $y = \dfrac{\sin x}{\log x}$

＜解答＞

(1) $y' = (x^2)'(\cos x) + (x^2)(\cos x)' = 2x \cos x + x^2(-\sin x) = x(2\cos x - x \sin x)$

(2) $y' = \cos(3 - 2x) \cdot (3 - 2x)' = 2\cos(3 - 2x)$

(3) $y' = \dfrac{(\sin x)'(1 + \cos x) - \sin x(1 + \cos x)'}{(1 + \cos x)^2}$
$= \dfrac{\cos x + \cos^2 x + \sin^2 x}{(1 + \cos x)^2} = \dfrac{\cos x + 1}{(1 + \cos x)^2} = \dfrac{1}{1 + \cos x}$

(4) $y' = 4\tan^3 2x \cdot (\tan 2x)' = 4\tan^3 2x \cdot \dfrac{1}{\cos^2 2x} \cdot (2x)' = 8\dfrac{\sin^3 2x}{\cos^5 2x}$

(5) $y' = \dfrac{(\cos 2x)'}{\cos 2x} = \dfrac{-2\sin 2x}{\cos 2x} = -2\tan 2x$

(6) $y' = \dfrac{(\sin x)' \log x - \sin x (\log x)'}{(\log x)^2} = \dfrac{\cos x \log x - \sin x \cdot \frac{1}{x}}{(\log x)^2} = \dfrac{x \cos x \log x - \sin x}{x(\log x)^2}$

ドリル no.21　　class　　　　no　　　　name

問題 21.1 次の極限値を求めよ。

(1) $\displaystyle\lim_{x\to 0}\frac{\sin 2x}{x}$

(2) $\displaystyle\lim_{x\to 0}\frac{\tan 2x}{x}$

(3) $\displaystyle\lim_{x\to 0}\frac{\sin 2x}{\sin 5x}$

(4) $\displaystyle\lim_{x\to 0}\frac{1-\cos x}{x\sin x}$

問題 21.2 次の関数の導関数を求めよ。

(1) $y = \sin(2x+1)$

(2) $y = \sin 3x \tan 2x$

(3) $y = e^{-x}\cos 3x$

(4) $y = \dfrac{\log x}{\cos x}$

(5) $y = \cos^2(3-2x)$

(6) $y = \dfrac{1-\cos 2x}{1+\cos 2x}$

チェック項目	月 日	月 日
三角関数の導関数を求めることができる。		

22　逆三角関数の導関数

逆三角関数の意味を理解し，その導関数を求めることができる。

逆三角関数
(1) $\sin\theta = x$ となる θ $\left(-\dfrac{\pi}{2} \leqq \theta \leqq \dfrac{\pi}{2}\right)$ を $\theta = \mathrm{Sin}^{-1} x$ (アークサイン x) と表す。
(2) $\cos\theta = x$ となる θ $(0 \leqq \theta \leqq \pi)$ を $\theta = \mathrm{Cos}^{-1} x$ (アークコサイン x) と表す。
(3) $\tan\theta = x$ となる θ $\left(-\dfrac{\pi}{2} < \theta < \dfrac{\pi}{2}\right)$ を $\theta = \mathrm{Tan}^{-1} x$ (アークタンジェント x) と表す。

逆関数の導関数　$y = f(x)$ が $x = g(y)$ と書けるとき
$$\frac{dx}{dy} = \frac{1}{\dfrac{dy}{dx}}$$

逆三角関数の導関数　次の公式が成り立つ。

[1]　$\left(\mathrm{Sin}^{-1} x\right)' = \dfrac{1}{\sqrt{1-x^2}}, \quad \left(\mathrm{Cos}^{-1} x\right)' = -\dfrac{1}{\sqrt{1-x^2}}$

[2]　$\left(\mathrm{Tan}^{-1} x\right)' = \dfrac{1}{1+x^2}$

例題 22.1　次の値を求めよ。

(1) $\mathrm{Sin}^{-1} \dfrac{1}{2}$　　(2) $\mathrm{Cos}^{-1}\left(-\dfrac{1}{\sqrt{2}}\right)$　　(3) $\mathrm{Tan}^{-1} \sqrt{3}$

＜解答＞

(1) $\theta = \mathrm{Sin}^{-1} \dfrac{1}{2}$ とおくと $\sin\theta = \dfrac{1}{2}$ $\left(-\dfrac{\pi}{2} \leqq \theta \leqq \dfrac{\pi}{2}\right)$ から　$\mathrm{Sin}^{-1} \dfrac{1}{2} = \dfrac{\pi}{6}$

(2) $\theta = \mathrm{Cos}^{-1}\left(-\dfrac{1}{\sqrt{2}}\right)$ とおくと $\cos\theta = -\dfrac{1}{\sqrt{2}}$ $(0 \leqq \theta \leqq \pi)$ から　$\mathrm{Cos}^{-1}\left(-\dfrac{1}{\sqrt{2}}\right) = \dfrac{3\pi}{4}$

(3) $\tan\theta = \sqrt{3}$ $\left(-\dfrac{\pi}{2} < \theta < \dfrac{\pi}{2}\right)$ から　$\mathrm{Tan}^{-1}\sqrt{3} = \dfrac{\pi}{3}$

例題 22.2　逆関数の導関数の公式を使って，$y = \mathrm{Tan}^{-1} x$ の導関数を求めよ。
＜解答＞　$y = \mathrm{Tan}^{-1} x$ より $x = \tan y$ であるから
$$\frac{dx}{dy} = \frac{1}{\cos^2 y} = 1 + \tan^2 y = 1 + x^2 \quad \therefore \quad \frac{dy}{dx} = \frac{1}{\dfrac{dx}{dy}} = \frac{1}{1+x^2}$$

例題 22.3　逆三角関数の導関数の公式を使って，次の関数の導関数を求めよ。

(1) $y = \mathrm{Sin}^{-1} 2x$　　(2) $y = \mathrm{Tan}^{-1} \dfrac{1}{x}$

＜解答＞

(1) $y' = \left(\mathrm{Sin}^{-1} 2x\right)' = \dfrac{1}{\sqrt{1-(2x)^2}} \cdot (2x)' = \dfrac{2}{\sqrt{1-4x^2}}$

(2) $y' = \left(\mathrm{Tan}^{-1} \dfrac{1}{x}\right)' = \dfrac{1}{1+\left(\dfrac{1}{x}\right)^2} \cdot \left(\dfrac{1}{x}\right)' = \dfrac{1}{1+\left(\dfrac{1}{x}\right)^2} \cdot \left(-\dfrac{1}{x^2}\right) = -\dfrac{1}{1+x^2}$

ドリル no.22　　class　　　no　　　name

問題 22.1 次の値を求めよ。

(1)　$\mathrm{Sin}^{-1} 1$
(2)　$\mathrm{Cos}^{-1}\left(-\dfrac{1}{2}\right)$
(3)　$\mathrm{Tan}^{-1}(-1)$

問題 22.2 逆関数の導関数の公式を使って，関数 $y = \mathrm{Sin}^{-1} x$ の導関数を求めよ。

問題 22.3 次の関数の導関数を求めよ。

(1)　$y = \mathrm{Tan}^{-1} \sqrt{x}$
(2)　$y = \mathrm{Cos}^{-1} \dfrac{x}{3}$

(3)　$y = \mathrm{Sin}^{-1} \dfrac{x-1}{\sqrt{3}}$
(4)　$y = \sqrt{x}\, \mathrm{Sin}^{-1} x$

(5)　$y = \left(\mathrm{Tan}^{-1} x\right)^2$
(6)　$y = \dfrac{1}{\mathrm{Sin}^{-1} x}$

チェック項目	月　日	月　日
逆三角関数の意味を理解し，その導関数を求めることができる。		

23　導関数の計算

いろいろな関数の導関数を計算することができる。

例題 23.1　次の関数の導関数を求めよ。

(1)　$y = 2x(\log x - 1)$　　　　　　　　　(2)　$y = \dfrac{\sin x}{x^2 + 1}$

(3)　$y = (3x^3 + 2x + 5)^7$　　　　　　　(4)　$y = \sqrt{x^2 + x + 1}$

(5)　$y = \mathrm{Tan}^{-1}(4x + 1)$　　　　　　(6)　$y = e^{-3x} \sin 2x$

(7)　$y = xe^{-x^2}$　　　　　　　　　　　(8)　$y = \log|x + \sqrt{x^2 + 1}|$

＜解答＞　関数の積や商で表される関数，合成関数の微分法はよく練習すること。

(1)　$y' = 2\left((x)'(\log x - 1) + x(\log x - 1)'\right) = 2\left(1 \cdot (\log x - 1) + x \cdot \dfrac{1}{x}\right) = 2\log x$

(2)　$y' = \dfrac{(\sin x)'(x^2 + 1) - \sin x (x^2 + 1)'}{(x^2 + 1)^2} = \dfrac{(x^2 + 1)\cos x - 2x\sin x}{(x^2 + 1)^2}$

(3)　$y' = 7(3x^3 + 2x + 5)^6 \cdot (3x^3 + 2x + 5)' = 7(3x^3 + 2x + 5)^6 (9x + 2)$

(4)　$y' = \dfrac{1}{2\sqrt{x^2 + x + 1}} \cdot (x^2 + x + 1)' = \dfrac{2x + 1}{2\sqrt{x^2 + x + 1}}$

(5)　$y' = \dfrac{1}{1 + (4x + 1)^2} \cdot (4x + 1)' = \dfrac{4}{1 + (4x + 1)^2} = \dfrac{2}{8x^2 + 4x + 1}$

(6)　$y' = (e^{-3x})' \sin 2x + e^{-3x}(\sin 2x)'$
$\quad = -3e^{-3x}\sin 2x + e^{-3x} \cdot 2\cos 2x = e^{-3x}(-3\sin 2x + 2\cos 2x)$

(7)　$y' = (x)' e^{-x^2} + x(e^{-x^2})'$
$\quad = 1 \cdot e^{-x^2} + x \cdot e^{-x^2}(-2x) = e^{-x^2} - 2x^2 e^{-x^2} = (1 - 2x^2)e^{-x^2}$

(8)　$y' = \dfrac{1}{x + \sqrt{x^2 + 1}} \cdot \left(x + \sqrt{x^2 + 1}\right)'$
$\quad = \dfrac{1}{x + \sqrt{x^2 + 1}} \cdot \left(1 + \dfrac{1}{2\sqrt{x^2 + 1}} \cdot (x^2 + 1)'\right)$
$\quad = \dfrac{1}{x + \sqrt{x^2 + 1}} \cdot \dfrac{2\sqrt{x^2 + 1} + 2x}{2\sqrt{x^2 + 1}}$
$\quad = \dfrac{1}{\sqrt{x^2 + 1}}$

ドリル no.23　　class　　　no　　　name

問題 23.1 次の関数の導関数を求めよ。

(1)　$y = \cos^5 x$

(2)　$y = x^2 \log x$

(3)　$y = x \log(x^2 + 1)$

(4)　$y = x^2 \sin \dfrac{1}{x}$

(5)　$y = \dfrac{\sin 2x}{1 + \cos 2x}$

(6)　$y = e^{\sin x}$

(7)　$y = \operatorname{Tan}^{-1}(\sin x)$

(8)　$y = \sqrt{\dfrac{x}{x^2 + 1}}$

チェック項目	月　日	月　日
いろいろな関数の導関数を計算することができる。		

24 高次導関数

高次導関数を求めることができる。

高次導関数 関数 $y = f(x)$ の導関数 $f'(x)$ が微分可能であるとき，$f'(x)$ の導関数を $f(x)$ の第 2 次導関数といい，次のように表す。

$$y'', \quad f''(x), \quad \frac{d^2y}{dx^2}, \quad \frac{d^2}{dx^2}f(x)$$

さらに，関数 $y = f(x)$ を n 回微分して得られる関数を $f(x)$ の第 n 次導関数といい，

$$y^{(n)}, \quad f^{(n)}(x), \quad \frac{d^ny}{dx^n}, \quad \frac{d^n}{dx^n}f(x)$$

と表す。関数 $y = f(x)$ の第 n 次導関数が存在するとき，$f(x)$ は n 回微分可能であるという。$n \geqq 2$ のとき，第 n 次導関数を総称して $f(x)$ の高次導関数という。

ライプニッツの公式 $f(x), g(x)$ がそれぞれ n 回微分可能であるとき

$$(fg)^{(n)} = f^{(n)}g + {}_nC_1 f^{(n-1)}g' + {}_nC_2 f^{(n-2)}g'' + \cdots + {}_nC_r f^{(n-r)}g^{(r)} + \cdots + fg^{(n)}$$

例題 24.1 次の関数の第 2 次導関数を求めよ。

(1) $y = \sin x$ \qquad (2) $y = e^{x^2}$

〈解答〉

(1) $y' = \cos x$ だから $y'' = -\sin x$

(2) $y' = 2xe^{x^2}$ だから $y'' = 2e^{x^2} + 2x \cdot 2xe^{x^2} = 2(2x^2 + 1)e^{x^2}$

例題 24.2 次の関数の第 n 次導関数を求めよ。

(1) $y = e^{3x}$ \qquad (2) $y = \log(1-x)$

〈解答〉

(1) $y' = 3e^{3x}, \ y'' = 3^2 e^{3x}, \ y''' = 3^3 e^{3x}, \cdots$ から，
$$y^{(n)} = 3^n e^{3x}$$

(2) $y' = -\dfrac{1}{1-x}, \ y'' = -\dfrac{1}{(1-x)^2}, \ y''' = -\dfrac{1 \cdot 2}{(1-x)^3}, \ y^{(4)} = -\dfrac{1 \cdot 2 \cdot 3}{(1-x)^4},$

$y^{(5)} = -\dfrac{1 \cdot 2 \cdot 3 \cdot 4}{(1-x)^5}, \cdots$ から，
$$y^{(n)} = -\frac{(n-1)!}{(1-x)^n}$$

例題 24.3 関数 $y = x^2 e^{2x}$ の第 3 次導関数を求めよ。

〈解答〉 ライプニッツの公式を使う。$f(x) = x^2$ とおくと $f^{(n)} = 0 \ (n \geq 3)$ であるから，

$$\begin{aligned}
y''' &= (x^2)''' e^{2x} + {}_3C_1 (x^2)''(e^{2x})' + {}_3C_2 (x^2)'(e^{2x})'' + x^2 (e^{2x})''' \\
&= 0 + 3 \cdot 2 \cdot 2e^{2x} + 3 \cdot 2x \cdot 4e^{2x} + x^2 \cdot 8e^{2x} \\
&= 12e^{2x} + 24xe^{2x} + 8x^2 e^{2x} \\
&= 4(3 + 6x + 2x^2)e^{2x}
\end{aligned}$$

ドリル no.24　　class　　　no　　　name

問題 24.1　次の関数の第 2 次導関数を求めよ。

(1)　$y = x^4 + 3x^3$
(2)　$y = \sin^2 x + \cos x$

(3)　$y = e^{-x^2}$
(4)　$y = \log(x^2 + 1)$

問題 24.2　次の関数の第 n 次導関数を求めよ。

(1)　$y = e^{-2x}$
(2)　$y = \dfrac{1}{1-x}$

問題 24.3　ライプニッツの公式を用いて，関数 $y = x^2 \cos x$ の第 3 次導関数を求めよ。

チェック項目	月　日	月　日
関数の高次導関数を求めることができる。		

25 ロピタルの定理

ロピタルの定理を用いて，不定形の極限値を求めることができる。

ロピタルの定理 $\lim_{x \to a} \dfrac{f(x)}{g(x)}$ が，$\dfrac{0}{0}$，$\dfrac{\infty}{\infty}$ の不定形のとき，$\lim_{x \to a} \dfrac{f'(x)}{g'(x)}$ が存在すれば，次の式が成り立つ。

$$\lim_{x \to a} \frac{f(x)}{g(x)} = \lim_{x \to a} \frac{f'(x)}{g'(x)}$$

この定理は $x \to \pm\infty$ のときにも適用できる。

(注意) $\dfrac{f'(x)}{g'(x)}$ を，関数の商の導関数の公式 $\left(\dfrac{f(x)}{g(x)}\right)'$ と混同しないようにする。

例題 25.1 次の極限値を求めよ。

(1) $\lim_{x \to 1} \dfrac{x^3 - 1}{x - 1}$ 　　(2) $\lim_{x \to 0} \dfrac{x \sin x}{1 - \cos x}$ 　　(3) $\lim_{x \to \infty} \dfrac{x^2}{e^{2x}}$ 　　(4) $\lim_{x \to +0} x^3 \log x$

<解答>

(1) $\dfrac{0}{0}$ の形の不定形である。

$$\lim_{x \to 1} \frac{x^3 - 1}{x - 1} = \lim_{x \to 1} \frac{(x^3 - 1)'}{(x - 1)'} = \lim_{x \to 1} \frac{3x^2}{1} = 3$$

(2) $\dfrac{0}{0}$ の形の不定形である。

$$\lim_{x \to 0} \frac{x \sin x}{1 - \cos x} = \lim_{x \to 0} \frac{(x \sin x)'}{(1 - \cos x)'} = \lim_{x \to 0} \frac{\sin x + x \cos x}{\sin x} = \lim_{x \to 0} \left(1 + \frac{x}{\sin x} \cdot \cos x\right) = 2$$

(3) $\dfrac{\infty}{\infty}$ の形の不定形だが，ロピタルの定理を適用してもまだ不定形の場合，不定形ではなくなるまで繰り返して用いる。

$$\lim_{x \to \infty} \frac{x^2}{e^{2x}} = \lim_{x \to \infty} \frac{(x^2)'}{(e^{2x})'} = \lim_{x \to \infty} \frac{x}{e^{2x}} = \lim_{x \to \infty} \frac{(x)'}{(e^{2x})'} = \lim_{x \to \infty} \frac{1}{2e^{2x}} = 0$$

(4) $0 \cdot \infty$ の形の不定形なので，$\dfrac{\infty}{\infty}$ の形の不定形になるように変形してからロピタルの定理を使う。

$$\lim_{x \to +0} x^3 \log x = \lim_{x \to +0} \frac{\log x}{\dfrac{1}{x^3}} = \lim_{x \to +0} \frac{(\log x)'}{\left(\dfrac{1}{x^3}\right)'} = \lim_{x \to +0} \frac{\dfrac{1}{x}}{\dfrac{-3}{x^4}} = \lim_{x \to +0} \left(-\frac{x^3}{3}\right) = 0$$

ドリル **no.25**　　class　　　no　　　name

問題 25.1　次の極限値を求めよ。

(1) $\lim_{x \to 1} \dfrac{x^2 - 3x + 2}{x^3 - 1}$

(2) $\lim_{x \to 2} \dfrac{x^3 - 4x^2 + x + 6}{x^3 - 7x + 6}$

(3) $\lim_{x \to 0} \dfrac{\tan x}{\sin 2x}$

(4) $\lim_{x \to \infty} \dfrac{\log x}{e^x}$

(5) $\lim_{x \to +0} x \log x^2$

(6) $\lim_{x \to \infty} x e^{1-x}$

チェック項目	月　日	月　日
ロピタルの定理を用いて，不定形の極限値を求めることができる。		

26 関数の増減と極値 (1)

> 3次関数の増減を調べてグラフを描くことができる。

関数の増減 関数 $y = f(x)$ がある区間 I で微分可能なとき

(1) I でつねに $f'(x) > 0$ ならば, $f(x)$ は I で増加する。

(2) I でつねに $f'(x) < 0$ ならば, $f(x)$ は I で減少する。

極値 関数 $y = f(x)$ の値の変化が, $x = a$ の前後で

(1) 減少から増加に変わるとき, $f(x)$ は $x = a$ で極小になるといい, $f(a)$ を極小値という。

(2) 増加から減少に変わるとき, $f(x)$ は $x = a$ で極大になるといい, $f(a)$ を極大値という。

極大値と極小値をまとめて極値という。

極値をとるための必要条件 微分可能な関数 $y = f(x)$ が $x = a$ で極値をとるならば

$$f'(a) = 0$$

(注意) $f'(a) = 0$ であっても, $x = a$ で極値をとるとは限らない。

例題 26.1 次の関数の増減と極値を調べ, グラフを描け。

(1) $f(x) = x^3 - 3x^2 + 2$　　　　　(2) $y = 2x^3 + 3x^2 + 1$

<解答>

(1) $f'(x) = 3x^2 - 6x = 3x(x-2) = 0$ を解くと $x = 0, 2$ が得られる。増減表は次のようになり, 極大値 $f(0) = 2$, 極小値 $f(2) = -2$ をとる。

x	$\cdots$	0	$\cdots$	2	$\cdots$
y'	$+$	0	$-$	0	$+$
y	↗	2	↘	-2	↗

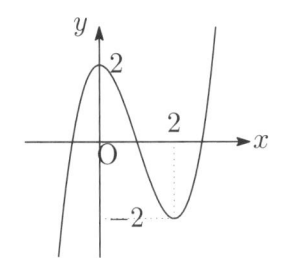

(2) $y' = 6x^2 + 6x = 6x(x+1) = 0$ を解くと $x = 0, -1$ が得られる。増減表は次のようになり, $x = -1$ のとき極大値 2, $x = 0$ のとき極小値 1 をとる。

x	$\cdots$	-1	$\cdots$	0	$\cdots$
y'	$+$	0	$-$	0	$+$
y	↗	2	↘	1	↗

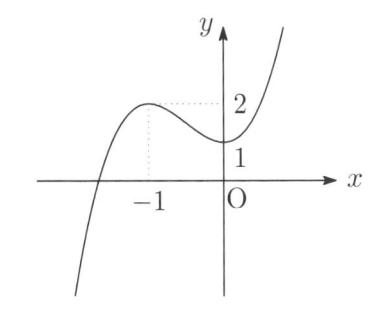

ドリル no.26   class   no   name

問題 26.1 次の関数の増減を調べ, 極値を求めよ。

(1)　$f(x) = x^3 - 4x$

(2)　$y = -(x-1)^2(x+2)$

問題 26.2 次の関数の増減と極値を調べ, グラフを描け。

(1)　$y = x^3 - 3x^2 + 3x - 3$

(2)　$y = -x^3 + 6x^2 - 9x + 12$

チェック項目	月 日	月 日
3次関数の増減を調べてグラフを描くことができる。		

27　関数の増減と極値 (2)

> 4次関数の増減を調べてグラフを描くことができる。

[例題] **27.1** 次の関数の増減と極値を調べ，グラフを描け。

(1) $y = x^4 - 2x^2$ 　　　　　　　　　(2) $y = x^4 - 4x^3$

＜解答＞

(1) $y' = 4x^3 - 4x = 4x(x+1)(x-1) = 0$ を解くと $x = 0, \pm 1$ が得られる。増減表は次のようになり，$x = 0$ のとき極大値 0，$x = \pm 1$ のとき極小値 -1 をとる。

x	$\cdots$	-1	$\cdots$	0	$\cdots$	1	$\cdots$
y'	$-$	0	$+$	0	$-$	0	$+$
y	↘	-1	↗	0	↘	-1	↗

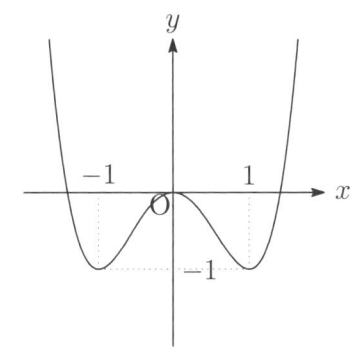

(2) $y' = 4x^3 - 12x = 4x^2(x-3) = 0$ を解くと $x = 0$ (2重解), 3 が得られる。増減表は次のようになり，$x = 3$ のとき極小値 -27 であり，極大値は存在しない。

x	$\cdots$	0	$\cdots$	3	$\cdots$
y'	$-$	0	$-$	0	$+$
y	↘	0	↘	-27	↗

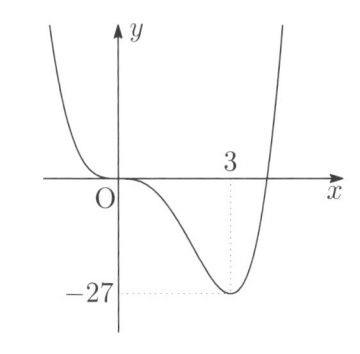

ドリル no.27   class   no   name

問題 27.1 関数 $y = 3x^4 - 4x^3 - 12x^2 + 16$ の増減を調べ, 極値を求めよ。

問題 27.2 次の関数の増減と極値を調べ, グラフをかけ。

(1) $y = x^4 + 4x^3 - 16x + 1$

(2) $y = -x^4 + 6x^2 + 8x$

チェック項目	月 日	月 日
4次関数の増減を調べてグラフを描くことができる。		

28 関数の増減と極値 (3)

分数関数の増減を調べてグラフを描くことができる。

分数関数のグラフ $y = \dfrac{f(x)}{g(x)}$ のグラフについて

(1) $x = a$ が $g(x) = 0$ の解であるとき, 直線 $x = a$ は $y = \dfrac{f(x)}{g(x)}$ のグラフの漸近線である。

(2) $f(x), g(x)$ が多項式で, $\dfrac{f(x)}{g(x)} = q(x) + \dfrac{r(x)}{g(x)}$ ($r(x)$ の次数 < $g(x)$ の次数) と変形できるならば, $x \to \pm\infty$ のとき $y = \dfrac{f(x)}{g(x)}$ のグラフは $y = q(x)$ のグラフに限りなく近づいていく。$q(x)$ が 1 次以下の場合, $y = q(x)$ はこの分数関数の漸近線である。

例題 28.1 次の関数の増減と極値を調べ, グラフを描け。また, 漸近線を求めよ。

(1) $y = \dfrac{x^2+1}{x^2-1}$ 　　　　(2) $y = \dfrac{x^2-x+1}{x}$

〈解答〉

(1) 分母を 0 にする x の値は $x = \pm 1$ なので, 直線 $x = \pm 1$ がこのグラフの y 軸と平行な漸近線である。また $y = 1 + \dfrac{2}{x^2-1}$, $y' = \dfrac{-4x}{(x^2-1)^2}$ なので, 直線 $y = 1$ も漸近線である。増減表とグラフは次のようになり, $x = 0$ のとき 極大値 -1 をとる。極小値は存在しない。漸近線の方程式は $x = \pm 1$ と $y = 1$ である。

x	$\cdots$	-1	$\cdots$	0	$\cdots$	1	$\cdots$
y'	$+$		$+$	0	$-$		$-$
y	$\nearrow$		$\nearrow$	-1	$\searrow$		$\searrow$

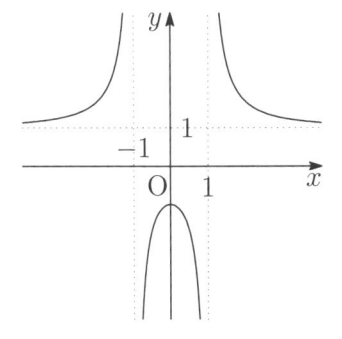

(2) 分母を 0 にする x は $x = 0$ なので, $x = 0$ (y 軸) が漸近線である。また $y = x - 1 + \dfrac{1}{x}$ なので, 直線 $y = x - 1$ も漸近線である。さらに $y' = 1 - \dfrac{1}{x^2} = \dfrac{x^2-1}{x^2} = \dfrac{(x+1)(x-1)}{x^2} = 0$ から $x = \pm 1$ が得られ, 増減表とグラフは次のようになる。したがって $x = -1$ のとき極大値 -3, $x = 1$ のとき 極小値 1 をとる。漸近線の方程式は $x = 0$ と $y = x - 1$ である。

x	$\cdots$	-1	$\cdots$	0	$\cdots$	1	$\cdots$
y'	$+$	0	$-$		$-$	0	$+$
y	$\nearrow$	-3	$\searrow$		$\searrow$	1	$\nearrow$

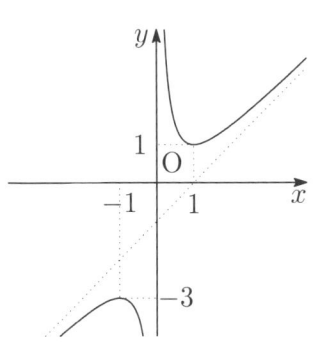

ドリル **no.28**　class　　　no　　　name

問題 28.1　関数 $y = \dfrac{1}{x(x+2)}$ の増減を調べ，極値を求めよ。

問題 28.2　関数 $y = \dfrac{x^2 + 3x + 3}{x + 1}$ の増減と極値を調べ，グラフを描け。また，漸近線を求めよ。

チェック項目	月　日	月　日
分数関数の増減を調べてグラフを描くことができる。		

29　関数の最大と最小

微分法を用いて関数の最大値, 最小値を求めることができる。

閉区間における最大と最小　閉区間 $[a,b]$ で連続な関数 $y = f(x)$ は, その区間で最大値と最小値をとる。最大値と最小値を求める方法は次の通り。

(1) $f'(x) = 0$ を解き, 増減表を作る。

(2) 区間の端点での値 $f(a), f(b)$ と極値との大小を比較する。

[例題] **29.1**　$y = \sin x - x\cos x \ (0 \leqq x \leqq 2\pi)$ の最大値と最小値を求めよ。

<解答>　$y' = \cos x - \cos x + x\sin x = x\sin x = 0$ を解くと $x = 0, \pi, 2\pi$ が得られる。したがって増減表は次のようになり, $x = \pi$ のとき最大値 π, $x = 2\pi$ のとき最小値 -2π をとる。

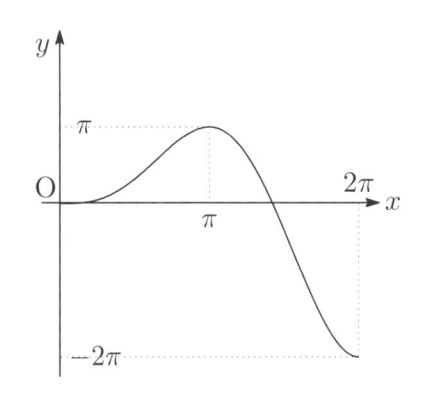

x	0	$\cdots$	π	$\cdots$	2π
y'	0	+	0	−	0
y	0	↗	π	↘	-2π

[例題] **29.2**　関数 $f(x) = e^{-x}\sin x \ (0 \leqq x \leqq 2\pi)$ の最大値と最小値を求めよ。

<解答>　$f'(x) = -e^{-x}\sin x + e^{-x}\cos x = -e^{-x}(\sin x - \cos x) = -\sqrt{2}e^{-x}\sin\left(x - \frac{\pi}{4}\right) = 0$ を解くと $x = \frac{\pi}{4}, \frac{5\pi}{4}$ が得られる。また, $f(0) = f(2\pi) = 0$ だから増減表は次のようになる。

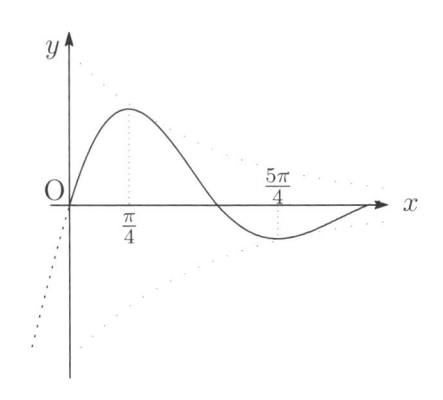

x	0	$\cdots$	$\frac{\pi}{4}$	$\cdots$	$\frac{5\pi}{4}$	$\cdots$	2π
y'	+	+	0	−	0	+	+
y	0	↗	最大	↘	最小	↗	0

したがって, 最大値 $f\left(\frac{\pi}{4}\right) = \frac{\sqrt{2}}{2}e^{-\frac{\pi}{4}}$, 最小値 $f\left(\frac{5\pi}{4}\right) = -\frac{\sqrt{2}}{2}e^{-\frac{5\pi}{4}}$ をとる。

ドリル **no.29**　　class　　　　no　　　　name

問題 29.1　関数 $y = x\sin x + \cos x$ $(0 \leqq x \leqq 2\pi)$ の最大値と最小値を求めよ。

問題 29.2　関数 $y = e^x \cos x$ $(0 \leqq x \leqq 2\pi)$ の最大値と最小値を求めよ。

チェック項目	月　日	月　日
微分法を用いて関数の最大値, 最小値を求めることができる。		

30 関数のグラフの凹凸

凹凸を調べてグラフを描くことができる。

グラフの凹凸と極値 2回微分可能な関数 $y = f(x)$ のグラフの凹凸について次が成り立つ。

(1) 区間 I で, つねに $f''(x) > 0$ ならば $y = f(x)$ のグラフは I で下に凸である。
とくに $f'(a) = 0, f''(a) > 0$ であれば $x = a$ で極小となる。

(2) 区間 I で, つねに $f''(x) < 0$ ならば $y = f(x)$ のグラフは I で上に凸である。
とくに $f'(a) = 0, f''(a) < 0$ であれば $x = a$ で極大となる。

[例題] **30.1** 分数関数 $y = \dfrac{1}{x^2 + 1}$ の増減, 極値, グラフの凹凸, 変曲点を調べてグラフを描け。

＜解答＞ このグラフを描くためにいくつかの注意点をまとめておく。

① $x^2 + 1 > 0$ なので分母を 0 とする実数は存在しないから, この関数は実数全体で定義され, 値域は $y > 0$ である。

② 偶関数であるから, グラフは y 軸に関して対称である。

③ $y = 0 + \dfrac{1}{x^2 + 1}$ だから, 直線 $y = 0$ (x 軸) が漸近線である。

$y' = \dfrac{-2x}{(x^2 + 1)^2} = 0$ を解くと $x = 0$ が得られる。また, $y'' = \dfrac{2(3x^2 - 1)}{(x^2 + 1)^3} = 0$ を解くと $x = \pm \dfrac{1}{\sqrt{3}}$ が得られる。すべての実数 x について $x^2 + 1 > 0$ であるから, y' の符号は $-2x$ の符号と等しく, y'' の符号は $3x^2 - 1$ の符号と等しい。これらのことから, 増減表とグラフは次のようになる。

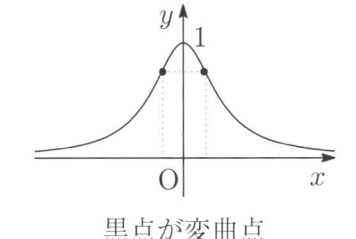

x	$-\infty$	$\cdots$	$-\dfrac{1}{\sqrt{3}}$	$\cdots$	0	$\cdots$	$\dfrac{1}{\sqrt{3}}$	$\cdots$	∞
$f'(x)$		$+$	$+$	$+$	0	$-$	$-$	$-$	
$f''(x)$		$+$	0	$-$	$-$	$-$	0	$+$	
$f(x)$	0	↗	$\dfrac{3}{4}$	↗	1	↘	$\dfrac{3}{4}$	↘	0

黒点が変曲点

以上より, $x = 0$ で極大値 $y = 1$ をとり, 変曲点 $\left(\pm\dfrac{1}{\sqrt{3}}, \dfrac{3}{4}\right)$ をもつ。

[例題] **30.2** 関数 $y = xe^{-x}$ の増減, 極値, グラフの凹凸, 変曲点を調べてグラフを描け。

＜解答＞ $y' = (1-x)e^{-x} = 0$ の解は $x = 1$, $y'' = (x-2)e^{-x} = 0$ の解は $x = 2$ である。また, ロピタルの定理から $\lim_{x \to \infty} \dfrac{x}{e^x} = \lim_{x \to \infty} \dfrac{(x)'}{(e^x)'} = \lim_{x \to \infty} \dfrac{1}{e^x} = 0$ となり, $y = 0$ (x 軸) が漸近線であることがわかる。これらのことから, 増減表とグラフは次のようになる。

x	$-\infty$	$\cdots$	1	$\cdots$	2	$\cdots$	∞
y'		$+$	0	$-$	$-$	$-$	
y''		$-$	$-$	$-$	0	$+$	
y	$-\infty$	↗	$\dfrac{1}{e}$	↘	$\dfrac{2}{e^2}$	↘	0

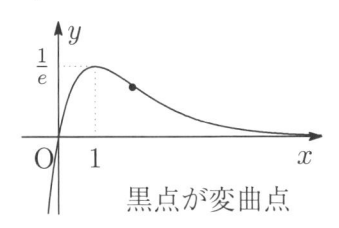

黒点が変曲点

以上より, $x = 1$ で極大値 $y = \dfrac{1}{e}$ をとり, 変曲点 $\left(2, \dfrac{2}{e^2}\right)$ をもつ。

ドリル no.30　　class　　　no　　　　name

問題 30.1　次の関数の増減, 極値, グラフの凹凸, 変曲点を調べてグラフを描け。

(1) $y = \dfrac{x^3}{3} - x^2 - 3x + 1$

(2) $y = \dfrac{4x}{x^2+1}$

(3) $y = x^2 e^{-x}$

チェック項目	月　日	月　日
凹凸を調べてグラフを描くことができる。		

31 接線と法線

> 曲線の指定された点における接線と法線の方程式を求めることができる。

接線と法線 曲線 $y = f(x)$ 上の点 $(a, f(a))$ における接線の方程式は

$$y = f'(a)(x - a) + f(a)$$

法線の方程式は

$$y = -\frac{1}{f'(a)}(x - a) + f(a) \qquad (f'(a) \neq 0)$$

例題 31.1 曲線 $y = x^2$ 上の $x = 1$ に対応する点における接線と法線の方程式を求めよ。

＜解答＞ $f(x) = x^2$ とおくと $f(1) = 1$ であり，$f'(x) = 2x$ だから $f'(1) = 2$, よって接線の方程式は

$$y = 2(x - 1) + 1 \quad \therefore \quad y = 2x - 1$$

また，法線の傾きは $-\frac{1}{2}$ となるから法線の方程式は

$$y = -\frac{1}{2}(x - 1) + 1 \quad \therefore \quad y = -\frac{1}{2}x + \frac{3}{2}$$

例題 31.2 曲線 $y = \cos\frac{x}{2}$ 上の $x = \frac{2}{3}\pi$ に対応する点における接線と法線の方程式を求めよ。

＜解答＞ $f(x) = \cos\frac{x}{2}$ とおくと $f'(x) = -\frac{1}{2}\sin\frac{x}{2}$ だから

$$f\left(\frac{2}{3}\pi\right) = \cos\left(\frac{1}{2} \cdot \frac{2}{3}\pi\right) = \frac{1}{2}, \qquad f'\left(\frac{2}{3}\pi\right) = -\frac{1}{2}\sin\left(\frac{1}{2} \cdot \frac{2}{3}\pi\right) = -\frac{\sqrt{3}}{4}$$

である。したがって，求める接線の方程式は

$$y = -\frac{\sqrt{3}}{4}\left(x - \frac{2}{3}\pi\right) + \frac{1}{2} \quad \therefore \quad y = -\frac{\sqrt{3}}{4}x + \frac{\sqrt{3}}{6}\pi + \frac{1}{2}$$

また，法線の傾きは $-\dfrac{1}{-\frac{\sqrt{3}}{4}} = \dfrac{4}{\sqrt{3}} = \dfrac{4\sqrt{3}}{3}$ となるから法線の方程式は

$$y = \frac{4\sqrt{3}}{3}\left(x - \frac{2}{3}\pi\right) + \frac{1}{2} \quad \therefore \quad y = \frac{4\sqrt{3}}{3}x - \frac{8\sqrt{3}}{9}\pi + \frac{1}{2}$$

例題 31.3 次の問いに答えよ。

(1) 曲線 $y = \log x$ の接線で傾きが 1 の接線の方程式を求めよ。

(2) 曲線 $y = -x^2 - 2$ に点 $(0, 1)$ から引いた接線の方程式を求めよ。

＜解答＞

(1) 接点の座標を $(a, \log a)$ とする。$y' = \dfrac{1}{x}$ より，点 $(a, \log a)$ における接線の傾きは $\dfrac{1}{a}$ なので，$\dfrac{1}{a} = 1$ から接点は $(1, 0)$ である。よって，求める接線の方程式は $y = x - 1$ である。

(2) 接点の座標を $(a, -a^2 - 2)$ とする。$y' = -2x$ より，点 $(a, -a^2 - 2)$ における接線の方程式は $y = -2a(x - a) - a^2 - 2$ である。この接線は点 $(0, 1)$ を通るので $1 = a^2 - 2 \quad \therefore \quad a = \pm\sqrt{3}$, よって，求める接線の方程式は $y = \pm 2\sqrt{3}x + 1$ である。

ドリル **no.31**　　class　　　　no　　　　name

問題 31.1　次の曲線上の（　）内に示された x の値に対応する点における接線, 法線の方程式を求めよ。

(1)　$y = x^3$　$(x = 1)$

(2)　$y = \sin x$　$\left(x = \dfrac{\pi}{3}\right)$

(3)　$y = e^{2x}$　$(x = 1)$

(4)　$y = 2\log x$　$(x = e)$

問題 31.2　次の条件を満たす接線の方程式を求めよ。

(1)　曲線 $y = e^x$ の接線で傾きが 1 となるもの

(2)　曲線 $y = x^2 + 2$ に点 $(0, -2)$ から引いた接線

チェック項目	月　日	月　日
曲線の指定された点における接線と法線の方程式を求めることができる。		

32 媒介変数表示

> 媒介変数表示された曲線を描くことができる。

媒介変数表示 曲線が $x = f(t), y = g(t)$ と表されているとき,これを曲線の媒介変数表示といい,変数 t を媒介変数(パラメータ)という。

媒介変数表示された曲線の向き 媒介変数 t の値が $t = \alpha, \beta$ のとき,対応する曲線の点をそれぞれ A, B とする。

(1) $\alpha \leqq t \leqq \beta$ で $f'(t) > 0$ であれば,曲線上の点 (x, y) は A から B まで右に進む。

(2) $\alpha \leqq t \leqq \beta$ で $f'(t) < 0$ であれば,曲線上の点 (x, y) は A から B まで左に進む。

例題 32.1 次の媒介変数表示された曲線を描け。

(1) $x = 2\cos t + 1, \ y = \sin t + 2 \quad (0 \leqq t \leqq 2\pi)$

(2) $x = t^2 - 1, \ y = t + 1 \quad (-2 \leqq t \leqq 2)$

<解答>

(1) $\cos t = \dfrac{x-1}{2}, \sin t = y - 2$ と,$\cos^2 t + \sin^2 t = 1$ から,方程式 $\left(\dfrac{x-1}{2}\right)^2 + (y-2)^2 = 1$ が得られる。曲線は図1のような楕円である。

(2) $t = y - 1$ を $x = t^2 - 1$ に代入して,方程式 $x = (y-1)^2 - 1$ が得られる。曲線は図2のような放物線である。

例題 32.2 a を正の定数とするとき,媒介変数表示

$$x = a(t - \sin t), \ y = a(1 - \cos t) \quad (0 \leqq t \leqq 2\pi)$$

で表される曲線(サイクロイド)について答えよ(図3)。

(1) 曲線上の点 (x, y) はどこから左右どちらへ向かうか。

(2) $t = 0, \dfrac{\pi}{2}, \pi$ のときの曲線の点の座標をそれぞれ求めよ。

<解答>

(1) すべての t について $\dfrac{dx}{dt} = a(1 - \cos t) \geqq 0$ であるから,曲線は原点から右へ向かう。

(2) $t = 0, \dfrac{\pi}{2}, \pi$ のとき,対応する点はそれぞれ $O(0, 0), A\left(a\left(\dfrac{\pi}{2} - 1\right), a\right), B(a\pi, 2a)$

(図1)　(図2)　(図3)

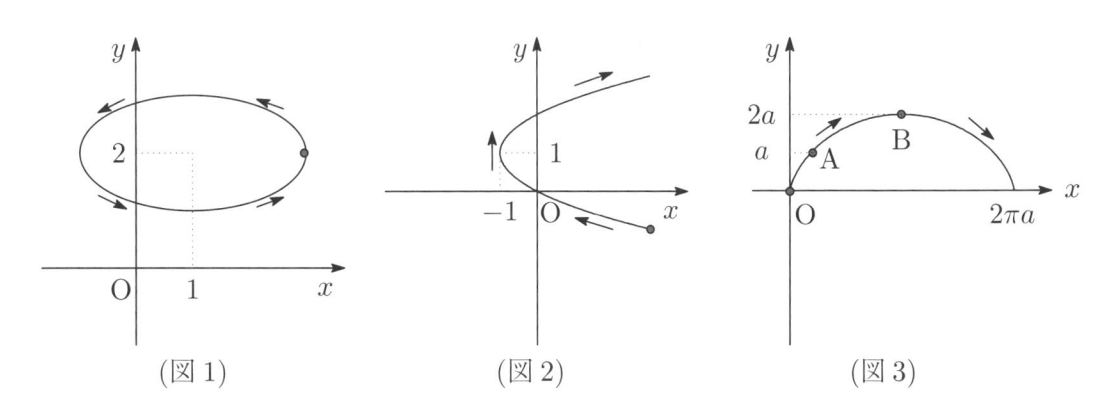

ドリル no.32　class　　　no　　　name

問題 32.1 次の媒介変数表示された曲線を描け。

(1) $x = 2\sin t + 1, y = \cos t - 2 \quad (0 \leq t \leq 2\pi)$

(2) $x = t - 1, y = t^2 + 1 \quad (-2 \leq t \leq 2)$

問題 32.2 a を正の定数とするとき，媒介変数表示
$$x = a\cos^3 t, y = a\sin^3 t \quad (0 \leq t \leq 2\pi)$$
で表される曲線（アステロイド）について答えよ (下図)。

(1) 曲線上の点 (x, y) はどの点からどのように動くか。下図に矢印を書き込め。

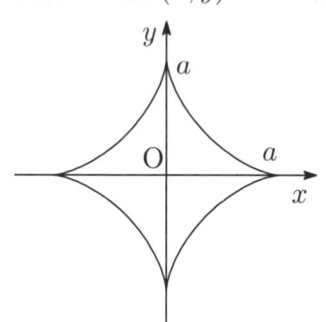

(2) $t = 0, \dfrac{\pi}{2}, \pi, \dfrac{3\pi}{2}, 2\pi$ のときの曲線上の点の座標をそれぞれ求めよ。

チェック項目	月　日	月　日
媒介変数表示された曲線を描くことができる。		

33 媒介変数表示された曲線の接線

> 媒介変数表示された関数の導関数を求めることができる。
> この関数のグラフの接線の方程式を求めることができる。

媒介変数表示によって $x = f(t), y = g(t)$ と表される x の関数 y があるとき，

$$\frac{dy}{dx} = \frac{\frac{dy}{dt}}{\frac{dx}{dt}} = \frac{g'(t)}{f'(t)} \qquad (f'(t) \neq 0)$$

が成り立つ。また，関数の表す曲線 C 上の $t = t_0$ に対応する点 $(f(t_0), g(t_0))$ における接線の方程式は次のようになる。

$$y = \frac{g'(t_0)}{f'(t_0)}(x - f(t_0)) + g(t_0) \qquad (f'(t_0) \neq 0)$$

例題 33.1 x と y の関係式が次のような媒介変数表示で与えられているとき $\dfrac{dy}{dx}$ を求めよ。

(1) $x = t^2 + 2t, \ y = 2t^2 + 6t$ \qquad (2) $x = t - \sin t, \ y = 1 - \cos t$

＜解答＞

(1) $\dfrac{dy}{dx} = \dfrac{(2t^2 + 6t)'}{(t^2 + 2t)'} = \dfrac{4t + 6}{2t + 2} = \dfrac{2t + 3}{t + 1}$

(2) $\dfrac{dy}{dx} = \dfrac{(1 - \cos t)'}{(t - \sin t)'} = \dfrac{\sin t}{1 - \cos t}$

例題 33.2 $x = t^2 + 1, y = t^3 - t$ と媒介変数表示された曲線上の，$t = 2$ に対応する点における接線の方程式を求めよ。

＜解答＞ $t = 2$ のとき $x = 5, y = 6$ だから，接点の座標は $(5, 6)$ であり，

$$\frac{dy}{dx} = \frac{3t^2 - 1}{2t} \qquad \therefore \quad \left.\frac{dy}{dx}\right|_{t=2} = \frac{11}{4}$$

となる。ここで $\left.\dfrac{dy}{dx}\right|_{t=2}$ は，$\dfrac{dy}{dx} = \dfrac{3t^2 - 1}{2t}$ に $t = 2$ を代入した値を意味する。したがって接線の方程式は，

$$y = \frac{11}{4}(x - 5) + 6 \qquad \therefore \quad y = \frac{11}{4}x - \frac{31}{4}$$

例題 33.3 媒介変数表示された曲線 $x = e^t \cos t, y = e^t \sin t$ の $t = \dfrac{\pi}{2}$ に対応する点における接線の方程式を求めよ。

＜解答＞ $t = \dfrac{\pi}{2}$ のとき $x = 0, y = e^{\frac{\pi}{2}}$ だから，接点の座標は $(0, e^{\frac{\pi}{2}})$ で，

$$\frac{dx}{dt} = e^t \cos t - e^t \sin t, \quad \frac{dy}{dt} = e^t \sin t + e^t \cos t \quad \therefore \quad \left.\frac{dy}{dx}\right|_{t=\frac{\pi}{2}} = -1$$

よって，求める方程式は $y = -x + e^{\frac{\pi}{2}}$ となる。

ドリル no.33   class   no   name

問題 33.1 次の媒介変数表示された曲線について $\dfrac{dy}{dx}$ を求めよ。また（ ）内に示された t の値に対応する点における接線の方程式を求めよ。

(1) $x = 3t + 1, \quad y = 6t^2 + 3 \quad (t = 1)$

(2) $x = \dfrac{1-t}{1+t}, \quad y = \dfrac{1}{1+t} \quad (t = 1)$

(3) $x = 2\cos t, \quad y = 2\sin t \quad \left(t = \dfrac{\pi}{3}\right)$

(4) $x = t\log t, \quad y = (\log t)^2 \quad (t = e)$

チェック項目	月 日	月 日
媒介変数表示された関数の導関数を求めることができる。		
この関数のグラフの接線の方程式を求めることができる。		

34　テイラーの定理

> テイラーの定理を理解し，n 次近似式とその誤差を求めることができる。

テイラーの定理　関数 $f(x)$ が $x = a$ を含む区間 I で，

$$f(x) = a_0 + a_1(x-a) + a_2(x-a)^2 + \cdots + a_n(x-a)^n + \cdots \quad ①$$

と表されたとすると，

$$a_k = \frac{f^{(k)}(a)}{k!} \quad (k = 0, 1, 2, 3 \cdots)$$

が成り立つ。① の右辺を $f(x)$ の $x = a$ のまわりのテイラー展開という。とくに $a = 0$ のときをマクローリン展開という。① の右辺を n 次で打ち切った式

$$f_n(x) = a_0 + a_1(x-a) + a_2(x-a)^2 + \cdots + a_n(x-a)^n$$

を $f(x)$ の，$x = a$ における n 次近似式という。この近似による誤差は

$$R_{n+1}(x) = \frac{f^{(n+1)}(c)}{(n+1)!}(x-a)^{n+1} \quad (c \text{ は } a \text{ と } x \text{ の間の値})$$

で表される。$R_{n+1}(x)$ を剰余項という。

例題 34.1　$f(x) = \sin x$ とするとき，次の問いに答えよ。

(1) $f(x)$ のマクローリン展開を求めよ。

(2) $f(x)$ の，$x = 0$ における 3 次近似式 $f_3(x)$ を求めよ。

(3) $\sin x$ の $x = 0$ における 3 次近似式を用いて，$\sin 0.3$ の近似値を求めよ。

(4) $f(x)$ の 3 次近似式 $f_3(x)$ による誤差 $R_4(x)$ を求めよ。

＜解答＞　$f(x) = \sin x, f'(x) = \cos x, f''(x) = -\sin x, f'''(x) = -\cos x, f^{(4)}(x) = \sin x$ となり，以後この繰り返しとなる。

(1) $f(0) = 0, f'(0) = 1, f''(0) = 0, f'''(0) = -1, f^{(4)}(0) = 0, \cdots$ であるから，$a_0 = 0, a_1 = \cos 0 = 1, a_2 = 0, a_3 = -\frac{1}{3!}, a_4 = 0, \cdots$ となる。したがって，$f(x)$ のマクローリン展開は次のようになる。

$$\sin x = x - \frac{1}{3!}x^3 + \frac{1}{5!}x^5 - \frac{1}{7!}x^7 + \cdots$$

(2) 3 次近似式は (1) の右辺を 3 次で打ち切ったものである。

$$f_3(x) = x - \frac{1}{3!}x^3$$

(3) $\sin 0.3 \approx f_3(0.3) = 0.3 - \frac{1}{3!}0.3^3 = 0.2955$

(4) $f^{(4)}(x) = \sin x$ だから，c を 0 と x の間の数とするとき，$R_4(x)$ は次のようになる。

$$R_4(x) = \sin x - f_3(x) = \frac{\sin c}{4!}x^4$$

ドリル no.34   class   no   name

問題 34.1 次の関数のマクローリン展開を求めよ。4次の項まで明記すること。

(1) $f(x) = e^x$

(2) $f(x) = \cos x$

問題 34.2 $f(x) = \dfrac{1}{1+x}$ とする。

(1) $f(x) = \dfrac{1}{1+x}$ のマクローリン展開を求めよ。

(2) $f(x)$ の, $x=0$ における2次近似式を求めよ。

(3) (2) の2次近似式を用いて $\dfrac{1}{1.05}$ の近似値を求めよ。

(4) $f(x)$ を2次近似したときの誤差 $R_3(x)$ を求めよ。

チェック項目	月 日	月 日
テイラーの定理を理解し, n 次近似式とその誤差を求めることができる。		

35 関数の1次近似

関数の1次近似式を求め,それを利用して近似値を求めることができる。

関数の1次近似式 $x = a$ の近くで微分可能な関数 $f(x)$ について, 近似式
$$f(x) \approx f(a) + f'(a)(x - a)$$
を, $f(x)$ の $x = a$ における1次近似式という。
(注意) 1次近似式の右辺を y とした1次関数
$$y = f(a) + f'(a)(x - a)$$
のグラフは, 与えられた関数 $y = f(x)$ のグラフ上の点 $(a, f(a))$ における接線である。

例題 35.1 $f(x) = e^x$ の次の点における1次近似式を求めよ。

(1) $x = 0$ (2) $x = 1$

＜解答＞ $f'(x) = e^x$ である。

(1) $f(0) = 1, f'(0) = 1$ であるので
$$e^x \approx 1 + x \quad (x \approx 0)$$

(2) $f(1) = e, f'(1) = e$ であるので
$$e^x \approx e + e(x - 1) \quad (x \approx 1)$$

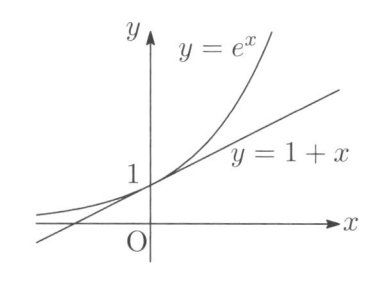

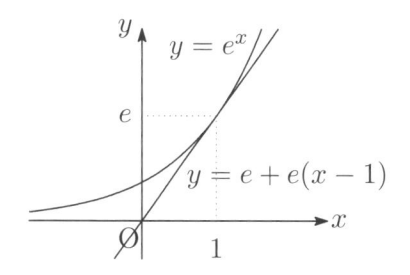

例題 35.2 $f(x) = \sqrt{1+x}$ の, $x = 0$ における1次近似式を求めよ。また, この近似式を使って $\sqrt{1.01}$ の近似値を求めよ。

＜解答＞ $f(x) = (1+x)^{\frac{1}{2}}$ なので,
$$f'(x) = \frac{1}{2}(1+x)^{-\frac{1}{2}} = \frac{1}{2\sqrt{x+1}}$$

である。よって, $f(0) = 1, f'(0) = \frac{1}{2}$ である。したがって, $f(x)$ の $x = 0$ における1次近似式は,
$$f(x) \approx 1 + \frac{1}{2}x$$

となる。この近似式を使って計算すると, 次のように $\sqrt{1.01}$ の近似値が得られる。
$$\sqrt{1.01} \approx 1 + \frac{0.01}{2} = 1.005$$

ドリル no.35　　class　　　　no　　　　name

問題 35.1 次の関数の（　）内の点における1次近似式を求めよ。

(1)　$f(x) = \sin x \quad \left(x = \dfrac{\pi}{3}\right)$

(2)　$f(x) = \sqrt[3]{x} \quad (x = 1)$

問題 35.2 次の関数 $f(x)$ の，$x = 0$ における1次近似式を求めよ。また，この近似式を用いて指定された値の近似値を求めよ。

(1)　$f(x) = (1+x)^4, \quad 1.03^4$

(2)　$f(x) = \sqrt{1+x}, \quad \sqrt{0.9}$

(3)　$f(x) = \tan x, \quad \tan 0.3$

(4)　$f(x) = \log(1+x), \quad \log 1.2$

チェック項目	月　日	月　日
関数の1次近似式を求め，それを利用して近似値を求めることができる。		

36　微分と近似

> 微分 dy を用いて，近似値を求めることができる。

微分と近似　微分可能な関数 $y=f(x)$ について，x の微小な変化量 dx に対応する y の変化量を $\Delta y = f(x+dx) - f(x)$ とすれば，近似式

$$\Delta y = f(x+dx) - f(x) \approx f'(x)dx$$

が成り立つ。そこでこの式の右辺 $f'(x)dx$ を $y=f(x)$ の微分といい，次のように表す。

$$dy = f'(x)dx$$

例題 36.1　関数 $y = x^5 - 3x + 1$ で x が 1 から 1.0012 まで増加したとき，y はどれくらい変化するか。微分 dy を利用して求めよ。

＜解答＞　x が $x=1$ から $dx = 0.0012$ だけ増加したときの y の変化量を Δy とする。$y = x^5 - 3x + 1$ の微分は

$$dy = \left(5x^4 - 3\right) dx$$

であるから，

$$\Delta y \approx dy = (5 \cdot 1^4 - 3) \cdot 0.0012 = 0.0024$$

したがって y の変化量はおよそ 0.0024 である。

例題 36.2　半径 10 [cm] の金属製の円盤を暖めたところ，その半径が 10.1 [cm] となった。この円盤の面積はおよそどれだけ増加したか。

＜解答＞　円盤の半径を r [cm]，面積を S [cm^2] とすると $S = \pi r^2$ である。円盤の半径の変化量 $dr = 0.1$ に対する面積の変化量を ΔS とする。S の微分は

$$dS = 2\pi r\, dr$$

だから，S の変化量の近似値は

$$\Delta S \approx dS = 2\pi \cdot 10 \cdot 0.1 = 2\pi$$

となって約 2π [cm^2] 増加する。π を 3.14 とすれば，S はおよそ 6.28 [cm^2] 増加する。

ドリル **no.36**　　class　　　　no　　　　name

問題 36.1　関数 $y = x^4 - 3x^2 + 2$ で, x が 2 から 2.0023 まで増加したとき, y はどの程度変化するか。

問題 36.2　直径 20 [cm] の金属製の球体を冷やしたところ, その直径が 19.9 [cm] となった。体積はどの程度減少したか。

問題 36.3　温度を一定に保った場合, ある気体の圧力を p [atm], 体積を V [cm^3] とすると $pV = 20$ の関係が成り立つという。この気体の圧力が 1 [atm] から 0.01 [atm] 増加した場合, 体積はどの程度変化するか。

チェック項目	月　日	月　日
微分 dy を用いて, 近似値を求めることができる。		

37 べき級数

べき級数の収束と発散を判定することができる。

べき級数の収束半径 $\{a_n\}$ を与えられた数列とするとき，$\sum_{n=0}^{\infty} a_n x^n$ の形の級数をべき級数という。べき級数には次の性質を満たす正の数 R （収束半径と呼ぶ）が存在する。

(1) $|x| < R$ を満たす全ての実数 x について，べき級数 $\sum_{n=0}^{\infty} a_n x^n$ は収束する。

(2) $|x| > R$ を満たす全ての実数 x について，べき級数 $\sum_{n=0}^{\infty} a_n x^n$ は発散する。

収束半径の求め方 べき級数 $\sum_{n=0}^{\infty} a_n x^n$ の収束半径を R とする。

[1] 極限値 $\lambda = \lim_{n \to \infty} \left| \dfrac{a_n}{a_{n+1}} \right|$ が存在すれば，$R = \lambda$

[2] 極限値 $\lambda = \lim_{n \to \infty} \sqrt[n]{|a_n|}$ が存在すれば，$R = \dfrac{1}{\lambda}$

べき級数の導関数 べき級数 $\sum_{n=0}^{\infty} a_n x^n$ の収束半径を R とする。そのとき，この関数を項別に微分して得られるべき級数の収束半径も R であり，次が成り立つ。

$$f(x) = \sum_{n=0}^{\infty} a_n x^n \text{ のとき } f'(x) = \sum_{n=1}^{\infty} n a_n x^{n-1} \quad (|x| < R)$$

例題 **37.1** 次のべき級数の収束半径を求めよ。

(1) $\sum_{n=0}^{\infty} x^n = 1 + x + x^2 + \cdots + x^n + \cdots$
(2) $\sum_{n=0}^{\infty} \dfrac{x^n}{2^n} = 1 + \dfrac{x}{2} + \dfrac{x^2}{2^2} + \cdots + \dfrac{x^n}{2^n} + \cdots$

(3) $\sum_{n=1}^{\infty} \dfrac{x^n}{n} = x + \dfrac{x^2}{2} + \dfrac{x^3}{3} + \cdots + \dfrac{x^n}{n} + \cdots$

〈解答〉

(1) $a_n = 1$ であるから，$R = \lim_{n \to \infty} \left| \dfrac{a_n}{a_{n+1}} \right| = \lim_{n \to \infty} \left| \dfrac{1}{1} \right| = 1$

(2) $a_n = \dfrac{1}{2^n}$ であるから，$R = \lim_{n \to \infty} \left| \dfrac{a_n}{a_{n+1}} \right| = \lim_{n \to \infty} \left| \dfrac{1}{2^n} \cdot \dfrac{2^{n+1}}{1} \right| = \lim_{n \to \infty} |2| = 2$

(3) $a_n = \dfrac{1}{n}$ であるから，$R = \lim_{n \to \infty} \left| \dfrac{a_n}{a_{n+1}} \right| = \lim_{n \to \infty} \left| \dfrac{1}{n} \cdot \dfrac{n+1}{1} \right| = \lim_{n \to \infty} \left| \dfrac{n+1}{n} \right| = \lim_{n \to \infty} \left| 1 + \dfrac{1}{n} \right| = 1$

(別解) (3) のべき級数の各項を微分すると，$\sum_{n=0}^{\infty} x^n = 1 + x + x^2 + \cdots + x^n + \cdots$ となり，(1) のべき級数の収束半径は 1 より，(3) のべき級数の収束半径も 1 である。

ドリル **no.37**　class　　　no　　　name

問題 37.1　次のべき級数の収束半径を求めよ。

(1) $\displaystyle\sum_{n=0}^{\infty}(-x)^n = 1 - x + x^2 - \cdots + (-1)^n x^n + \cdots$

(2) $\displaystyle\sum_{n=0}^{\infty} 3^n x^n = 1 + 3x + 3^2 x^2 + \cdots + 3^n x^n + \cdots$

(3) $\displaystyle\sum_{n=0}^{\infty}(n+1)x^n = 1 + 2x + 3x^2 + \cdots + (n+1)x^n + \cdots$

(4) $\displaystyle\sum_{n=1}^{\infty} \frac{x^n}{2^n n^2} = \frac{x}{2 \cdot 1^2} + \frac{x^2}{2^2 \cdot 2^2} + \frac{x^3}{2^3 \cdot 3^2} + \cdots + \frac{x^n}{2^n n^2} + \cdots$

チェック項目	月　日	月　日
べき級数の収束と発散を判定することができる。		

38 不定積分の定義

不定積分の定義を理解している。

不定積分 関数 $f(x)$ に対して $F'(x) = f(x)$ を満たす関数 $F(x)$ を, $f(x)$ の不定積分または原始関数という。$f(x)$ の不定積分を

$$\int f(x)dx = F(x) + C$$

と表す。定数 C を積分定数という。不定積分の定義より $\int f'(x)dx = f(x) + C$ が成り立つ。

不定積分の性質 k を定数とするとき

[1] $\quad \int kf(x)dx = k\int f(x)dx$

[2] $\quad \int \{f(x) \pm g(x)\}dx = \int f(x)dx \pm \int g(x)dx \quad$ (複号同順)

x^r の不定積分 任意の実数 r に対して

[1] $\quad r \neq -1$ のとき $\quad \int x^r dx = \dfrac{1}{r+1}x^{r+1} + C$

[2] $\quad r = -1$ のとき $\quad \int \dfrac{1}{x}dx = \log|x| + C$

例題 38.1 次の不定積分を求めよ。

(1) $\displaystyle\int 5x^2 dx$ $\quad$ (2) $\displaystyle\int (3x^2 - 4x + 1)dx$ $\quad$ (3) $\displaystyle\int \dfrac{2}{x^4}dx$

(4) $\displaystyle\int x\sqrt{x}dx$ $\quad$ (5) $\displaystyle\int \dfrac{(x-1)(x-2)}{x^2}dx$

<解答> 以下, このドリルでは, とくに断りがない限り C は積分定数とする。

(1) $\displaystyle\int 5x^2 dx = 5\int x^2 dx = \dfrac{5}{3}x^3 + C$

(2) $\displaystyle\int (3x^2 - 4x + 1)dx = 3\int x^2 dx - 4\int xdx + \int dx = x^3 - 2x^2 + x + C$

(3) $\displaystyle\int \dfrac{2}{x^4}dx = 2\int x^{-4}dx = 2 \cdot \dfrac{1}{-4+1}x^{-4+1} + C = -\dfrac{2}{3}x^{-3} + C = -\dfrac{2}{3x^3} + C$

(4) $\displaystyle\int x\sqrt{x}dx = \int x^{\frac{3}{2}}dx = \dfrac{1}{\frac{3}{2}+1}x^{\frac{3}{2}+1} + C = \dfrac{2}{5}x^{\frac{5}{2}} + C = \dfrac{2}{5}x^2\sqrt{x} + C$

(5) $\displaystyle\int \dfrac{(x-1)(x-2)}{x^2}dx = \int \dfrac{x^2 - 3x + 2}{x^2}dx = \int \left(1 - \dfrac{3}{x} + \dfrac{2}{x^2}\right)dx = x - 3\log|x| - \dfrac{2}{x} + C$

例題 38.2 $F'(x) = 2x^2 - 4x + 3$, $F(2) = 0$ を満たす関数 $F(x)$ を求めよ。

<解答> $F(x)$ は $2x^2 - 4x + 3$ の不定積分であるから,

$$F(x) = \int (2x^2 - 4x + 3)dx = \dfrac{2}{3}x^3 - 2x^2 + 3x + C$$

$F(2) = 0$ だから $C = -\dfrac{10}{3}$ となる。よって $F(x) = \dfrac{2}{3}x^3 - 2x^2 + 3x - \dfrac{10}{3}$

ドリル no.38　　class　　　no　　　name

問題 38.1 次の不定積分を求めよ。

(1) $\displaystyle\int (4x^3 + 5x - 2)dx$

(2) $\displaystyle\int \frac{4}{x^3}dx$

(3) $\displaystyle\int \frac{1}{\sqrt{x}}dx$

(4) $\displaystyle\int (x-3)(3x-1)dx$

(5) $\displaystyle\int \frac{x^2 - 4x + 1}{x^3}dx$

(6) $\displaystyle\int \frac{x+2}{\sqrt{x}}dx$

問題 38.2 条件 $F'(x) = x^4 + x^2 + 1, F(0) = 1$ にあてはまる関数 $F(x)$ を求めよ。

チェック項目	月　日	月　日
不定積分（原始関数）の定義を理解している。		

39 不定積分の公式

基本的な関数について，不定積分を求めることができる。

不定積分の公式　$\sec x = \dfrac{1}{\cos x}, \operatorname{cosec} x = \dfrac{1}{\sin x}, \cot x = \dfrac{1}{\tan x}$ と表す。

[1]　$\displaystyle\int \sin x\, dx = -\cos x + C, \quad \int \cos x\, dx = \sin x + C$

[2]　$\displaystyle\int \sec^2 x\, dx = \tan x + C, \quad \int \operatorname{cosec}^2 x\, dx = -\cot x + C$

[3]　$\displaystyle\int e^x\, dx = e^x + C, \quad \int a^x\, dx = \dfrac{a^x}{\log a} + C$

1次式の置換積分法　a, b は定数で $a \neq 0$ とする。$\displaystyle\int f(x)\, dx = F(x) + C$ ならば，

$$\int f(ax+b)\, dx = \dfrac{1}{a} F(ax+b) + C$$

例題 39.1　次の不定積分を求めよ。

(1) $\displaystyle\int (2\sin x + 3\cos x)\, dx$　　(2) $\displaystyle\int 3\tan^2 x\, dx$　　(3) $\displaystyle\int (2e^x + 3^x)\, dx$

＜解答＞

(1) $\displaystyle\int (2\sin x + 3\cos x)\, dx = 2\int \sin x\, dx + 3\int \cos x\, dx = -2\cos x + 3\sin x + C$

(2) $\displaystyle\int 3\tan^2 x\, dx = 3\int \tan^2 x\, dx = 3\int \left(\dfrac{1}{\cos^2 x} - 1\right) dx = 3(\tan x - x) + C$

(3) $\displaystyle\int (2e^x + 3^x)\, dx = 2\int e^x\, dx + \int 3^x\, dx = 2e^x + \dfrac{3^x}{\log 3} + C$

例題 39.2　次の不定積分を求めよ。

(1) $\displaystyle\int (2x-3)^5\, dx$　　(2) $\displaystyle\int \dfrac{1}{4x+7}\, dx$　　(3) $\displaystyle\int \dfrac{1}{(5x+8)^3}\, dx$

(4) $\displaystyle\int \sin\left(\dfrac{1}{3}x - 1\right) dx$　　(5) $\displaystyle\int e^{2x-3}\, dx$　　(6) $\displaystyle\int \sqrt{2x+1}\, dx$

＜解答＞

(1) $\displaystyle\int (2x-3)^5\, dx = \dfrac{1}{2} \cdot \dfrac{1}{6}(2x-3)^6 + C = \dfrac{1}{12}(2x-3)^6 + C$

(2) $\displaystyle\int \dfrac{1}{4x+7}\, dx = \dfrac{1}{4}\log|4x+7| + C$

(3) $\displaystyle\int \dfrac{1}{(5x+8)^3}\, dx = -\dfrac{1}{5 \cdot 2(5x+8)^2} + C = -\dfrac{1}{10(5x+8)^2} + C$

(4) $\displaystyle\int \sin\left(\dfrac{1}{3}x - 1\right) dx = -\dfrac{1}{\frac{1}{3}}\cos\left(\dfrac{1}{3}x - 1\right) + C = -3\cos\left(\dfrac{1}{3}x - 1\right) dx + C$

(5) $\displaystyle\int e^{2x-3}\, dx = \dfrac{1}{2}e^{2x-3} + C$

(6) $\displaystyle\int \sqrt{2x+1}\, dx = \dfrac{1}{2} \cdot \dfrac{1}{\frac{3}{2}}(2x+1)^{\frac{3}{2}} + C = \dfrac{1}{3}\sqrt{(2x+1)^3} + C$

ドリル no.39　　class　　　no　　　name

問題 39.1 次の不定積分を求めよ。

(1) $\displaystyle \int (3\cos x - \sin x)\, dx$

(2) $\displaystyle \int (3^x - 2e^x)\, dx$

(3) $\displaystyle \int (3 - \tan x)\cos x\, dx$

(4) $\displaystyle \int \frac{1}{\tan^2 x}\, dx$

問題 39.2 次の不定積分を求めよ。

(1) $\displaystyle \int (3x-1)^7\, dx$

(2) $\displaystyle \int \frac{1}{3-x}\, dx$

(3) $\displaystyle \int \cos \frac{7-3x}{2}\, dx$

(4) $\displaystyle \int \frac{1}{(3x-2)^4}\, dx$

(5) $\displaystyle \int \frac{1}{\cos^2(7x+5)}\, dx$

(6) $\displaystyle \int \sqrt{1-2x}\, dx$

チェック項目	月　日	月　日
基本的な関数について, 不定積分を求めることができる。		

40 不定積分の置換積分法 (1)

置換積分法を用いて不定積分を求めることができる。

不定積分の置換積分法　$t = \varphi(x)$ とおいて, t の微分 $dt = \varphi'(x)dx$ を形式的に代入すれば
$$\int f(\varphi(x))\, \varphi'(x)\, dx = \int f(t)\, dt$$

例題 40.1　不定積分 $\displaystyle\int x(5x-2)^3 dx$ を求めよ。

＜解答＞　$t = 5x - 2$ とおくと $dt = 5\,dx$, すなわち $dx = \dfrac{1}{5}dt$ となる。また $x = \dfrac{t+2}{5}$ であるから

$$\begin{aligned}
\int x(5x-2)^3 dx &= \int \frac{t+2}{5} t^3 \frac{1}{5}\, dt \\
&= \frac{1}{25}\int (t^4 + 2t^3)\, dt \\
&= \frac{1}{25}\left(\frac{1}{5}t^5 + 2\cdot\frac{1}{4}t^4\right) + C \\
&= \frac{1}{25}\left(\frac{1}{5}(5x-2)^5 + \frac{1}{2}(5x-2)^4\right) + C \\
&= \frac{1}{250}(5x-2)^4\left(2(5x-2) + 5\right) + C \\
&= \frac{1}{250}(5x-2)^4(10x+1) + C
\end{aligned}$$

例題 40.2　不定積分 $\displaystyle\int x^3\sqrt{1+x^2}\, dx$ を求めよ。

＜解答＞　$t = 1 + x^2$ とおくと $2x\,dx = dt$, すなわち $x\,dx = \dfrac{1}{2}dt$ となるから

$$\begin{aligned}
\int x^3\sqrt{1+x^2}\, dx &= \int x^2\sqrt{1+x^2}\cdot x\, dx \\
&= \frac{1}{2}\int (t-1)\sqrt{t}\, dt \\
&= \frac{1}{2}\int (t^{\frac{3}{2}} - t^{\frac{1}{2}})\, dt \\
&= \frac{1}{2}\left(\frac{2}{5}t^{\frac{5}{2}} - \frac{2}{3}t^{\frac{3}{2}}\right) + C \\
&= \frac{1}{5}\sqrt{(1+x^2)^5} - \frac{1}{3}\sqrt{(1+x^2)^3} + C \\
&= \frac{1}{15}\sqrt{(1+x^2)^3}\left(3(1+x^2) - 5\right) + C \\
&= \frac{1}{15}\sqrt{(1+x^2)^3}(3x^2 - 2) + C
\end{aligned}$$

例題 40.3　不定積分 $\displaystyle\int \cos^2 x \sin x\, dx$ を求めよ。

＜解答＞　$t = \cos x$ とおくと $-\sin x\, dx = dt$, すなわち $\sin x\, dx = -dt$ となるから

$$\begin{aligned}
\int \cos^2 x \sin x\, dx &= \int t^2 \cdot (-dt) \\
&= -\int t^2\, dt \\
&= -\frac{1}{3}t^3 + C = -\frac{1}{3}\cos^3 x + C
\end{aligned}$$

ドリル no.40　　class　　　no　　　name

問題 40.1 次の不定積分を求めよ。

(1) $\displaystyle\int 3x(x+2)^3\,dx$

(2) $\displaystyle\int x\sqrt{1-x}\,dx$

(3) $\displaystyle\int \sin^4 x \cos x\,dx$

(4) $\displaystyle\int xe^{x^2}\,dx$

(5) $\displaystyle\int x\cos(x^2+1)\,dx$

(6) $\displaystyle\int \dfrac{1}{x(1+\log x)}\,dx$

チェック項目	月　日	月　日
置換積分法を用いて不定積分を求めることができる。		

41 不定積分の置換積分法 (2)

$\int (f(x))^n f'(x)dx, \int \dfrac{f'(x)}{f(x)}dx$ の不定積分を求めることができる。

よく使われる形の不定積分 次の公式が成り立つ。

[1] $\quad \int (f(x))^n f'(x)dx = \dfrac{1}{n+1}(f(x))^{n+1} + C \quad (n \neq -1)$

[2] $\quad \int \dfrac{f'(x)}{f(x)}dx = \log|f(x)| + C$

例題 41.1 次の不定積分を求めよ。

(1) $\int 2x(x^2+1)^3 dx$ 　　(2) $\int e^x(e^x+1)^4 dx$ 　　(3) $\int \dfrac{(\log x)^2}{x}dx$

＜解答＞

(1) $t = x^2 + 1$ とおくと $dt = 2x\,dx$ となるから
$$\int 2x(x^2+1)^3 dx = \int (x^2+1)^3 \cdot 2x\,dx = \dfrac{1}{4}(x^2+1)^4 + C$$

(2) $t = e^x + 1$ とおくと $dt = e^x\,dx$ となるから
$$\int e^x(e^x+1)^4 dx = \int (e^x+1)^4 \cdot e^x\,dx = \dfrac{1}{5}(e^x+1)^5 + C$$

(3) $t = \log x$ とおくと $dt = \dfrac{1}{x}dx$ となるから
$$\int \dfrac{(\log x)^2}{x}dx = \int (\log x)^2 \cdot \dfrac{1}{x}dx = \dfrac{1}{3}(\log x)^3 + C$$

(注意) この例題の解答では $t = x^2 + 1$ などと置いたが ((1) の場合), 置き換えをしないでも [1] の公式が使えるようになるのが望ましい。

例題 41.2 次の不定積分を求めよ。

(1) $\int \dfrac{2x}{x^2+1}dx$ 　　(2) $\int \dfrac{x^2}{x^3+2}dx$ 　　(3) $\int \tan x\,dx$

＜解答＞

(1) $\int \dfrac{2x}{x^2+1}dx = \int \dfrac{(x^2+1)'}{x^2+1}dx = \log(x^2+1) + C$

(2) $\int \dfrac{x^2}{x^3+2}dx = \dfrac{1}{3}\int \dfrac{3x^2}{x^3+2}dx = \dfrac{1}{3}\int \dfrac{(x^3+2)'}{x^3+2}dx = \dfrac{1}{3}\log|x^3+2| + C$

(3) $\int \tan x\,dx = \int \dfrac{\sin x}{\cos x}dx = -\int \dfrac{-\sin x}{\cos x}dx = -\int \dfrac{(\cos x)'}{\cos x}dx = -\log|\cos x| + C$

ドリル no.41　　class　　　no　　　name

問題 41.1 次の不定積分を求めよ。

(1) $\displaystyle \int (2x+3)(x^2+3x)^5\,dx$

(2) $\displaystyle \int (\sin x + 2)^3 \cos x\,dx$

問題 41.2 次の不定積分を求めよ。

(1) $\displaystyle \int \frac{2x+1}{x^2+x+1}\,dx$

(2) $\displaystyle \int \frac{e^x - e^{-x}}{e^x + e^{-x}}\,dx$

(3) $\displaystyle \int \frac{\cos 2x}{\sin 2x}\,dx$

(4) $\displaystyle \int \frac{1}{x \log x}\,dx$

チェック項目　　　　　　　　　　　　　　　月　日　月　日

$\displaystyle \int (f(x))^n f'(x)\,dx,\ \int \frac{f'(x)}{f(x)}\,dx$ の不定積分を求めることができる。

42　不定積分の部分積分法 (1)

> 部分積分を用いて $xe^{kx}, x\sin kx, x\cos kx$ などの不定積分を求めることができる。

不定積分の部分積分法 (1)
$$\int f(x)g'(x)\,dx = f(x)g(x) - \int f'(x)g(x)\,dx$$

例題 **42.1** 次の不定積分を求めよ。

(1) $\displaystyle\int xe^{-x}\,dx$ (2) $\displaystyle\int xe^{2x}\,dx$ (3) $\displaystyle\int (x-1)\sin 3x\,dx$

＜解答＞

(1) $(x)' = 1$, $\displaystyle\int e^{-x}\,dx = -e^{-x} + C$ であるから，部分積分の公式によって

$$\begin{aligned}\int xe^{-x}dx &= x\cdot(-e^{-x}) - \int (x)'\cdot(-e^{-x})\,dx \\ &= -xe^{-x} + \int e^{-x}\,dx \\ &= -xe^{-x} - e^{-x} + C \\ &= -e^{-x}(x+1) + C\end{aligned}$$

(2) $(x)' = 1$, $\displaystyle\int e^{2x}\,dx = \frac{1}{2}e^{2x} + C$ であるから，部分積分の公式によって

$$\begin{aligned}\int xe^{2x}dx &= x\cdot\frac{1}{2}e^{2x} - \int (x)'\cdot\frac{1}{2}e^{2x}\,dx \\ &= \frac{1}{2}xe^{2x} - \frac{1}{2}\int e^{2x}\,dx \\ &= \frac{1}{2}xe^{2x} - \frac{1}{4}e^{2x} + C \\ &= \frac{1}{4}e^{2x}(2x-1) + C\end{aligned}$$

(3) $(x-1)' = 1$, $\displaystyle\int \sin 3x\,dx = -\frac{1}{3}\cos 3x + C$ であるから，部分積分の公式によって

$$\begin{aligned}\int (x-1)\sin 3x\,dx &= (x-1)\cdot\left(-\frac{1}{3}\cos 3x\right) - \int (x-1)'\cdot\left(-\frac{1}{3}\cos 3x\right)\,dx \\ &= -\frac{x-1}{3}\cos 3x + \frac{1}{3}\int \cos 3x\,dx \\ &= -\frac{x-1}{3}\cos 3x + \frac{1}{9}\sin 3x + C\end{aligned}$$

ドリル **no.42**　　class　　　no　　　name

問題 42.1 次の不定積分を求めよ。

(1) $\displaystyle\int xe^x\,dx$

(2) $\displaystyle\int x\cos x\,dx$

(3) $\displaystyle\int x\sin x\,dx$

(4) $\displaystyle\int x\sec^2 x\,dx$

問題 42.2 次の不定積分を求めよ。

(1) $\displaystyle\int x\cos 5x\,dx$

(2) $\displaystyle\int (2x+1)e^{3x}\,dx$

(3) $\displaystyle\int xe^{-4x}\,dx$

(4) $\displaystyle\int (1-3x)\sin 2x\,dx$

チェック項目	月　日	月　日
部分積分を用いて xe^{kx}, $x\sin kx$, $x\cos kx$ などの不定積分を求めることができる。		

43 不定積分の部分積分法 (2)

部分積分を用いて $x^n \log x$, $\mathrm{Sin}^{-1} x$, $\mathrm{Tan}^{-1} x$ などの不定積分を求めることができる。

不定積分の部分積分法 (2)
$$\int f'(x) g(x)\,dx = f(x)g(x) - \int f(x) g'(x)\,dx$$

例題 43.1 次の不定積分を求めよ。

(1) $\displaystyle \int x^2 \log x\,dx$ (2) $\displaystyle \int \log x\,dx$ (3) $\displaystyle \int \mathrm{Sin}^{-1} x\,dx$

＜解答＞

(1) $\displaystyle \int x^2\,dx = \frac{x^3}{3} + C$, $(\log x)' = \frac{1}{x}$ であるから，部分積分の公式によって

$$\begin{aligned}
\int x^2 \log x\,dx &= \int \left(\frac{x^3}{3}\right)' \log x\,dx \\
&= \frac{1}{3} x^3 \log x - \int \frac{1}{3} x^3 \cdot \frac{1}{x}\,dx \\
&= \frac{1}{3} x^3 \log x - \frac{1}{3} \int x^2\,dx = \frac{1}{3} x^3 \log x - \frac{1}{9} x^3 + C
\end{aligned}$$

(2) $\displaystyle \int \log x\,dx = \int (x)' \cdot \log x\,dx$, $(\log x)' = \frac{1}{x}$ であるから，部分積分の公式によって

$$\begin{aligned}
\int \log x\,dx &= \int (x)' \log x\,dx \\
&= x \log x - \int x \cdot \frac{1}{x}\,dx \\
&= x \log x - \int dx = x \log x - x + C
\end{aligned}$$

(3) $\displaystyle \int \mathrm{Sin}^{-1} x\,dx = \int (x)' \cdot \mathrm{Sin}^{-1} x\,dx$, $\left(\mathrm{Sin}^{-1} x\right)' = \dfrac{1}{\sqrt{1-x^2}}$ であるから,

$$\begin{aligned}
\int \mathrm{Sin}^{-1} x\,dx &= \int (x)' \mathrm{Sin}^{-1} x\,dx \\
&= x\,\mathrm{Sin}^{-1} x - \int x \cdot \frac{1}{\sqrt{1-x^2}}\,dx \\
&= x\,\mathrm{Sin}^{-1} x + \frac{1}{2} \int \frac{-2x}{\sqrt{1-x^2}}\,dx \\
&= x\,\mathrm{Sin}^{-1} x + \frac{1}{2} \int \frac{(1-x^2)'}{\sqrt{1-x^2}}\,dx \\
&= x\,\mathrm{Sin}^{-1} x + \frac{1}{2} \int (1-x^2)^{-\frac{1}{2}} (1-x^2)'\,dx \\
&= x\,\mathrm{Sin}^{-1} x + \frac{1}{2} \cdot 2 (1-x^2)^{\frac{1}{2}} + C = x\,\mathrm{Sin}^{-1} x + \sqrt{1-x^2} + C
\end{aligned}$$

ドリル **no.43**　　class　　　no　　　name

問題 43.1 次の不定積分を求めよ。

(1) $\displaystyle\int x^3 \log x \, dx$

(2) $\displaystyle\int x \log x \, dx$

(3) $\displaystyle\int \mathrm{Tan}^{-1} x \, dx$

(4) $\displaystyle\int \mathrm{Sin}^{-1} \frac{x}{3} \, dx$

チェック項目	月	日	月	日
部分積分を用いて $x^n \log x$, $\mathrm{Sin}^{-1} x$, $\mathrm{Tan}^{-1} x$ などの不定積分を求めることができる。				

44 不定積分の部分積分法 (3)

> 部分積分法を繰り返し用いて不定積分を求めることができる。

例題 44.1 不定積分 $\int x^2 e^{3x} dx$ を求めよ。

<解答>

$$\begin{aligned} I = \int x^2 e^{3x}\,dx &= \int x^2 \left(\frac{1}{3}e^{3x}\right)' dx \\ &= x^2 \cdot \frac{1}{3}e^{3x} - \int 2x \cdot \frac{1}{3}e^{3x}\,dx \\ &= \frac{1}{3}x^2 e^{3x} - \frac{2}{3}\int x e^{3x}\,dx \end{aligned}$$

ここで最後の積分の項は再び部分積分を用いて

$$\begin{aligned} \int x e^{3x} dx &= \int x \left(\frac{1}{3}e^{3x}\right)' dx \\ &= x \cdot \frac{1}{3}e^{3x} - \int 1 \cdot \frac{1}{3}e^{3x}\,dx = \frac{1}{3}x e^{3x} - \frac{1}{9}e^{3x} + C \end{aligned}$$

となるから，求める不定積分 I は次のようになる。

$$\begin{aligned} I &= \frac{1}{3}x^2 e^{3x} - \frac{2}{3}\left(\frac{1}{3}x e^{3x} - \frac{1}{9}e^{3x}\right) + C \\ &= \frac{1}{3}x^2 e^{3x} - \frac{2}{9}x e^{3x} + \frac{2}{27}e^{3x} + C \\ &= \frac{1}{27}(9x^2 - 6x e^{3x} + 2)e^{3x} + C \end{aligned}$$

例題 44.2 不定積分 $\int e^{3x} \cos 2x\,dx$ を求めよ。

<解答> $I = \int e^{3x} \cos 2x\,dx$ とおいて部分積分法を 2 回用いると

$$\begin{aligned} I = \int e^{3x} \cos 2x\,dx &= \int e^{3x} \left(\frac{1}{2}\sin 2x\right)' dx \\ &= e^{3x} \cdot \frac{1}{2}\sin 2x - \int 3e^{3x} \cdot \frac{1}{2}\sin 2x\,dx \\ &= e^{3x} \cdot \frac{1}{2}\sin 2x - \frac{3}{2}\int e^{3x} \cdot \left(-\frac{1}{2}\cos 2x\right)' dx \\ &= \frac{1}{2}e^{3x} \sin 2x - \frac{3}{2}\left(e^{3x} \cdot \left(-\frac{1}{2}\cos 2x\right) - \int 3e^{3x} \cdot \left(-\frac{1}{2}\cos 2x\right) dx\right) \\ &= \frac{1}{2}e^{3x} \sin 2x + \frac{3}{4}e^{3x} \cos 2x - \frac{9}{4}\int e^{3x} \cos 2x\,dx \\ &= \frac{1}{2}e^{3x} \sin 2x + \frac{3}{4}e^{3x} \cos 2x - \frac{9}{4}I \end{aligned}$$

したがって，$\frac{13}{4}I = \frac{1}{2}e^{3x}\sin 2x + \frac{3}{4}e^{3x}\cos 2x + \frac{13}{4}C$ となるから，I を含む項を移項すれば次が成り立つ。

$$I = \frac{1}{13}e^{3x}(2\sin 2x + 3\cos 2x) + C$$

ドリル no.44　　class　　　no　　　name

問題 44.1 次の不定積分を求めよ。

(1) $\displaystyle\int x^2 e^{-x}\,dx$
(2) $\displaystyle\int x^2 \cos 2x\,dx$

問題 44.2 不定積分 $\displaystyle\int e^{-2x}\sin 3x\,dx$ を求めよ。

チェック項目	月　日	月　日
部分積分法を複数回用いて不定積分を求めることができる。		

45　2次式を含む関数の不定積分

> 2次式を含む関数の不定積分を求めることができる。

2次式を含む関数の不定積分の公式

[1]　$\displaystyle\int \frac{1}{x^2-a^2}dx = \frac{1}{2a}\log\left|\frac{x-a}{x+a}\right|+C \quad (a\neq 0)$

[2]　$\displaystyle\int \frac{1}{x^2+a^2}dx = \frac{1}{a}\mathrm{Tan}^{-1}\frac{x}{a}+C \quad (a\neq 0)$

[3]　$\displaystyle\int \frac{1}{\sqrt{a^2-x^2}}dx = \mathrm{Sin}^{-1}\frac{x}{a}+C \quad (a>0)$

[4]　$\displaystyle\int \frac{1}{\sqrt{x^2+A}}dx = \log\left|x+\sqrt{x^2+A}\right|+C \quad (A\neq 0)$

例題 45.1　次の不定積分を求めよ。

(1)　$\displaystyle\int \frac{1}{x^2-9}dx$　　(2)　$\displaystyle\int \frac{1}{x^2+25}dx$　　(3)　$\displaystyle\int \frac{1}{\sqrt{4-x^2}}dx$　　(4)　$\displaystyle\int \frac{1}{\sqrt{x^2+3}}dx$

＜解答＞

(1)　$\displaystyle\int \frac{1}{x^2-9}dx = \int \frac{1}{x^2-3^2}dx = \frac{1}{2\cdot 3}\log\left|\frac{x-3}{x+3}\right|+C = \frac{1}{6}\log\left|\frac{x-3}{x+3}\right|+C$

(2)　$\displaystyle\int \frac{1}{x^2+25}dx = \int \frac{1}{x^2+5^2}dx = \frac{1}{5}\mathrm{Tan}^{-1}\frac{x}{5}+C$

(3)　$\displaystyle\int \frac{1}{\sqrt{4-x^2}}dx = \int \frac{1}{\sqrt{2^2-x^2}}dx = \mathrm{Sin}^{-1}\frac{x}{2}+C$

(4)　$\displaystyle\int \frac{1}{\sqrt{x^2+3}}dx = \log\left|x+\sqrt{x^2+3}\right|+C$

例題 45.2　次の不定積分を求めよ。

(1)　$\displaystyle\int \frac{1}{x^2+2x+3}dx$　　　　　　(2)　$\displaystyle\int \frac{1}{x^2+2x-8}dx$

＜解答＞

(1)　$\dfrac{1}{x^2+2x+3} = \dfrac{1}{(x+1)^2+(\sqrt{2})^2}$ なので, $t=x+1$ とおくと $dx=dt$ より

$$\int \frac{1}{x^2+2x+3}dx = \int \frac{1}{(x+1)^2+(\sqrt{2})^2}dx$$
$$= \int \frac{1}{t^2+(\sqrt{2})^2}dt$$
$$= \frac{1}{\sqrt{2}}\mathrm{Tan}^{-1}\frac{t}{\sqrt{2}}+C = \frac{1}{\sqrt{2}}\mathrm{Tan}^{-1}\frac{x+1}{\sqrt{2}}+C$$

(2)　$\dfrac{1}{x^2+2x-8} = \dfrac{1}{(x+1)^2-3^2}$ なので, $x+1=t$ とおくと $dx=dt$ より

$$\int \frac{1}{x^2+2x-8}dx = \int \frac{1}{(x+1)^2-3^2}dx$$
$$= \int \frac{1}{t^2-3^2}dt$$
$$= \frac{1}{6}\log\left|\frac{t-3}{t+3}\right|+C = \frac{1}{6}\log\left|\frac{x-2}{x+4}\right|+C$$

ドリル no.45   class   no   name

問題 45.1 次の不定積分を求めよ。

(1) $\displaystyle\int \frac{1}{x^2 - 25}\, dx$

(2) $\displaystyle\int \frac{1}{x^2 + 3}\, dx$

(3) $\displaystyle\int \frac{1}{\sqrt{9 - x^2}}\, dx$

(4) $\displaystyle\int \frac{1}{\sqrt{x^2 - 5}}\, dx$

問題 45.2 次の不定積分を求めよ。

(1) $\displaystyle\int \frac{1}{x^2 + 4x + 13}\, dx$

(2) $\displaystyle\int \frac{1}{x^2 - 6x + 5}\, dx$

チェック項目	月 日	月 日
2次式を含む関数の不定積分を求めることができる。		

46 分数関数の不定積分

部分分数分解を用いて分数関数の不定積分を求めることができる。

よく使う部分分数分解の形 分子の $f(x)$ が，分母より次数の低い多項式であるとき，

$$\frac{f(x)}{(x-\alpha)(x-\beta)} = \frac{a}{x-\alpha} + \frac{b}{x-\beta}$$

$$\frac{f(x)}{(x-\alpha)(x-\beta)^2} = \frac{a}{x-\alpha} + \frac{b}{x-\beta} + \frac{c}{(x-\beta)^2}$$

$$\frac{f(x)}{(x-\alpha)(x^2+px+q)} = \frac{a}{x-\alpha} + \frac{bx+c}{x^2+px+q}$$

例題 46.1 次の不定積分を求めよ。

(1) $\displaystyle\int \frac{x+1}{x^2-3x+2}\,dx$ 　　　(2) $\displaystyle\int \frac{3x^2-x+1}{x(x-1)^2}\,dx$

＜解答＞

(1) $\dfrac{x+1}{x^2-3x+2} = \dfrac{x+1}{(x-2)(x-1)} = \dfrac{a}{x-2} + \dfrac{b}{x-1}$ とおく。両辺に $(x-2)(x-1)$ をかけて分母を払うと

$$x+1 = a(x-1) + b(x-2)$$

が得られる。これに $x=2$ を代入すれば $a=3$, $x=1$ を代入すれば $b=-2$ となるから

$$\begin{aligned}\int \frac{x+1}{x^2-3x+2}\,dx &= \int \left(\frac{3}{x-2} - \frac{2}{x-1}\right) dx \\ &= 3\log|x-2| - 2\log|x-1| + C \\ &= \log|x-2|^3 - \log|x-1|^2 + C = \log\frac{|x-2|^3}{(x-1)^2} + C\end{aligned}$$

(2) $\dfrac{3x^2-x+1}{x(x-1)^2} = \dfrac{a}{x} + \dfrac{b}{x-1} + \dfrac{c}{(x-1)^2}$ とおく。両辺に $x(x-1)^2$ をかけて分母を払うと

$$3x^2 - x + 1 = a(x-1)^2 + bx(x-1) + cx$$

が得られる。これに $x=0$ を代入すれば $a=1$, $x=1$ を代入すれば $c=3$, $x=2$ を代入すれば $11 = a+2b+2c$ から $b=2$ となるから

$$\begin{aligned}\int \frac{3x^2-x+1}{x(x-1)^2}\,dx &= \int \left(\frac{1}{x} + \frac{2}{x-1} + \frac{3}{(x-1)^2}\right) dx \\ &= \log|x| + 2\log|x-1| - \frac{3}{x-1} + C \\ &= \log|x| + \log|x-1|^2 - \frac{3}{x-1} + C = \log|x|(x-1)^2 - \frac{3}{x-1} + C\end{aligned}$$

ドリル no.46　　class　　　no　　　name

問題 46.1　次の不定積分を求めよ。

(1) $\displaystyle\int \frac{-x+11}{x^2-2x-3}\,dx$

(2) $\displaystyle\int \frac{2x^2+7x+4}{x(x+1)^2}\,dx$

(3) $\displaystyle\int \frac{x+1}{x(x^2+1)}\,dx$

チェック項目	月　日	月　日
部分分数分解を用いて分数関数の不定積分を求めることができる。		

47 三角関数の不定積分 (1)

三角関数の公式を使って三角関数の積の不定積分を求めることができる。

三角関数の不定積分　次の公式はよく用いられる。

[1] $\quad \sin\alpha \cos\beta = \dfrac{1}{2}(\sin(\alpha+\beta) + \sin(\alpha-\beta))$

[2] $\quad \cos\alpha \cos\beta = \dfrac{1}{2}(\cos(\alpha+\beta) + \cos(\alpha-\beta))$

[3] $\quad \sin\alpha \sin\beta = -\dfrac{1}{2}(\cos(\alpha+\beta) - \cos(\alpha-\beta))$

[1], [2], [3] で, $\beta = \alpha$ とすると, 次の2倍角の公式が得られる。

$$\sin\alpha\cos\alpha = \frac{\sin 2\alpha}{2}, \quad \cos^2\alpha = \frac{1+\cos 2\alpha}{2}, \quad \sin^2\alpha = \frac{1-\cos 2\alpha}{2}$$

例題 47.1　不定積分 $\displaystyle\int \sin 3x \cos 2x\, dx$ を求めよ。

<解答>　積を和に直す公式 [1] より $\sin 3x \cos 2x = \dfrac{1}{2}(\sin 5x + \sin x)$ であるから

$$\begin{aligned}
\int \sin 3x \cos 2x\, dx &= \int \frac{1}{2}(\sin 5x + \sin x)\, dx \\
&= \frac{1}{2}\left(-\frac{1}{5}\cos 5x - \cos x\right) + C \\
&= -\frac{1}{10}\cos 5x - \frac{1}{2}\cos x + C
\end{aligned}$$

例題 47.2　次の不定積分を求めよ。

(1) $\displaystyle\int 2\cos^2 x\, dx$ 　　　　　(2) $\displaystyle\int \sin^2 3x\, dx$

<解答>

(1) 2倍角の公式より $\cos^2 x = \dfrac{1+\cos 2x}{2}$ であるから

$$\begin{aligned}
\int 2\cos^2 x\, dx &= \int 2 \cdot \frac{1+\cos 2x}{2}\, dx \\
&= \int (1+\cos 2x)\, dx \\
&= x + \frac{1}{2}\sin 2x + C
\end{aligned}$$

(2) 2倍角の公式より $\sin^2 3x = \dfrac{1-\cos 6x}{2}$ であるから

$$\begin{aligned}
\int \sin^2 3x\, dx &= \int \frac{1-\cos 6x}{2}\, dx \\
&= \frac{1}{2}\left(x - \frac{1}{6}\sin 6x\right) + C \\
&= \frac{1}{2}x - \frac{1}{12}\sin 6x + C
\end{aligned}$$

ドリル **no.47**　　class　　　no　　　name

問題 47.1 次の不定積分を求めよ。

(1) $\displaystyle\int \sin 4x \cos 2x \, dx$

(2) $\displaystyle\int \cos 3x \cos x \, dx$

(3) $\displaystyle\int \sin 4x \sin 3x \, dx$

(4) $\displaystyle\int \sin x \cos x \, dx$

問題 47.2 次の不定積分を求めよ。

(1) $\displaystyle\int 4\sin^2 x \, dx$

(2) $\displaystyle\int \cos^2 3x \, dx$

チェック項目	月 日	月 日
三角関数の公式を使って三角関数の積の不定積分を求めることができる。		

48　三角関数の不定積分 (2)

> $t = \tan \dfrac{x}{2}$ とおいて，$\sin x$, $\cos x$ を含む分数関数の不定積分を求めることができる。

$\sin x$, $\cos x$ を含む分数関数の不定積分　$t = \tan \dfrac{x}{2}$ とおくと

$$dx = \frac{2}{1+t^2}dt, \qquad \sin x = \frac{2t}{1+t^2}, \qquad \cos x = \frac{1-t^2}{1+t^2}, \qquad \tan x = \frac{2t}{1-t^2}$$

となる。$\sin x$, $\cos x$ を含む分数式の不定積分は，これらの式を代入することにより変数 t の分数関数の不定積分になる。

[例題] **48.1**　$t = \tan \dfrac{x}{2}$ のとき，次の等式が成り立つことを証明せよ。

(1)　$\dfrac{dx}{dt} = \dfrac{2}{1+t^2}$
(2)　$\cos x = \dfrac{1-t^2}{1+t^2}$

＜解答＞　2倍角の公式 $\cos 2\theta = 2\cos^2 \theta - 1$ と，余弦と正接の関係式 $1 + \tan^2 \theta = \dfrac{1}{\cos^2 \theta}$ を使う。

(1)　$t = \tan \dfrac{x}{2}$ であるから

$$\frac{dt}{dx} = \frac{1}{\cos^2 \dfrac{x}{2}} \cdot \frac{1}{2} = \frac{1 + \tan^2 \dfrac{x}{2}}{2}$$

である。逆関数の微分法によって，

$$\frac{dx}{dt} = \frac{1}{\dfrac{dt}{dx}} = \frac{1}{\dfrac{1 + \tan^2 \dfrac{x}{2}}{2}} = \frac{2}{1+t^2}$$

となる。したがって，$dx = \dfrac{2}{1+t^2} dt$ である。

(2)
$$\cos x = 2\cos^2 \frac{x}{2} - 1 = 2 \frac{1}{1 + \tan^2 \dfrac{x}{2}} - 1 = \frac{2}{1+t^2} - 1 = \frac{1-t^2}{1+t^2}$$

[例題] **48.2**　$\displaystyle\int \dfrac{dx}{\cos x}$ を求めよ。

＜解答＞　$t = \tan \dfrac{x}{2}$ とおく。上の例題の結果を使って

$$\begin{aligned}
\int \frac{dx}{\cos x} &= \int \frac{1}{\dfrac{1-t^2}{1+t^2}} \frac{2}{1+t^2} dt = \int \frac{2}{1-t^2} dt = -\int \frac{2}{t^2-1} dt \\
&= -\log\left|\frac{t-1}{t+1}\right| + C = \log\left|\frac{t+1}{t-1}\right| + C \\
&= \log\left|\frac{\tan \dfrac{x}{2} + 1}{\tan \dfrac{x}{2} - 1}\right| + C
\end{aligned}$$

ドリル **no.48**　　class　　　no　　　name

問題 48.1　$t = \tan \dfrac{x}{2}$ のとき，次の等式が成り立つことを証明せよ。

(1)　$\tan x = \dfrac{2t}{1-t^2}$
(2)　$\sin x = \dfrac{2t}{1+t^2}$

問題 48.2　次の不定積分を求めよ。

(1)　$\displaystyle \int \dfrac{dx}{\sin x}$
(2)　$\displaystyle \int \dfrac{dx}{1+\sin x}$

チェック項目　　　　　　　　　　　　　　　　　　　　月　日　　月　日

$t = \tan \dfrac{x}{2}$ とおいて，$\sin x$, $\cos x$ を含む分数関数の不定積分を求めることができる。		

49 漸化式と不定積分

漸化式を使って不定積分を求めることができる。

不定積分に整数 n が含まれるとき，漸化式を使って不定積分を求められる場合がある。

例題 49.1 0 以上の整数 n について $I_n = \int (\log x)^n \, dx$ とおくとき，次の問に答えよ。

(1) $n \geq 1$ のとき，等式 $I_n = x(\log x)^n - nI_{n-1}$ が成り立つことを示せ。

(2) I_0, I_1, I_2 を求めよ。

＜解答＞

(1) 部分積分によって，

$$\begin{aligned} I_n &= \int 1 \cdot (\log x)^n \, dx \\ &= x(\log x)^n - \int x \cdot n(\log x)^{n-1} \cdot \frac{1}{x} \, dx \\ &= x(\log x)^n - nI_{n-1} \end{aligned}$$

となる。

(2)

$$\begin{aligned} I_0 &= \int dx = x + C \\ I_1 &= x \log x - I_0 = x \log x - x + C \\ I_2 &= x(\log x)^2 - 2I_1 = x(\log x)^2 - 2x \log x + 2x + C \end{aligned}$$

例題 49.2 0 以上の整数 n について，$I_n = \int \sin^n x \, dx$ とおく。$n \geq 2$ のとき，等式

$$I_n = -\frac{1}{n} \sin^{n-1} x \cos x + \frac{n-1}{n} I_{n-2}$$

が成り立つことを証明せよ。

＜解答＞ 部分積分を使って，

$$\begin{aligned} I_n &= \int \sin^{n-1} x \sin x \, dx \\ &= \sin^{n-1} x (-\cos x) - \int (\sin^{n-1} x)'(-\cos x) \, dx \\ &= -\sin^{n-1} x \cos x + \int (n-1) \sin^{n-2} x \cos^2 x \, dx \\ &= -\sin^{n-1} x \cos x + (n-1) \int \sin^{n-2} x (1 - \sin^2 x) \, dx \\ &= -\sin^{n-1} x \cos x + (n-1) \int \left(\sin^{n-2} x - \sin^n x \right) dx \\ &= -\sin^{n-1} x \cos x + (n-1)(I_{n-2} - I_n) \end{aligned}$$

が得られる。これを整理して，$nI_n = -\sin^{n-1} x \cos x + (n-1)I_{n-2}$ となる。したがって，

$$I_n = -\frac{1}{n} \sin^{n-1} x \cos x + \frac{n-1}{n} I_{n-2}$$

である。

ドリル no.49　　class　　　no　　　name

問題 49.1　0 以上の整数 n について $I_n = \int x^n e^x dx$ とおくとき, 次の問に答えよ。

(1) $n \geq 1$ のとき, 等式 $I_n = x^n e^x - nI_{n-1}$ が成り立つことを示せ。

(2) I_0, I_1, I_2 を求めよ。

問題 49.2　0 以上の整数 n に対して, $I_n = \int \cos^n x \, dx$ とおく。$n \geq 2$ のとき, 等式

$$I_n = \frac{1}{n} \cos^{n-1} x \sin x + \frac{n-1}{n} I_{n-2}$$

が成り立つことを証明せよ。

チェック項目	月　日	月　日
漸化式を使って不定積分を求めることができる。		

50 定積分の定義と微分積分学の基本定理

定積分の定義と微分積分学の基本定理（定積分と不定積分の関係）を理解している。

定積分の定義 $y = f(x)$ は連続関数とする。閉区間 $[a,b]$ の n 等分と，分割された区間の幅を

$$a = x_0 < x_1 < x_2 < \cdots < x_n = b, \quad \Delta x = \frac{b-a}{n}$$

とする。次の式を，関数 $f(x)$ の $x = a$ から $x = b$ までの定積分という。

$$S = \int_a^b f(x)dx = \lim_{n \to \infty} \sum_{k=1}^n f(x_k)\Delta x$$

図形の面積 $f(x) \geqq 0$ のとき，$y = f(x)$, x 軸, $x = a$, $x = b$ で囲まれた図形の面積を S で定義する。

微分積分学の基本定理 連続関数 $f(x)$ について次が成り立つ。

$$\frac{d}{dx}\int_a^x f(t)dt = f(x)$$

定積分の計算法 $F(x)$ を $f(x)$ の不定積分の一つとするとき，次の式が成り立つ。

$$\int_a^b f(x)dx = \Big[\, F(x) \,\Big]_a^b = F(b) - F(a)$$

例題 50.1 定義にしたがって定積分 $\int_0^1 x^2 dx$ の値を求めよ。

＜解答＞ $x_k = \dfrac{k}{n}$ $(k = 1, 2, \cdots, n)$, $\Delta x = \dfrac{1}{n}$ だから

$$\begin{aligned}\int_0^1 x^2 dx &= \lim_{n \to \infty} \sum_{k=1}^n f\left(\frac{k}{n}\right)\frac{1}{n} \\ &= \lim_{n \to \infty} \frac{1}{n} \sum_{k=1}^n \left(\frac{k}{n}\right)^2 \\ &= \lim_{n \to \infty} \frac{1}{n^3}\frac{1}{6}n(n+1)(2n+1) \\ &= \lim_{n \to \infty} \frac{1}{6}\left(1 + \frac{1}{n}\right)\left(2 + \frac{1}{n}\right) = \frac{1}{3}\end{aligned}$$

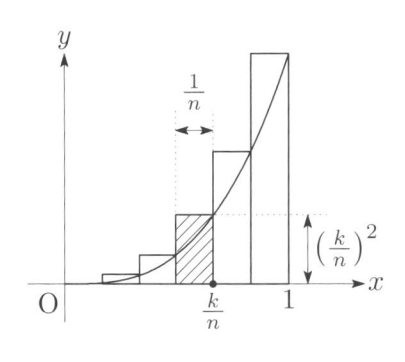

例題 50.2 曲線 $y = 1 - x^2$ と x 軸とで囲まれた図形の面積 S を求めよ。

＜解答＞ 曲線 $y = 1 - x^2$ と x 軸との交点の x 座標は，方程式 $1 - x^2 = 0$ を解いて $x = \pm 1$ である。$-1 \leqq x \leqq 1$ で $y \geqq 0$ であるから，偶関数の対称性を用いると，求める面積 S は

$$S = 2\int_0^1 (1-x^2)dx = 2\Big[\, x - \frac{1}{3}x^3 \,\Big]_0^1 = \frac{4}{3}$$

(注意) S は次の極限値と一致する。

$$S = 2\lim_{n \to \infty} \sum_{k=1}^n \left(1 - \left(\frac{k}{n}\right)^2\right)\frac{1}{n}$$

ドリル **no.50**　　class　　　no　　　name

問題 50.1　定積分の定義にしたがって定積分 $\int_0^2 x^2 dx$ の値を求めよ。

問題 50.2　曲線 $y = 3 - x^2$ と x 軸とで囲まれた図形の面積 S を求めよ。

問題 50.3　曲線 $y = \cos x \left(0 \leqq x \leqq \dfrac{\pi}{2}\right)$ と x 軸, y 軸とで囲まれた図形の面積 S を求めよ。

問題 50.4　曲線 $y = x^2 - x - 2$ と x 軸とで囲まれた図形の面積 S を求めよ。

チェック項目	月　日	月　日
定積分を用いて, 曲線と x 軸で囲まれた図形の面積を求めることができる。		

51 定積分の置換積分法 (1)

置換積分法を用いて定積分の値を求めることができる。

定積分の置換積分法 (1) $t = \varphi(x)$ とおくとき, $\varphi(a) = \alpha, \varphi(b) = \beta$ ならば

$$\int_a^b f(\varphi(x)) \cdot \varphi'(x)\, dx = \int_\alpha^\beta f(t)\, dt$$

これは t の微分 $dt = \varphi'(x) dx$ を形式的に代入する方法である。

例題 51.1 次の定積分の値を求めよ。

(1) $\displaystyle\int_{-1}^{2} x(x-1)^3\, dx$ 　　　(2) $\displaystyle\int_{1}^{e} \frac{\log x + 1}{x}\, dx$ 　　　(3) $\displaystyle\int_{0}^{\frac{\pi}{2}} (\sin^2 x + 1) \cos x\, dx$

＜解答＞

(1) $t = x - 1$ とおくと, $dt = dx$, また, $x = -1$ のとき $t = -2$ で, $x = 2$ のとき $t = 1$ である。$x = t + 1$ であることに注意すると,

$$\begin{aligned}
\int_{-1}^{2} x(x-1)^3\, dx &= \int_{-2}^{1} (t+1) t^3\, dt \\
&= \int_{-2}^{1} (t^4 + t^3)\, dt \\
&= \left[\frac{1}{5} t^5 + \frac{1}{4} t^4 \right]_{-2}^{1} \\
&= \frac{57}{20}
\end{aligned}$$

(2) $t = \log x + 1$ とおくと $dt = \dfrac{1}{x} dx$ であり, また, $x = 1$ のとき $t = 1$ で, $x = e$ のとき $t = 2$ である。したがって,

$$\begin{aligned}
\int_{1}^{e} \frac{\log x + 1}{x}\, dx &= \int_{1}^{2} t\, dt \\
&= \left[\frac{1}{2} t^2 \right]_{1}^{2} \\
&= \frac{3}{2}
\end{aligned}$$

(3) $t = \sin x$ とおくと, $dt = \cos x\, dx$ であり, また, $x = 0$ のとき $t = 0$ で, $x = \dfrac{\pi}{2}$ のとき $t = 1$ である。したがって,

$$\begin{aligned}
\int_{0}^{\frac{\pi}{2}} (\sin^2 x + 1) \cos x\, dx &= \int_{0}^{1} (t^2 + 1)\, dt \\
&= \left[\frac{1}{3} t^3 + t \right]_{0}^{1} \\
&= \frac{4}{3}
\end{aligned}$$

ドリル no.51　　class　　　no　　　name

問題 51.1 次の定積分の値を求めよ。

(1) $\displaystyle\int_2^3 (x+3)(x-2)^4\,dx$

(2) $\displaystyle\int_0^1 \frac{x+2}{x+1}\,dx$

(3) $\displaystyle\int_1^e \frac{(\log x)^2}{x}\,dx$

(4) $\displaystyle\int_0^1 e^x(e^x+1)^2\,dx$

(5) $\displaystyle\int_0^{\frac{\pi}{2}} \cos^3 x \sin x\,dx$

(6) $\displaystyle\int_0^{\frac{\pi}{2}} \frac{\cos x}{\sin^2 x+1}\,dx$

チェック項目	月　日	月　日
置換積分法を用いて定積分の値を求めることができる。		

52 定積分の置換積分法 (2)

置換積分法を用いて定積分の値を求めることができる。

定積分の置換積分法 (2) $x = \varphi(t)$ とおくとき, $a = \varphi(\alpha), b = \varphi(\beta)$ ならば

$$\int_a^b f(x)\,dx = \int_\alpha^\beta f(\varphi(t)) \cdot \varphi'(t)\,dt$$

これは x の微分 $dx = \varphi'(t)dt$ を形式的に代入する方法である。

例題 52.1 次の定積分の値を求めよ。

(1) $\displaystyle\int_0^2 \sqrt{4-x^2}\,dx$ (2) $\displaystyle\int_0^{\sqrt{3}} \frac{1}{(9+x^2)^2}\,dx$

＜解答＞

(1) $x = 2\sin t$ とおくと $dx = 2\cos t\,dt$ である。また, $x = 0$ のとき $t = 0$ で, $x = 2$ のとき $t = \dfrac{\pi}{2}$ である。$0 \leqq t \leqq \dfrac{\pi}{2}$ のとき $\cos t \geqq 0$ であるから,

$$\sqrt{4-x^2} = \sqrt{4(1-\sin^2 t)} = 2\sqrt{\cos^2 t} = 2\cos t$$

となる。したがって

$$\int_0^2 \sqrt{4-x^2}\,dx = \int_0^{\frac{\pi}{2}} 2\cos t \cdot 2\cos t\,dt$$

$$= 4\int_0^{\frac{\pi}{2}} \cos^2 t\,dt$$

$$= 4\int_0^{\frac{\pi}{2}} \frac{1+\cos 2t}{2}\,dt$$

$$= 2\left[t + \frac{1}{2}\sin 2t\right]_0^{\frac{\pi}{2}} = 2 \cdot \frac{\pi}{2} = \pi$$

(2) $x = 3\tan t$ とおくと $dx = \dfrac{3}{\cos^2 t}\,dt$ である。また, $x = 0$ のとき $t = 0$, $x = \sqrt{3}$ のとき $t = \dfrac{\pi}{6}$ である。

$$\frac{1}{9+x^2} = \frac{1}{9(1+\tan^2 t)} = \frac{1}{9 \cdot \frac{1}{\cos^2 t}} = \frac{\cos^2 t}{9}$$

であるから,

$$\int_0^{\sqrt{3}} \frac{1}{(9+x^2)^2}\,dx = \int_0^{\frac{\pi}{6}} \left(\frac{\cos^2 t}{9}\right)^2 \cdot \frac{3}{\cos^2 t}\,dt$$

$$= \frac{1}{27}\int_0^{\frac{\pi}{6}} \cos^2 t\,dt$$

$$= \frac{1}{27}\int_0^{\frac{\pi}{6}} \frac{1+\cos 2t}{2}\,dt$$

$$= \frac{1}{54}\left[t + \frac{1}{2}\sin 2t\right]_0^{\frac{\pi}{6}} = \frac{1}{54}\left(\frac{\pi}{6} + \frac{\sqrt{3}}{4}\right)$$

ドリル no.52　　class　　　no　　　name

問題 52.1 次の定積分の値を求めよ。

(1) $\displaystyle\int_0^1 \sqrt{2-x^2}\,dx$

(2) $\displaystyle\int_0^{\sqrt{3}} x^2\sqrt{4-x^2}\,dx$

(3) $\displaystyle\int_0^3 \frac{1}{(3+x^2)^2}\,dx$

(4) $\displaystyle\int_0^2 \frac{x^2}{(4+x^2)^2}\,dx$

チェック項目	月 日	月 日
置換積分法を用いて定積分の値を求めることができる。		

53　偶関数・奇関数の定積分

偶関数・奇関数についての定積分の公式を利用することができる。

偶関数と奇関数　全ての実数 x について $f(-x) = f(x)$ が成り立つとき $f(x)$ は偶関数であるといい，$f(-x) = -f(x)$ が成り立つとき $f(x)$ は奇関数であるという。偶関数のグラフは y 軸に関して対称であり，奇関数のグラフは原点に関して対称である。

偶関数と奇関数の性質　次の性質が成り立つ。

　　偶関数 + 偶関数 = 偶関数，　　奇関数 + 奇関数 = 奇関数
　　偶関数 × 偶関数 = 偶関数，　　奇関数 × 奇関数 = 偶関数，　　偶関数 × 奇関数 = 奇関数

偶関数・奇関数に関する定積分の公式

[1]　　関数 $f(x)$ が偶関数のとき，$\displaystyle\int_{-a}^{a} f(x)\,dx = 2\int_{0}^{a} f(x)\,dx$

[2]　　関数 $f(x)$ が奇関数のとき，$\displaystyle\int_{-a}^{a} f(x)\,dx = 0$

例題 53.1　次の定積分の値を求めよ。

(1) $\displaystyle\int_{-1}^{1} (x^2 + \sin x)\,dx$　　　(2) $\displaystyle\int_{-2}^{2} \frac{1}{x^2+4}\,dx$　　　(3) $\displaystyle\int_{-3}^{3} \frac{e^x + e^{-x}}{2}\,dx$

〈解答〉

(1) x^2 は偶関数であり，$\sin x$ は奇関数である。したがって，

$$\int_{-1}^{1} (x^2 + \sin x)\,dx = \int_{-1}^{1} x^2\,dx + \int_{-1}^{1} \sin x\,dx = 2\int_{0}^{1} x^2\,dx + 0 = 2\left[\frac{1}{3}x^3\right]_{0}^{1} = 2 \cdot \frac{1}{3} = \frac{2}{3}$$

(2) $\dfrac{1}{x^2+4}$ は偶関数である。したがって，

$$\int_{-2}^{2} \frac{1}{x^2+4}\,dx = 2\int_{0}^{2} \frac{1}{x^2+4}\,dx = 2\left[\frac{1}{2}\mathrm{Tan}^{-1}\frac{x}{2}\right]_{0}^{2} = \mathrm{Tan}^{-1}1 - \mathrm{Tan}^{-1}0 = \frac{\pi}{4}$$

(3) $f(x) = \dfrac{e^x + e^{-x}}{2}$ とおくと　$f(-x) = \dfrac{e^{-x} + e^x}{2} = f(x)$　より $f(x) = \dfrac{e^x + e^{-x}}{2}$ は偶関数である。したがって，

$$\int_{-3}^{3} \frac{e^x + e^{-x}}{2}\,dx = 2\int_{0}^{3} \frac{e^x + e^{-x}}{2}\,dx$$
$$= \int_{0}^{3} (e^x + e^{-x})\,dx = \left[e^x - e^{-x}\right]_{0}^{3} = e^3 - \frac{1}{e^3}$$

ドリル no.53　　class　　　no　　　name

問題 53.1 次の定積分の値を求めよ。

(1) $\displaystyle\int_{-1}^{1} (x^2+1)^2\,dx$

(2) $\displaystyle\int_{-\frac{\pi}{3}}^{\frac{\pi}{3}} (\sin x + \cos x + \tan x)\,dx$

(3) $\displaystyle\int_{-\sqrt{3}}^{\sqrt{3}} \frac{dx}{x^2+1}$

(4) $\displaystyle\int_{-2}^{2} (e^x - e^{-x})\,dx$

(5) $\displaystyle\int_{-\pi}^{\pi} x\cos x\,dx$

(6) $\displaystyle\int_{-1}^{1} \sqrt{4-x^2}\,dx$

チェック項目	月　日	月　日
偶関数・奇関数についての定積分の公式を利用することができる。		

54　定積分の部分積分法 (1)

> 部分積分法を用いて $xe^{kx},\ x\sin kx,\ e^x\cos kx$ などの定積分の値を求めることができる。

定積分の部分積分法 (1)
$$\int_a^b f(x)g'(x)\,dx = \Big[\,f(x)g(x)\,\Big]_a^b - \int_a^b f'(x)g(x)\,dx$$

例題 54.1 次の定積分の値を求めよ。

(1) $\displaystyle\int_0^{\frac{\pi}{3}} x\sin 2x\,dx$ 　　　　　(2) $\displaystyle\int_0^1 x^2 e^{2x}\,dx$

＜解答＞

(1)
$$\begin{aligned}
\int_0^{\frac{\pi}{3}} x\sin 2x\,dx &= \int_0^{\frac{\pi}{3}} x\left(-\frac{1}{2}\cos 2x\right)'dx \\
&= \left[\,x\left(-\frac{1}{2}\cos 2x\right)\,\right]_0^{\frac{\pi}{3}} - \int_0^{\frac{\pi}{3}} 1\cdot\left(-\frac{1}{2}\cos 2x\right)dx \\
&= \frac{\pi}{3}\cdot\left(-\frac{1}{2}\right)\cdot\left(-\frac{1}{2}\right) + \frac{1}{2}\int_0^{\frac{\pi}{3}}\cos 2x\,dx \\
&= \frac{\pi}{12} + \frac{1}{2}\left[\,\frac{1}{2}\sin 2x\,\right]_0^{\frac{\pi}{3}} = \frac{\pi}{12} + \frac{1}{2}\cdot\frac{1}{2}\cdot\frac{\sqrt{3}}{2} = \frac{\pi}{12} + \frac{\sqrt{3}}{8}
\end{aligned}$$

(2) 部分積分を 2 回行う。
$$\begin{aligned}
\int_0^1 x^2 e^{2x}\,dx &= \left[x^2\cdot\frac{1}{2}e^{2x}\right]_0^1 - \int_0^1 2x\cdot\frac{1}{2}e^{2x}\,dx \\
&= \frac{1}{2}e^2 - \int_0^1 xe^{2x}\,dx \\
&= \frac{1}{2}e^2 - \left(\left[x\cdot\frac{1}{2}e^{2x}\right]_0^1 - \int_0^1 1\cdot\frac{1}{2}e^{2x}\,dx\right) \\
&= \frac{1}{2}e^2 - \left(\frac{1}{2}e^2 - \frac{1}{2}\left[\frac{1}{2}e^{2x}\right]_0^1\right) = \frac{1}{4}(e^2 - 1)
\end{aligned}$$

例題 54.2 定積分 $\displaystyle\int_0^\pi e^x\sin x\,dx$ の値を求めよ。

＜解答＞　求める定積分の値を I とし，e^x を微分する項として，部分積分を 2 回用いると
$$\begin{aligned}
I = \int_0^\pi e^x\sin x\,dx &= \Big[\,e^x(-\cos x)\,\Big]_0^\pi - \int_0^\pi e^x(-\cos x)\,dx \\
&= e^\pi + 1 + \left(\Big[\,e^x\sin x\,\Big]_0^\pi - \int_0^\pi e^x\sin x\,dx\right) \\
&= e^\pi + 1 - I
\end{aligned}$$

これを I について解くと
$$2I = e^\pi + 1 \qquad \therefore\quad I = \int_0^\pi e^x\sin x\,dx = \frac{e^\pi + 1}{2}$$

ドリル no.54　　class　　　no　　　name

問題 54.1 次の定積分の値を求めよ。

(1) $\displaystyle\int_0^{\frac{\pi}{2}} x\cos 2x\,dx$

(2) $\displaystyle\int_0^{\frac{\pi}{4}} x^2\sin 2x\,dx$

(3) $\displaystyle\int_0^{2\pi} e^x\cos x\,dx$

チェック項目	月 日	月 日
部分積分法を用いて xe^{kx}, $x\sin kx$, $e^x\cos kx$ などの定積分の値を求めることができる。		

55 定積分の部分積分法 (2)

部分積分法を用いて $x^n \log x$, $\mathrm{Sin}^{-1} x$, $\mathrm{Tan}^{-1} x$ などの定積分の値を求めることができる。

定積分の部分積分法 (2)

$$\int_a^b f'(x)g(x)\,dx = \Big[\,f(x)g(x)\,\Big]_a^b - \int_a^b f(x)g'(x)\,dx$$

例題 55.1 次の定積分の値を求めよ。

(1) $\displaystyle\int_1^{e^2} \log x\,dx$ (2) $\displaystyle\int_1^{e} (\log x)^2\,dx$

＜解答＞ $(\log x)' = \dfrac{1}{x}$, $\big((\log x)^2\big)' = 2\log x \cdot \dfrac{1}{x}$ であることに注意して

(1) $\displaystyle\int_1^{e^2} \log x\,dx = \int_1^{e^2} (x)' \log x\,dx$

$\qquad\qquad = \Big[\,x \log x\,\Big]_1^{e^2} - \int_1^{e^2} x \cdot \dfrac{1}{x}\,dx$

$\qquad\qquad = 2e^2 - \int_1^{e^2} dx = 2e^2 - \Big[\,x\,\Big]_1^{e^2} = 2e^2 - (e^2 - 1) = e^2 + 1$

(2) $\displaystyle\int_1^{e} (\log x)^2\,dx = \int_1^{e} (x)' (\log x)^2\,dx$

$\qquad\qquad = \Big[\,x(\log x)^2\,\Big]_1^{e} - \int_1^{e} x \cdot 2(\log x) \cdot \dfrac{1}{x}\,dx$

$\qquad\qquad = e - 2\int_1^{e} \log x\,dx = e - 2\Big[\,x\log x - x\,\Big]_1^{e} = e - 2$

例題 55.2 次の定積分の値を求めよ。

(1) $\displaystyle\int_0^{\frac{1}{\sqrt{2}}} \mathrm{Sin}^{-1} x\,dx$ (2) $\displaystyle\int_0^{\sqrt{3}} \mathrm{Tan}^{-1} x\,dx$

＜解答＞ $\big(\mathrm{Sin}^{-1} x\big)' = \dfrac{1}{\sqrt{1-x^2}}$, $\big(\mathrm{Tan}^{-1} x\big)' = \dfrac{1}{x^2+1}$ であることに注意して

(1) $\displaystyle\int_0^{\frac{1}{\sqrt{2}}} \mathrm{Sin}^{-1} x\,dx = \int_0^{\frac{1}{\sqrt{2}}} (x)' \mathrm{Sin}^{-1} x\,dx$

$\qquad\qquad = \Big[\,x\,\mathrm{Sin}^{-1} x\,\Big]_0^{\frac{1}{\sqrt{2}}} - \int_0^{\frac{1}{\sqrt{2}}} x \cdot \dfrac{1}{\sqrt{1-x^2}}\,dx$

$\qquad\qquad = \dfrac{1}{\sqrt{2}} \cdot \dfrac{\pi}{4} + \Big[\,\sqrt{1-x^2}\,\Big]_0^{\frac{1}{\sqrt{2}}} = \dfrac{\pi}{4\sqrt{2}} + \dfrac{1}{\sqrt{2}} - 1$

(2) $\displaystyle\int_0^{\sqrt{3}} \mathrm{Tan}^{-1} x\,dx = \int_0^{\sqrt{3}} (x)' \mathrm{Tan}^{-1} x\,dx$

$\qquad\qquad = \Big[\,x\,\mathrm{Tan}^{-1} x\,\Big]_0^{\sqrt{3}} - \int_0^{\sqrt{3}} x \cdot \dfrac{1}{x^2+1}\,dx$

$\qquad\qquad = \sqrt{3} \cdot \dfrac{\pi}{3} - \Big[\,\dfrac{1}{2}\log(x^2+1)\,\Big]_0^{\sqrt{3}} = \dfrac{\pi}{\sqrt{3}} - \dfrac{1}{2}(\log 4 - 0) = \dfrac{\pi}{\sqrt{3}} - \log 2$

ドリル no.55　　class　　　no　　　name

問題 55.1 次の定積分の値を求めよ。

(1) $\displaystyle\int_{\frac{1}{e}}^{e} \log x \, dx$

(2) $\displaystyle\int_{e}^{e^2} (\log x)^2 \, dx$

問題 55.2 次の定積分の値を求めよ。

(1) $\displaystyle\int_{0}^{\frac{1}{2}} \mathrm{Sin}^{-1} x \, dx$

(2) $\displaystyle\int_{0}^{1} \mathrm{Tan}^{-1} x \, dx$

チェック項目	月　日	月　日
部分積分法を用いて $x^n \log x$, $\mathrm{Sin}^{-1} x$, $\mathrm{Tan}^{-1} x$ などの定積分の値を求めることができる。		

56　$\sin^n x, \cos^n x$ の定積分

区間 $\left[0, \dfrac{\pi}{2}\right]$ における $\sin^n x, \cos^n x$ の定積分の公式を利用することができる。

n を 0 以上の整数とするとき，次が成り立つ。

$$\int_0^{\frac{\pi}{2}} \cos^n x\, dx = \int_0^{\frac{\pi}{2}} \sin^n x\, dx,$$

さらに，この定積分の値を I_n と表せば，$I_0 = \dfrac{\pi}{2}, I_1 = 1$ で $n \geqq 2$ のとき次が成り立つ。

$$I_n = \begin{cases} \dfrac{n-1}{n} \cdot \dfrac{n-3}{n-2} \cdots \dfrac{3}{4} \cdot \dfrac{1}{2} \cdot \dfrac{\pi}{2} & (n\text{ が偶数のとき}) \\ \dfrac{n-1}{n} \cdot \dfrac{n-3}{n-2} \cdots \dfrac{4}{5} \cdot \dfrac{2}{3} \cdot 1 & (n\text{ が奇数のとき}) \end{cases}$$

例題 **56.1**　次の定積分の値を求めよ。

(1)　$\displaystyle\int_0^{\frac{\pi}{2}} \cos^5 x\, dx$ 　　　　　　　　(2)　$\displaystyle\int_0^{\frac{\pi}{2}} \sin^7 x \cos^2 x\, dx$

(3)　$\displaystyle\int_0^{\frac{\pi}{4}} \sin^4 2x\, dx$ 　　　　　　　　(4)　$\displaystyle\int_0^{\pi} \sin^6 x\, dx$

＜解答＞

(1)　$\displaystyle\int_0^{\frac{\pi}{2}} \cos^5 x\, dx = \dfrac{4}{5} \cdot \dfrac{2}{3} \cdot 1 = \dfrac{8}{15}$

(2)　$\displaystyle\int_0^{\frac{\pi}{2}} \sin^7 x \cos^2 x\, dx = \int_0^{\frac{\pi}{2}} \sin^7 x (1 - \sin^2 x)\, dx$

$\qquad\qquad\qquad\qquad = \displaystyle\int_0^{\frac{\pi}{2}} (\sin^7 x - \sin^9 x)\, dx$

$\qquad\qquad\qquad\qquad = \displaystyle\int_0^{\frac{\pi}{2}} \sin^7 x\, dx - \int_0^{\frac{\pi}{2}} \sin^9 x\, dx$

$\qquad\qquad\qquad\qquad = \dfrac{6}{7} \cdot \dfrac{4}{5} \cdot \dfrac{2}{3} \cdot 1 - \dfrac{8}{9} \cdot \dfrac{6}{7} \cdot \dfrac{4}{5} \cdot \dfrac{2}{3} \cdot 1 = \dfrac{16}{315}$

(3)　$t = 2x$ とおくと $dt = 2\, dx$, $x = 0$ のとき $t = 0$, $x = \dfrac{\pi}{4}$ のとき $t = \dfrac{\pi}{2}$ だから

$$\int_0^{\frac{\pi}{4}} \sin^4 2x\, dx = \int_0^{\frac{\pi}{2}} \sin^4 t \cdot \dfrac{1}{2} dt = \dfrac{1}{2} \cdot \dfrac{3}{4} \cdot \dfrac{1}{2} \cdot \dfrac{\pi}{2} = \dfrac{3}{32}\pi$$

(4)　$y = \sin^6 x$ のグラフは直線 $x = \dfrac{\pi}{2}$ について対称だから

$$\int_0^{\pi} \sin^6 x\, dx = 2 \int_0^{\frac{\pi}{2}} \sin^6 x\, dx = 2 \cdot \dfrac{5}{6} \cdot \dfrac{3}{4} \cdot \dfrac{1}{2} \cdot \dfrac{\pi}{2} = \dfrac{5}{16}\pi$$

ドリル **no.56**　　　class　　　　no　　　　name

問題 56.1 次の定積分の値を求めよ。

(1) $\displaystyle\int_0^{\frac{\pi}{2}} \cos^{10} x \, dx$

(2) $\displaystyle\int_0^{\frac{\pi}{2}} \sin^7 x \, dx$

(3) $\displaystyle\int_0^{\frac{\pi}{2}} \cos^6 x \sin^2 x \, dx$

(4) $\displaystyle\int_0^{\frac{\pi}{4}} \sin^5 2x \, dx$

(5) $\displaystyle\int_0^{\pi} \sin^3 x \, dx$

(6) $\displaystyle\int_0^{\pi} \cos^5 \frac{x}{2} \, dx$

チェック項目	月　日	月　日
区間 $\left[0, \dfrac{\pi}{2}\right]$ における $\sin^n x, \cos^n x$ の定積分の公式を利用することができる。		

57 広義積分

広義積分の計算をすることができる。

広義積分 区間 $[a,b]$ の端点で定義されていない関数の定積分, ∞ を含む区間上の積分を, いずれも右辺の極限が存在するときに限って, 次の式で定義する。

(1) $x=a$ で定義されていないとき $\quad \displaystyle\int_a^b f(x)\,dx = \lim_{\varepsilon \to +0} \int_{a+\varepsilon}^b f(x)\,dx$

(2) $x=b$ で定義されていないとき $\quad \displaystyle\int_a^b f(x)\,dx = \lim_{\varepsilon \to +0} \int_a^{b-\varepsilon} f(x)\,dx$

(3) 区間 $[a,\infty)$ での定積分 $\quad \displaystyle\int_a^\infty f(x)\,dx = \lim_{M \to \infty} \int_a^M f(x)\,dx$

(4) 区間 $(-\infty, b]$ での定積分 $\quad \displaystyle\int_{-\infty}^b f(x)\,dx = \lim_{N \to -\infty} \int_N^b f(x)\,dx$

(5) 区間 $(-\infty, \infty)$ での定積分 $\quad \displaystyle\int_{-\infty}^\infty f(x)\,dx = \lim_{\substack{M \to \infty \\ N \to -\infty}} \int_N^M f(x)\,dx$

このようにして定義された定積分を広義積分という。

例題 57.1 次の広義積分を求めよ。

(1) $\displaystyle\int_0^1 \frac{1}{\sqrt{x}}\,dx$ 　　(2) $\displaystyle\int_{-2}^2 \frac{1}{\sqrt{4-x^2}}\,dx$

＜解答＞

(1) $\displaystyle\int_0^1 \frac{1}{\sqrt{x}}\,dx = \lim_{\varepsilon \to +0} \int_\varepsilon^1 \frac{1}{\sqrt{x}}\,dx = \lim_{\varepsilon \to +0} \Big[\, 2\sqrt{x}\, \Big]_\varepsilon^1 = \lim_{\varepsilon \to +0}(2 - 2\sqrt{\varepsilon}) = 2$

(2) $\displaystyle\int_{-2}^2 \frac{1}{\sqrt{4-x^2}}\,dx = \lim_{\varepsilon,\delta \to +0} \int_{-2+\varepsilon}^{2-\delta} \frac{1}{\sqrt{4-x^2}}\,dx$

$\qquad\qquad = \displaystyle\lim_{\varepsilon,\delta \to +0}\Big[\, \mathrm{Sin}^{-1}\frac{x}{2}\, \Big]_{-2+\varepsilon}^{2-\delta} = \mathrm{Sin}^{-1} 1 - \mathrm{Sin}^{-1}(-1) = \pi$

（補足説明）極限値があることが明らかな場合には, 以下のように書くことがある。

$$\int_0^1 \frac{1}{\sqrt{x}} = \Big[\, 2\sqrt{x}\, \Big]_0^1 = 2, \quad \int_{-2}^2 \frac{1}{\sqrt{4-x^2}} = \Big[\, \mathrm{Sin}^{-1}\frac{x}{2}\, \Big]_{-2}^2 = \mathrm{Sin}^{-1} 1 - \mathrm{Sin}^{-1}(-1) = \pi$$

例題 57.2 次の広義積分を求めよ。

(1) $\displaystyle\int_1^\infty \frac{1}{x^2}\,dx$ 　　(2) $\displaystyle\int_{-\infty}^\infty \frac{1}{1+x^2}\,dx$

＜解答＞ (2) の解答は上の説明に準じて, 簡略化した記法を示した。

(1) $\displaystyle\int_1^\infty \frac{1}{x^2}\,dx = \lim_{b \to \infty} \int_1^b \frac{1}{x^2}\,dx = \lim_{b \to \infty}\Big[-\frac{1}{x}\Big]_1^b = \lim_{b \to \infty}\Big(-\frac{1}{b} - (-1)\Big) = 1$

(2) $\displaystyle\int_{-\infty}^\infty \frac{1}{1+x^2}\,dx = \Big[\, \mathrm{Tan}^{-1} x\, \Big]_{-\infty}^\infty = \frac{\pi}{2} - \Big(-\frac{\pi}{2}\Big) = \pi$

ドリル **no.57**　　class　　　　no　　　　name

問題 57.1　次の広義積分を計算せよ。

(1) $\displaystyle\int_0^8 \frac{1}{\sqrt[3]{x}}\,dx$

(2) $\displaystyle\int_0^2 \frac{1}{\sqrt{2-x}}\,dx$

(3) $\displaystyle\int_{-1}^1 \frac{1}{\sqrt{1-x^2}}\,dx$

(4) $\displaystyle\int_0^1 \frac{1}{\sqrt[3]{x^2}}\,dx$

問題 57.2　次の広義積分を計算せよ。

(1) $\displaystyle\int_1^\infty \frac{1}{x^3}\,dx$

(2) $\displaystyle\int_{-\infty}^1 e^x\,dx$

(3) $\displaystyle\int_{-\infty}^\infty \frac{1}{4+x^2}\,dx$

(4) $\displaystyle\int_1^\infty \frac{1}{x(x+2)}\,dx$

チェック項目	月　日	月　日
広義積分の計算をすることができる。		

58 図形の面積 (1)

2つの曲線に囲まれた図形の面積を，定積分によって求めることができる。

2 つのグラフの間の面積 関数 $f(x)$, $g(x)$ が区間 $[a,b]$ で連続であるとき，2つの曲線 $y = f(x)$, $y = g(x)$ と 2 直線 $x = a$, $x = b$ で囲まれた図形の面積 S は

$$S = \int_a^b |f(x) - g(x)|\, dx$$

とくに，つねに $f(x) \geqq g(x)$ が成り立つとき

$$S = \int_a^b (f(x) - g(x))\, dx$$

例題 58.1 放物線 $y = x^2$ と直線 $y = -x + 2$ で囲まれた図形の面積を求めよ。

<解答> まず，放物線 $y = x^2$ と直線 $y = -x + 2$ の交点の x 座標を求めるために，方程式 $x^2 = -x + 2$ を解いて $x = 1, -2$ となる。区間 $[-2, 1]$ においては，つねに $x^2 \leqq -x + 2$ だから，

$$S = \int_{-2}^{1} \left((-x+2) - x^2\right) dx = \int_{-2}^{1} (-x^2 - x + 2) dx = \left[-\frac{1}{3}x^3 - \frac{1}{2}x^2 + 2x \right]_{-2}^{1} = \frac{9}{2}$$

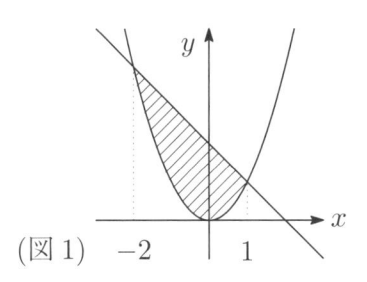

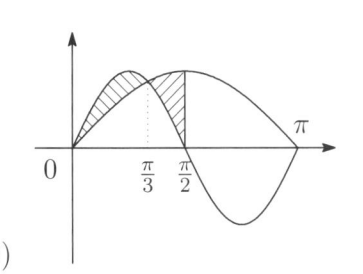

(図 1)　(図 2)

例題 58.2 2曲線 $y = \sin x$, $y = \sin 2x$ の間の領域のうち，$0 \leqq x \leqq \frac{\pi}{2}$ の部分の面積を求めよ。

<解答> $0 \leqq x \leqq \frac{\pi}{2}$ における 2 曲線 $y = \sin x$, $y = \sin 2x$ の交点の x 座標は，$x = \frac{\pi}{3}$ である。$0 \leqq x \leqq \frac{\pi}{3}$ のとき $\sin x \leqq \sin 2x$ で，$\frac{\pi}{3} \leqq x \leqq \frac{\pi}{2}$ のとき $\sin 2x \leqq \sin x$ である。したがって求める図形の面積を S とすると，

$$\begin{aligned}
S &= \int_0^{\frac{\pi}{2}} |\sin 2x - \sin x|\, dx \\
&= \int_0^{\frac{\pi}{3}} (\sin 2x - \sin x)\, dx + \int_{\frac{\pi}{3}}^{\frac{\pi}{2}} (\sin x - \sin 2x)\, dx \\
&= \left[-\frac{1}{2}\cos 2x + \cos x \right]_0^{\frac{\pi}{3}} + \left[-\cos x + \frac{1}{2}\cos 2x \right]_{\frac{\pi}{3}}^{\frac{\pi}{2}} \\
&= \left(\left(\frac{1}{4} + \frac{1}{2}\right) - \left(-\frac{1}{2} + 1\right)\right) + \left(\left(0 - \frac{1}{2}\right) - \left(-\frac{1}{2} - \frac{1}{4}\right)\right) \\
&= \frac{1}{2}
\end{aligned}$$

ドリル **no.58**　　class　　　　no　　　　name

問題 58.1　放物線 $y = -x^2 + 4$ と直線 $y = x - 2$ で囲まれた図形の面積を求めよ。

問題 58.2　2曲線 $y = \sin x$, $y = -\cos x$ $(0 \leq x \leq \pi)$ と2直線 $x = 0$, $x = \pi$ で囲まれた図形の面積を求めよ。

チェック項目	月　日	月　日
2つの曲線に囲まれた図形の面積を，定積分によって求めることができる。		

59　図形の面積 (2)

> 曲線と x 軸によって囲まれた図形の面積を，定積分によって求めることができる。

媒介変数表示の曲線と図形の面積　媒介変数 t によって $x = f(t), y = g(t) \, (\alpha \leqq t \leqq \beta)$ と表される曲線と x 軸および 2 直線 $x = f(\alpha)$, $x = f(\beta)$ によって囲まれた図形の面積 S は次の式で与えられる。

[1]　　$\alpha \leqq t \leqq \beta$ において $f'(t) \geqq 0$ のとき，$f(\alpha) \leqq f(\beta)$ であるから
$$S = \int_{f(\alpha)}^{f(\beta)} |y|\, dx = \int_{\alpha}^{\beta} |g(t)|\, f'(t)\, dt$$

[2]　　$\alpha \leqq t \leqq \beta$ において $f'(t) \leqq 0$ のとき，$f(\alpha) \geqq f(\beta)$ であるから
$$S = \int_{f(\beta)}^{f(\alpha)} |y|\, dx = \int_{\beta}^{\alpha} |g(t)|\, f'(t)\, dt$$

例題 59.1　サイクロイド $x = a(t - \sin t)$, $y = a(1 - \cos t) \, (0 \leqq t \leqq 2\pi)$ と x 軸とで囲まれた図形の面積を求めよ。ただし，a は正の定数とする。

＜解答＞　$\dfrac{dx}{dt} = a(1 - \cos t) \geqq 0$ であるから [1] の場合である。図形の面積を S とすると，$x(0) = 0, x(2\pi) = 2\pi a$ より，

$$\begin{aligned}
S &= \int_0^{2\pi a} |y|\, dx = \int_0^{2\pi} |a(1 - \cos t)|\, a(1 - \cos t)\, dt \\
&= a^2 \int_0^{2\pi} (1 - \cos t)^2\, dt \\
&= a^2 \int_0^{2\pi} (1 - 2\cos t + \cos^2 t)\, dt \\
&= a^2 \left(\int_0^{2\pi} (1 - 2\cos t)\, dt + \int_0^{2\pi} \cos^2 t\, dt \right) \\
&= a^2 \left(\Big[t - 2\sin t \Big]_0^{2\pi} + 4 \int_0^{\frac{\pi}{2}} \cos^2 t\, dt \right) = a^2 \left(2\pi + 4 \cdot \dfrac{1}{2} \cdot \dfrac{\pi}{2} \right) = 3\pi a^2
\end{aligned}$$

例題 59.2　半径 a の円は媒介変数 t によって $x = a\cos t$, $y = a\sin t \, (0 \leqq t \leqq 2\pi)$ と表すことができる。このことを使って，半径 a の円の面積が πa^2 であることを示せ。

＜解答＞　この円は原点中心，半径 a の円で，x 軸，y 軸それぞれについて対称である。よって円の面積は第 1 象限の部分の扇形の面積の 4 倍である。$0 \leqq t \leqq \dfrac{\pi}{2}$ のとき $\dfrac{dx}{dt} = -a\sin t \leqq 0$ であるから [2] の場合である。$x(0) = a$, $x\left(\dfrac{\pi}{2}\right) = 0$ だから，

$$S = 4\int_0^a |y|\, dx = 4\int_{\frac{\pi}{2}}^0 |a\sin t|(-a\sin t)\, dt = 4a^2 \int_0^{\frac{\pi}{2}} \sin^2 t\, dt = 4a^2 \cdot \dfrac{1}{2} \cdot \dfrac{\pi}{2} = \pi a^2$$

ドリル no.59　class　　no　　name

問題 59.1　曲線 $x = t^2 + t$, $y = t^3$ $(0 \leq t \leq 2)$ と x 軸, 直線 $x = 6$ で囲まれた図形の面積を求めよ。

問題 59.2　アステロイド曲線 $x = a\cos^3 t$, $y = a\sin^3 t$ $(0 \leq t \leq 2\pi,\ a > 0)$ で囲まれた図形の面積を求めよ。

問題 59.3　だ円 $\dfrac{x^2}{a^2} + \dfrac{y^2}{b^2} = 1$ は, $x = a\cos t$, $y = b\sin t$ $(0 \leq t \leq 2\pi)$ と媒介変数表示される。これを用いて, だ円の面積を求めよ。

チェック項目	月　日	月　日
曲線と x 軸によって囲まれた図形の面積を, 定積分によって求めることができる。		

60 極座標

極座標, 極座標と直交座標の関係を理解している。

極座標　平面上に点 O と, O を端点とする半直線 OX を定める。平面上の O 以外の点 A に対して

$$r = \mathrm{OA}, \quad \theta = \angle \mathrm{XOA}$$

によって決まる実数の組 (r,θ) を点 A の極座標という。ここで角 θ は半直線 OX を基準として, 動径 OA の表す角を意味するものとする。点 O を極または原点, 半直線 OX を始線という。

極座標と直交座標　極座標 (r,θ) が定められた平面上に, 始線 OX が x 軸の正の部分と一致するように, 直交座標 (x,y) を定めるとき, 点 A の極座標 (r,θ) と直交座標 (x,y) の間には次の関係式が成り立つ。

$$x = r\cos\theta, \quad y = r\sin\theta$$

例題 60.1　極座標が定義された平面に, 次の極座標をもつ点を記入せよ。

(1) $A\left(3, \dfrac{\pi}{2}\right)$ 　　(2) $B\left(4, \dfrac{\pi}{6}\right)$ 　　(3) $C\left(2, \dfrac{5\pi}{3}\right)$

(4) $D\left(5, \dfrac{5\pi}{4}\right)$ 　　(5) $E\left(4, \dfrac{3\pi}{2}\right)$ 　　(6) $F\left(4, \dfrac{5\pi}{6}\right)$

＜解答＞　下図の通り。同心円の半径 r は 1 ごとに, 動径は $\dfrac{\pi}{12}$ ごとに描かれている。

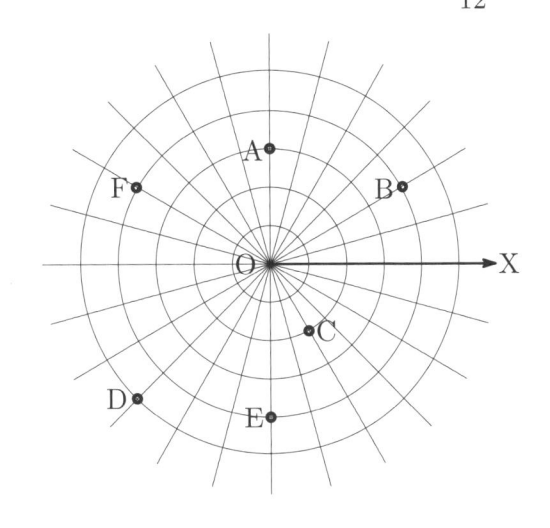

例題 60.2　次の点について, (1) は直交座標, (2) は極座標を求めよ。

(1) $(r,\theta) = \left(3, \dfrac{\pi}{4}\right)$ 　　(2) $(x,y) = (1, \sqrt{3})$

＜解答＞

(1) $x = 3\cos\dfrac{\pi}{4} = \dfrac{3\sqrt{2}}{2}, y = 3\sin\dfrac{\pi}{4} = \dfrac{3\sqrt{2}}{2}$ 　　$\therefore \quad (x,y) = \left(\dfrac{3\sqrt{2}}{2}, \dfrac{3\sqrt{2}}{2}\right)$

(2) $r = \sqrt{1^2 + \sqrt{3}^2} = 2, \theta = \dfrac{\pi}{3}$ 　　$\therefore \quad (r,\theta) = \left(2, \dfrac{\pi}{3}\right)$

ドリル no.60   class   no   name

問題 60.1 次の極座標で表された点を下図に記入せよ。同心円の半径 r は 1 ごとに，動径は $\frac{\pi}{12}$ ごとに描かれている。

(1) $(r, \theta) = (3, 0)$
(2) $(r, \theta) = \left(2, \frac{\pi}{3}\right)$
(3) $(r, \theta) = \left(4, \frac{7\pi}{12}\right)$
(4) $(r, \theta) = (5, \pi)$
(5) $(r, \theta) = \left(1, \frac{3\pi}{2}\right)$
(6) $(r, \theta) = \left(3, \frac{11\pi}{6}\right)$

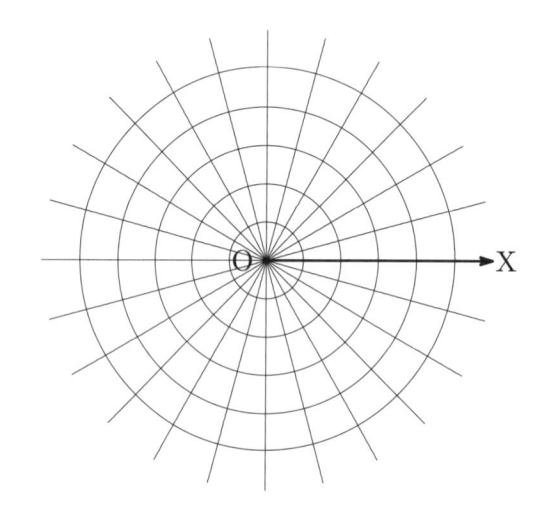

問題 60.2 次の極座標で表された点の直交座標を，直交座標で表された点の極座標を求めよ。

(1) $(r, \theta) = \left(4, \frac{\pi}{3}\right)$
(2) $(r, \theta) = \left(6, \frac{5\pi}{4}\right)$

(3) $(x, y) = (6, -6)$
(4) $(x, y) = (-\sqrt{3}, -3)$

チェック項目	月 日	月 日
極座標，極座標と直交座標の関係を理解している。		

61 極方程式で表される曲線

極方程式について理解している。

極方程式 極座標が定められた平面上に曲線があるとき,曲線上の点 $P(r,\theta)$ が
$$r = f(\theta)$$
を満たしているとき,この関係式を曲線の極方程式という。

例題 61.1 次の極方程式で表される曲線を描け。

(1) $r = 3$ $(0 \leqq \theta \leqq 2\pi)$ (2) $r = \dfrac{1}{2}\theta + 1$ $(0 \leqq \theta \leqq 2\pi)$

<解答> 点 P の原点からの距離 r が,動径の回転につれて変化していく。

(1) 回転しても原点からの距離 r が一定値 3 に等しいので,原点を中心とする半径 3 の円を描く。$0 \leqq \theta \leqq 2\pi$ は動径が 1 回転することを意味している。

(2) 動径が $\theta = 0$ の位置から $\theta = 2\pi$ まで回転するとき,原点からの距離 r は 1 から $1+\pi$ まで増加していく。これは回転とともに原点から遠ざかっていくことを意味し,表す曲線は渦巻きとなる。

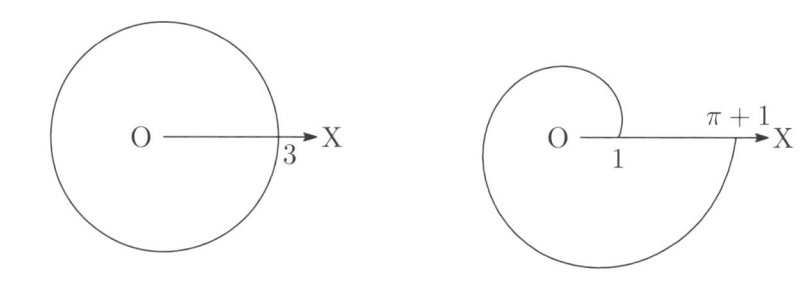

例題 61.2 次の曲線の極方程式を求めよ。

(1) $(r,\theta) = \left(3, \dfrac{\pi}{2}\right)$ を中心として,原点を通る円

(2) $(r,\theta) = (2,0)$ を通り,始線 OX に直交する直線

<解答> 曲線上に点 $P(r,\theta)$ をとり,θ を用いて r を表す。θ の範囲にも注意が必要である。

(1) $0 \leqq \theta \leqq \pi$ である。直角三角形 OPA で,$\angle OAP = \angle POX$ に注意すると $r = 6\sin\theta$ が成り立つ。

(2) この場合は $-\dfrac{\pi}{2} < \theta < \dfrac{\pi}{2}$ に選ぶ。直角三角形 OPA で,$r\cos\theta = 2$ が成り立つから,$r = \dfrac{2}{\cos\theta}$ となる。

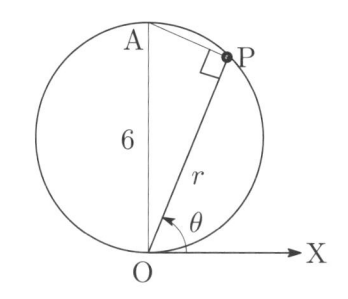

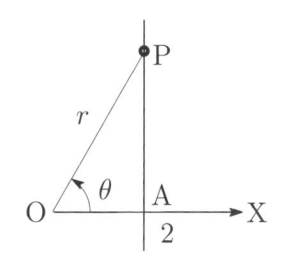

121

ドリル no.61　　class　　　no　　　name

問題 61.1　次の極方程式で表される曲線を描け。ただし $0 \leqq \theta \leqq 2\pi$ とする。

(1)　$r = 2\pi - \theta$
(2)　$r = 1 + \cos\theta$

問題 61.2　次の曲線の極方程式を求めよ。

(1)　$(r, \theta) = (5, 0)$ を中心として, 原点を通る円

(2)　$(r, \theta) = \left(1, \dfrac{\pi}{2}\right)$ を通り, 始線 OX と平行な直線

チェック項目	月　日	月　日
極方程式について理解している。		

62 図形の面積 (3)

極方程式を使って表された図形の面積を，定積分によって求めることができる。

極座標と図形の面積　曲線 $r = f(\theta)$ $(\alpha \leqq \theta \leqq \beta)$ と 2 つの半直線 $\theta = \alpha$, $\theta = \beta$ で囲まれた図形の面積 S は
$$S = \frac{1}{2}\int_\alpha^\beta r^2\, d\theta = \frac{1}{2}\int_\alpha^\beta \{f(\theta)\}^2\, d\theta$$
で与えられる。

例題 62.1　曲線 $r = \theta$ $(0 \leqq \theta \leqq 2\pi)$ と x 軸の正の部分で囲まれた図形の面積を求めよ。

＜解答＞　$S = \dfrac{1}{2}\int_0^{2\pi} \theta^2\, d\theta = \dfrac{1}{2}\left[\dfrac{\theta^3}{3}\right]_0^{2\pi} = \dfrac{1}{6}\{(2\pi)^3 - 0^3\} = \dfrac{4\pi^3}{3}$

例題 62.2　a を正の定数とするとき，曲線 $r = a\sin 2\theta$ $\left(0 \leqq \theta \leqq \dfrac{\pi}{2}\right)$ で囲まれた図形の面積を求めよ。

＜解答＞　公式 $\sin^2 \alpha = \dfrac{1 - \cos 2\alpha}{2}$ を使う。

$$\begin{aligned}
S &= \frac{1}{2}\int_0^{\frac{\pi}{2}} (a\sin 2\theta)^2\, d\theta \\
&= \frac{1}{2}a^2 \int_0^{\frac{\pi}{2}} \sin^2 2\theta\, d\theta \\
&= \frac{1}{2}a^2 \int_0^{\frac{\pi}{2}} \frac{1 - \cos 4\theta}{2}\, d\theta \\
&= \frac{1}{4}a^2 \left[\theta - \frac{1}{4}\sin 4\theta\right]_0^{\frac{\pi}{2}} = \frac{1}{8}\pi a^2
\end{aligned}$$

例題 62.3　a を正の定数とするとき，曲線 $r = a(1 + \cos\theta)$ $(0 \leqq \theta \leqq 2\pi)$ で囲まれた図形の面積を求めよ。この曲線をカージオイドという。

＜解答＞　公式 $\cos^2 \alpha = \dfrac{1 + \cos 2\alpha}{2}$ を使う。

$$\begin{aligned}
S &= \frac{1}{2}\int_0^{2\pi} (a(1 + \cos\theta))^2\, d\theta \\
&= \frac{a^2}{2}\int_0^{2\pi} (1 + 2\cos\theta + \cos^2\theta)\, d\theta \\
&= \frac{a^2}{2}\int_0^{2\pi} \left(1 + 2\cos\theta + \frac{1 + \cos 2\theta}{2}\right) d\theta \\
&= \frac{a^2}{2}\left[\frac{3}{2}\theta + 2\sin\theta + \frac{1}{4}\sin 2\theta\right]_0^{2\pi} = \frac{3\pi a^2}{2}
\end{aligned}$$

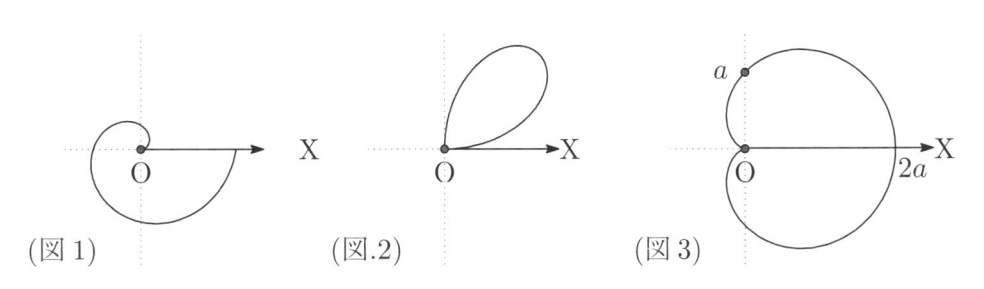

(図 1)　(図.2)　(図 3)

ドリル no.62　　class　　　no　　　name

問題 62.1 次の図形の面積を求めよ。ただし, $a > 0$ とする。

(1) 曲線 $r = 1 + \theta$ $(0 \leqq \theta \leqq 2\pi)$ と x 軸の正の部分で囲まれた図形

(2) 曲線 $r = 2a\sin 3\theta$ $\left(0 \leqq \theta \leqq \dfrac{\pi}{3}\right)$ で囲まれた図形

(3) 曲線 $r = a(2 + \cos\theta)$ $(0 \leqq \theta \leqq 2\pi)$ で囲まれた図形

チェック項目	月　日	月　日
極方程式を使って表された図形の面積を, 定積分によって求めることができる。		

63 曲線の長さ (1)

$y = f(x)$ で表された曲線の長さを，定積分を用いて求めることができる。

関数のグラフの長さ　$y = f(x)$ $(a \leq x \leq b)$ で表された曲線の長さ L は次の式で与えられる。

$$L = \int_a^b \sqrt{1 + \left(\frac{dy}{dx}\right)^2} dx = \int_a^b \sqrt{1 + (y')^2} dx$$

この項目では次の公式を使う。

$$\int \sqrt{x^2 + A}\, dx = \frac{1}{2}\left(x\sqrt{x^2 + A} + A \log\left|x + \sqrt{x^2 + A}\right|\right) + C$$

例題 63.1　曲線 $y = \dfrac{e^x + e^{-x}}{2}$ $(0 \leq x \leq 2)$ の長さを求めよ。

＜解答＞　$y' = \dfrac{e^x - e^{-x}}{2}$ より，

$$1 + (y')^2 = 1 + \left(\frac{e^x - e^{-x}}{2}\right)^2 = \frac{4 + e^{2x} - 2 + e^{-2x}}{4} = \frac{e^{2x} + 2 + e^{-2x}}{4} = \left(\frac{e^x + e^{-x}}{2}\right)^2$$

であるから，

$$L = \int_0^2 \frac{e^x + e^{-x}}{2} dx = \left[\frac{e^x - e^{-x}}{2}\right]_0^2 = \frac{e^2 - e^{-2}}{2}$$

例題 63.2　曲線 $y = \dfrac{1}{2}x^2$ $(0 \leq x \leq 1)$ の長さを求めよ。

＜解答＞　$y' = x$ より，$1 + (y')^2 = 1 + x^2$ であるから，

$$L = \int_0^1 \sqrt{1 + x^2}\, dx = \left[\frac{1}{2}\left(x\sqrt{1 + x^2} + \log\left|x + \sqrt{1 + x^2}\right|\right)\right]_0^1 = \frac{1}{2}\left(\sqrt{2} + \log\left(1 + \sqrt{2}\right)\right)$$

例題 63.3　円弧 $y = \sqrt{4 - x^2}$ $(1 \leq x \leq 2)$ の長さを，定積分を用いて求めよ。

＜解答＞　$y' = \dfrac{-x}{\sqrt{4 - x^2}}$ より，

$$1 + (y')^2 = 1 + \frac{x^2}{4 - x^2} = \frac{4}{4 - x^2}$$

であるから，

$$L = \int_1^2 \frac{2}{\sqrt{4 - x^2}} dx = \left[2 \sin^{-1} \frac{x}{2}\right]_1^2 = 2 \cdot \frac{\pi}{2} - 2 \cdot \frac{\pi}{6} = \frac{2\pi}{3}$$

ドリル no.63　class　　　no　　　name

問題 63.1　曲線 $y = \dfrac{1}{4}x^2 - \dfrac{\log x}{2}$ $(1 \leqq x \leqq 2)$ の長さを求めよ。

問題 63.2　放物線 $y = x^2$ $(0 \leqq x \leqq 2)$ の長さを求めよ。

問題 63.3　円弧 $y = \sqrt{16 - x^2}$ $(0 \leqq x \leqq 2\sqrt{2})$ の長さを求めよ。

チェック項目	月　日	月　日
$y = f(x)$ で表された曲線の長さを, 定積分を用いて求めることができる。		

64 曲線の長さ (2)

媒介変数表示された曲線の長さを, 定積分を用いて求めることができる。

媒介変数表示の曲線の長さ 媒介変数表示
$$x = f(t), \quad y = g(t) \quad (\alpha \leqq t \leqq \beta)$$
で表された曲線の長さ L は次の式で与えられる。
$$L = \int_\alpha^\beta \sqrt{\left(\frac{dx}{dt}\right)^2 + \left(\frac{dy}{dt}\right)^2}\,dt = \int_\alpha^\beta \sqrt{(f'(t))^2 + (g'(t))^2}\,dt$$

例題 64.1 a を正の定数とするとき, 曲線 $x = a\cos t,\ y = a\sin t\ \left(\dfrac{\pi}{3} \leqq t \leqq \dfrac{2\pi}{3}\right)$ の長さを求めよ。

＜解答＞ $\dfrac{dx}{dt} = -a\sin t,\ \dfrac{dy}{dt} = a\cos t$ より
$$\left(\frac{dx}{dt}\right)^2 + \left(\frac{dy}{dt}\right)^2 = (-a\sin t)^2 + (a\cos t)^2 = a^2$$
であるから,
$$L = \int_{\frac{\pi}{3}}^{\frac{2\pi}{3}} \sqrt{a^2}\,dt = a\int_{\frac{\pi}{3}}^{\frac{2\pi}{3}} dt = a\,[t]_{\frac{\pi}{3}}^{\frac{2\pi}{3}} = a\left(\frac{2\pi}{3} - \frac{\pi}{3}\right) = \frac{\pi}{3}a$$

例題 64.2 a を正の定数とするとき, 次の曲線 (サイクロイド) の長さを求めよ。

$$x = a(t - \sin t), \quad y = a(1 - \cos t)$$
$$(0 \leqq t \leqq 2\pi)$$

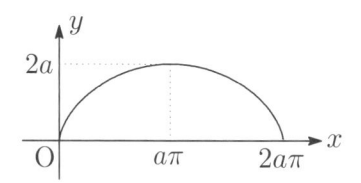

＜解答＞ $\dfrac{dx}{dt} = a(1 - \cos t),\ \dfrac{dy}{dt} = a\sin t$ より
$$\left(\frac{dx}{dt}\right)^2 + \left(\frac{dy}{dt}\right)^2 = (a(1-\cos t))^2 + (a\sin t)^2$$
$$= a^2(1 - 2\cos t + \cos^2 t) + a^2\sin^2 t$$
$$= a^2(1 - 2\cos t + \cos^2 t + \sin^2 t)$$
$$= 2a^2(1 - \cos t) = 4a^2\sin^2\frac{t}{2} = \left(2a\sin\frac{t}{2}\right)^2$$

ここで, $0 \leqq t \leqq 2\pi$ より $0 \leqq \dfrac{t}{2} \leqq \pi$ なので $\sin\dfrac{t}{2} \geqq 0$ となることと, 条件から $a > 0$ であることに注意すると, $2a\sin\dfrac{t}{2} \geqq 0$ となるので
$$L = \int_0^{2\pi} \sqrt{\left(2a\sin\frac{t}{2}\right)^2}\,dt = \int_0^{2\pi} 2a\sin\frac{t}{2}\,dt = 2a\left[-2\cos\frac{t}{2}\right]_0^{2\pi} = -4a(\cos\pi - \cos 0) = 8a$$

ドリル **no.64**　　class　　　no　　　　name

問題 64.1　次の媒介変数表示の曲線の長さ L を求めよ。ただし，a は正の定数とする。

(1) $x = a\cos t, \quad y = a\sin t \quad (\dfrac{\pi}{4} \leq t \leq \dfrac{3\pi}{4})$

(2) $x = a(t+\sin t), \quad y = a(-1+\cos t) \quad (0 \leq t \leq \pi)$

チェック項目	月　日	月　日
媒介変数表示された曲線の長さを，定積分を用いて求めることができる。		

65 曲線の長さ (3)

極方程式で表された曲線の長さを，定積分を用いて求めることができる。

極方程式で表わされた曲線の長さ　極方程式
$$r = f(\theta) \qquad (\alpha \leqq \theta \leqq \beta)$$
で表された曲線の長さ L は次の式で与えられる。
$$L = \int_\alpha^\beta \sqrt{r^2 + \left(\frac{dr}{d\theta}\right)^2}\, d\theta = \int_\alpha^\beta \sqrt{(f(\theta))^2 + (f'(\theta))^2}\, d\theta$$

例題 65.1　a を正の定数とするとき，次の極方程式で表された曲線 (カージオイド) の長さ L を求めよ。
$$r = a(1 + \cos\theta) \qquad (0 \leqq \theta \leqq 2\pi)$$

＜解答＞
$$\begin{aligned}
r^2 + \left(\frac{dr}{d\theta}\right)^2 &= (a(1+\cos\theta))^2 + (-a\sin\theta)^2 \\
&= a^2(1 + 2\cos\theta + \cos^2\theta + \sin^2\theta) \\
&= 2a^2(1+\cos\theta) = 4a^2\cos^2\frac{\theta}{2} = \left(2a\cos\frac{\theta}{2}\right)^2
\end{aligned}$$

$0 \leqq \theta \leqq \pi$ のときは $\cos\frac{\theta}{2} \geqq 0$ で，$\pi \leqq \theta \leqq 2\pi$ のときは $\cos\frac{\theta}{2} \leqq 0$ であることに注意すると，

$$\begin{aligned}
L &= \int_0^{2\pi} \sqrt{\left(2a\cos\frac{\theta}{2}\right)^2}\, d\theta = 2a\int_0^{2\pi} \left|\cos\frac{\theta}{2}\right| d\theta \\
&= 2a\int_0^\pi \cos\frac{\theta}{2}\, d\theta + 2a\int_\pi^{2\pi} \left(-\cos\frac{\theta}{2}\right) d\theta \\
&= 2a\left[2\sin\frac{\theta}{2}\right]_0^\pi - 2a\left[2\sin\frac{\theta}{2}\right]_\pi^{2\pi} \\
&= 4a + 4a = 8a
\end{aligned}$$

例題 65.2　次の極方程式で表された曲線の長さ L を求めよ。
$$r = \sin^4\frac{\theta}{4} \qquad (0 \leqq \theta \leqq 4\pi)$$

＜解答＞　$r^2 + \left(\frac{dr}{d\theta}\right)^2 = \left(\sin^4\frac{\theta}{4}\right)^2 + \left(\sin^3\frac{\theta}{4}\cos\frac{\theta}{4}\right)^2 = \sin^6\frac{\theta}{4}\left(\sin^2\frac{\theta}{4}+\cos^2\frac{\theta}{4}\right) = \sin^6\frac{\theta}{4}$

である。$0 \leqq \theta \leqq 4\pi$ で $\sin\frac{\theta}{4} \geqq 0$ であるから，$\sqrt{r^2 + \left(\frac{dr}{d\theta}\right)^2} = \sin^3\frac{\theta}{4}$ となる。したがって

$$L = \int_0^{4\pi} \sin^3\frac{\theta}{4}\, d\theta = 4\int_0^\pi \sin^3 t\, dt = 8\int_0^{\frac{\pi}{2}} \sin^3 t\, dt = \frac{16}{3}$$

ドリル **no.65**　class　　　no　　　　name

問題 65.1　a を正の定数とするとき，次の極方程式で表された曲線の長さ L を求めよ。

$$r = a(1 - \cos\theta) \quad (0 \leqq \theta \leqq 2\pi)$$

問題 65.2　次の極方程式で表された曲線の長さ L を求めよ。

$$r = \sin^3 \frac{\theta}{3} \quad (0 \leqq \theta \leqq 3\pi)$$

チェック項目	月　日	月　日
極方程式で表された曲線の長さを，定積分を用いて求めることができる。		

66　立体の体積

断面積を積分することによって立体の体積を求めることができる。

立体の体積　立体を x 軸に垂直な平面で切ったときの断面積を $S(x)$ とするとき，この立体の 2 平面 $x=a, x=b$ の間の部分の体積 V は次式で与えられる。
$$V = \int_a^b S(x)\,dx$$

例題 66.1　底面の半径が r の直円柱がある。この円柱を，底面の直径 AB を通り底面と $60°$ の角をなす平面で切るとき，底面と平面の間の部分の体積 V を求めよ。

<解答>　底面の中心を原点とし，直径 AB を含むように x 軸をとる (下図左)。x 軸に垂直な平面で円柱を切ったとき，切り口は底辺の長さ $\sqrt{r^2-x^2}$，底面の長さと高さの比は $1:\sqrt{3}$ であるから，高さ $\sqrt{3}\sqrt{r^2-x^2}$ の直角三角形となる。よって，切り口の面積 $S(x)$ は
$$S(x) = \frac{1}{2} \cdot \sqrt{r^2-x^2} \cdot \sqrt{3}\sqrt{r^2-x^2} = \frac{\sqrt{3}}{2}(r^2-x^2)$$

となる。$-r \leqq x \leqq r$ であるから，求める体積 V は
$$V = \int_{-r}^{r} \frac{\sqrt{3}}{2}(r^2-x^2)dx = \sqrt{3}\int_0^r (r^2-x^2)dx = \sqrt{3}\left[r^2 x - \frac{1}{3}x^3\right]_0^r = \frac{2\sqrt{3}}{3}r^3$$

(別解)　底面の中心を原点にとるが，直径 AB に直交するように x 軸をとる (下図右)。x 軸に垂直な平面で円柱を切ったときの切り口は，底辺の長さ $2\sqrt{r^2-x^2}$，高さ $\sqrt{3}x$ の長方形である。よって，切り口の面積 $S(x)$ は
$$S(x) = 2\sqrt{r^2-x^2} \cdot \sqrt{3}x = 2\sqrt{3}x\sqrt{r^2-x^2}$$

となる。$0 \leqq x \leqq r$ であるから，求める体積 V は
$$V = \int_0^r 2\sqrt{3}x\sqrt{r^2-x^2}\,dx = \left[-\frac{2\sqrt{3}}{3}(r^2-x^2)^{\frac{3}{2}}\right]_0^r = \frac{2\sqrt{3}}{3}r^3$$

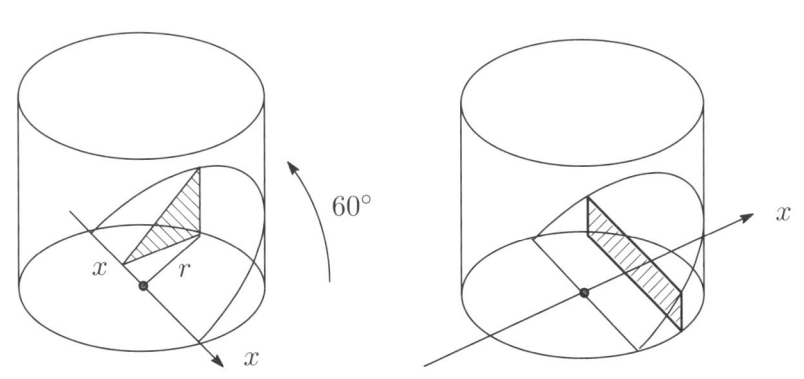

ドリル no.66　　class　　　no　　　name

問題 66.1　底面の半径が r の直円柱がある。この円柱を, 底面の直径 AB を通り底面と θ の角をなす平面で切るとき, 底面と平面の間の部分の立体を D とおく。次の問に答えよ。

(1) $\theta = 45°$ とする。立体 D を直径 AB に垂直な平面で切った切り口の断面積を積分することによって, D の体積 V を求めよ。（例題の解答 1 を参考にせよ。）

(2) $\theta = 30°$ とする。立体 D を直径 AB に並行で底面に垂直な平面で切った切り口の断面積を積分することによって, D の体積 V を求めよ（例題の解答 2 を参考にせよ。）

チェック項目　　　　　　　　　　　　　　　　　　　　月　日　月　日

断面積を積分することによって立体の体積を求めることができる。		

67 回転体の体積 (1)

定積分を用いて回転体の体積を求めることができる。

回転体の体積 曲線 $y = f(x)$ $(a \leq x \leq b)$ と直線 $x = a, x = b,$ および x 軸とで囲まれた図形を x 軸のまわりに回転してできる回転体の体積 V は次式で与えられる。
$$V = \int_a^b \pi y^2 \, dx = \pi \int_a^b (f(x))^2 \, dx$$

例題 67.1 次の図形を x 軸のまわりに回転してできる回転体の体積 V を求めよ。

(1) 曲線 $y = 1 - x^2$ と x 軸とで囲まれた図形

(2) 曲線 $y = \cos x$ $\left(0 \leq x \leq \dfrac{\pi}{2}\right)$ と両座標軸とで囲まれた図形

(3) 楕円 $\dfrac{x^2}{9} + \dfrac{y^2}{4} = 1$

＜解答＞

(1) $V = \pi \int_{-1}^1 (1-x^2)^2 dx = 2\pi \int_0^1 (1 - 2x^2 + x^4) dx = 2\pi \left[x - \dfrac{2}{3}x^3 + \dfrac{x^5}{5} \right]_0^1 = \dfrac{16}{15}\pi$

(2) $V = \pi \int_0^{\frac{\pi}{2}} \cos^2 x \, dx = \pi \cdot \dfrac{1}{2} \cdot \dfrac{\pi}{2} = \dfrac{\pi^2}{4}$

(3) $y^2 = 4 - \dfrac{4x^2}{9}$ であるから，
$$V = \pi \int_{-3}^3 \left(4 - \dfrac{4x^2}{9}\right) dx = 2\pi \int_0^3 \left(4 - \dfrac{4x^2}{9}\right) dx = 2\pi \left[4x - \dfrac{4x^3}{27} \right]_0^3 = 16\pi$$

例題 67.2 曲線 $y = \sqrt{x}$ と直線 $y = \dfrac{1}{2}x$ とで囲まれた図形を，x 軸のまわりに回転してできる回転体の体積 V を求めよ。

＜解答＞ $\dfrac{1}{2}x = \sqrt{x}$ とおくと，$x^2 - 4x = 0$ から $x = 0, 4$ が得られる。また $0 \leq x \leq 4$ では $\dfrac{1}{2}x \leq \sqrt{x}$ である。求める回転体は，大きな回転体から小さな回転体を取り除いて得られるから，

$$\begin{aligned}
V &= \pi \int_0^4 (\sqrt{x})^2 dx - \pi \int_0^4 \left(\dfrac{1}{2}x\right)^2 dx \\
&= \pi \int_0^4 \left(x - \dfrac{1}{4}x^2\right) dx \\
&= \pi \left[\dfrac{x^2}{2} - \dfrac{x^3}{12} \right]_0^4 = \dfrac{8\pi}{3}
\end{aligned}$$

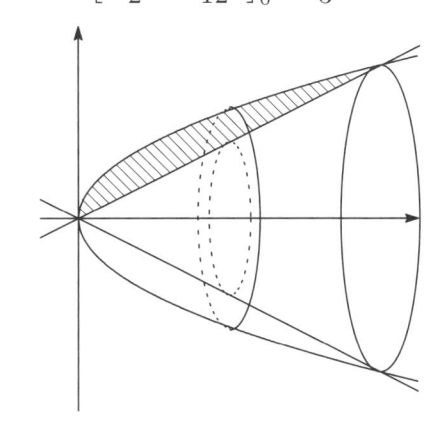

ドリル **no.67**　class　　　no　　　name

問題 67.1 次の図形を x 軸のまわりに回転してできる回転体の体積を求めよ。

(1) 曲線 $y = \dfrac{1}{x}$ と x 軸および 2 直線 $x = 1$, $x = 2$ とで囲まれた図形

(2) 曲線 $y = \tan x \left(0 \leqq x \leqq \dfrac{\pi}{4}\right)$ と x 軸および直線 $x = \dfrac{\pi}{4}$ とで囲まれた図形

(3) 楕円 $\dfrac{x^2}{16} + \dfrac{y^2}{9} = 1$

問題 67.2 曲線 $y = 4x - x^2$ と直線 $y = x$ とで囲まれた図形を x 軸のまわりに回転してできる回転体の体積を求めよ。

チェック項目	月　日	月　日
定積分を用いて回転体の体積を求めることができる。		

68 回転体の体積 (2)

> 媒介変数についての定積分を用いて，回転体の体積を求めることができる。

曲線の媒介変数表示と回転体の体積 曲線 $x = f(t), y = g(t)$ $(\alpha \leq t \leq \beta)$ と x 軸，および 2 直線 $x = f(\alpha), x = f(\beta)$ で囲まれた図形を x 軸のまわりに回転してできる回転体の体積 V は次の式で与えられる。
$$V = \pi \int_\alpha^\beta y^2 \left|\frac{dx}{dt}\right| dt$$

例題 68.1 曲線 $x = t^2, y = t^3$ $(0 \leq t \leq 2)$ と直線 $x = 4$ および x 軸とで囲まれた図形を x 軸のまわりに回転してできる回転体の体積 V を求めよ。

<解答> $\frac{dx}{dt} = 2t$ で，$0 \leq t \leq 2$ では，$\left|\frac{dx}{dt}\right| = 2t$ であるから，

$$V = \pi \int_0^2 (t^3)^2 \cdot 2t\, dt = 2\pi \int_0^2 t^7 dt = 2\pi \left[\frac{t^8}{8}\right]_0^2 = 64\pi$$

例題 68.2 曲線 $x = t - 1, y = -t^2 + 4t$ $(1 \leq t \leq 3)$ と直線 $x = 2$ および x 軸，y 軸とで囲まれた図形を x 軸のまわりに回転してできる回転体の体積 V を求めよ。

<解答> $\frac{dx}{dt} = 1$ で，$\left|\frac{dx}{dt}\right| = 1$ であるから，

$$V = \int_1^3 \pi(-t^2 + 4t)^2 dt = \pi \int_1^3 (t^4 - 8t^3 + 16t^2) dt = \pi \left[\frac{1}{5}t^5 - 2t^4 + \frac{16}{3}t^3\right]_1^3 = \frac{406}{15}\pi$$

例題 68.3 楕円 $x = 3\cos t, y = 2\sin t$ $(0 \leq t \leq 2\pi)$ を x 軸のまわりに回転してできる回転体の体積 V を求めよ。

<解答> 楕円の上半分（$0 \leq t \leq \pi$ に対応する部分）と x 軸によって囲まれた図形を x 軸のまわりに回転してできる回転体の体積を求めればよい。$\frac{dx}{dt} = -3\sin t$ で，$0 \leq t \leq \pi$ では $\left|\frac{dx}{dt}\right| = 3\sin t$ であるから，

$$\begin{aligned}V &= \pi \int_0^\pi (2\sin t)^2 \cdot (3\sin t)\, dt \\ &= 12\pi \int_0^\pi \sin^3 t\, dt = 12\pi \cdot 2 \int_0^{\frac{\pi}{2}} \sin^3 t\, dt = 24\pi \cdot \frac{2}{3} = 16\pi\end{aligned}$$

ドリル **no.68**　class　　　no　　　name

問題 68.1　曲線 $x = 3t^2, y = 6t \ (0 \leq t \leq 1)$ と直線 $x = 3$, および x 軸で囲まれた図形を x 軸のまわりに回転してできる回転体の体積 V を求めよ。

問題 68.2　曲線 $x = \dfrac{1}{3}t^3, y = t^2 + 1 \ (0 \leq t \leq 1)$ と直線 $x = \dfrac{1}{3}$, および両座標軸で囲まれた図形を x 軸のまわりに回転してできる回転体の体積 V を求めよ。

問題 68.3　楕円 $x = 4\cos t, y = 3\sin t \ (0 \leq t \leq 2\pi)$ を x 軸のまわりに回転してできる回転体の体積 V を求めよ。

チェック項目	月　日	月　日
媒介変数についての定積分を用いて, 回転体の体積を求めることができる。		

69　回転体の側面積

定積分を用いて回転体の側面積を求めることができる。

回転体の側面積　関数 $y=f(x)$ は $a \leqq x \leqq b$ で $f(x) \geqq 0$ とする。このとき，曲線 $y=f(x)$ $(a \leqq x \leqq b)$ を x 軸のまわりに回転してできる回転体の側面積 S は次の式で与えられる。

$$S = \int_a^b 2\pi y \sqrt{1+\left(\frac{dy}{dx}\right)^2}\,dx = 2\pi \int_a^b f(x)\sqrt{1+(f'(x))^2}\,dx$$

例題 69.1　底面の半径が $1\,[\text{cm}]$ で高さが $2\,[\text{cm}]$ の直円錐の側面積 $S\,[\text{cm}^2]$ を求めよ。

＜解答＞　題意の側面は，関数のグラフ

$$y = 1 - \frac{1}{2}x \quad (0 \leqq x \leqq 2)$$

を x 軸のまわりに回転することによって得られる。$y' = -\frac{1}{2}$ より，

$$\begin{aligned}
S &= 2\pi \int_0^2 \left(1-\frac{1}{2}x\right)\sqrt{1+\left(-\frac{1}{2}\right)^2}\,dx \\
&= \sqrt{5}\pi \int_0^2 \left(1-\frac{1}{2}x\right)dx \\
&= \sqrt{5}\pi \cdot (-2)\left[\frac{1}{2}\left(1-\frac{1}{2}x\right)^2\right]_0^2 \\
&= \sqrt{5}\pi \; [\text{cm}^2]
\end{aligned}$$

例題 69.2　半径 a の円 $x^2+y^2=a^2$ を x 軸のまわりに回転してできる回転体（球）の側面積 S を求めよ。

＜解答＞　球を，上半円（円の $y \geqq 0$ の部分）を x 軸のまわりに回転してできた回転体と考える。上半円の方程式は $y=\sqrt{a^2-x^2}$ であるから，$\dfrac{dy}{dx} = -\dfrac{x}{\sqrt{a^2-x^2}}$ より，

$$1+\left(\frac{dy}{dx}\right)^2 = 1+\left(-\frac{x}{\sqrt{a^2-x^2}}\right)^2 = 1+\frac{x^2}{a^2-x^2} = \frac{a^2}{a^2-x^2}$$

よって，

$$\begin{aligned}
S &= 2\pi \int_{-a}^a \sqrt{a^2-x^2}\sqrt{\frac{a^2}{a^2-x^2}}\;dx \\
&= 2\pi a \int_{-a}^a dx = 2\pi a \Big[\,x\,\Big]_{-a}^a = 4\pi a^2
\end{aligned}$$

ドリル no.69　　class　　　no　　　name

問題 69.1　a と h を正の定数とするとき，次の曲線を x 軸のまわりに回転してできる回転体の側面積 S を求めよ。

(1) $y = 2 - \dfrac{2}{3}x \quad (0 \leqq x \leqq 3)$

(2) $y = \sin x \quad (0 \leqq x \leqq \pi)$

問題 69.2　曲線 $y = \sqrt{x^2 - 2} \quad (\sqrt{2} \leqq x \leqq 3)$ を，x 軸のまわりに回転してできる回転体の側面積 S を求めよ。

チェック項目	月　日	月　日
定積分を用いて回転体の側面積を求めることができる。		

70 速度と加速度 (1)

位置, 速度, 加速度の関係を理解し, 微分法によってこれらを求めることができる。

速度, 加速度と導関数 数直線上を運動する物体の時刻 t における位置, 速度, 加速度をそれぞれ $x(t), v(t), \alpha(t)$ とする。このとき, 次の式が成り立つ。

[1] $\quad v(t) = \dfrac{dx}{dt}$

[2] $\quad \alpha(t) = \dfrac{dv}{dt} = \dfrac{d^2x}{dt^2}$

例題 70.1 地上から初速 20 [m/s] で真上に投げ上げられた物体の t 秒後の高さ $h(t)$ [m] は
$$h(t) = -5t^2 + 20t$$
で表されるという。このとき, 次のものを求めよ。

(1) この物体の t 秒後の速度 $v(t)$ と加速度 $\alpha(t)$

(2) この物体が最高点に達するまでの時間とその高さ

(3) この物体が地上に落下するまでの時間とそのときの物体の速度

＜解答＞

(1) $v(t) = \dfrac{dh}{dt} = -10t + 20\,[\text{m/s}], \quad \alpha(t) = \dfrac{dv}{dt} = -10\,[\text{m/s}^2]$

(2) 最高点に達するのは速度が 0 [m/s] のときであるから, 求める時間は $v(t)=0$ より $t=2$ である。このときの物体の高さは, $h(2) = 20$ [m] となる。

(3) 物体が地上に落下するのは $h(t)=0$ のときであるから, $-5t^2 + 20t = 0$ より, $t = 0, 4$ が得られる。$t > 0$ だから, 落下するのは 4 秒後となる。このときの速度は, $v(4) = -20$ [m/s] である。

例題 70.2 質量 m [kg] のおもりが, ばね定数 k のばねにつながれて振動している。そのとき, 時刻 t におけるおもりの位置 $x(t)$ は
$$x(t) = \sin\sqrt{\dfrac{k}{m}}\,t - \cos\sqrt{\dfrac{k}{m}}\,t$$
で与えられるという。次の問に答えよ。

(1) 時刻 t におけるおもりの速度 $v(t)$ を求めよ。

(2) 時刻 t におけるおもりの加速度 $\alpha(t)$ を求めよ。

(3) 等式 $m\alpha(t) = -kx(t)$ が成り立つことを確かめよ。

＜解答＞

(1) $v(t) = \dfrac{dx}{dt} = \sqrt{\dfrac{k}{m}}\cos\sqrt{\dfrac{k}{m}}\,t + \sqrt{\dfrac{k}{m}}\sin\sqrt{\dfrac{k}{m}}\,t$

(2) $\alpha(t) = \dfrac{dv}{dt} = -\dfrac{k}{m}\sin\sqrt{\dfrac{k}{m}}\,t + \dfrac{k}{m}\cos\sqrt{\dfrac{k}{m}}\,t$

(3) $m\alpha(t) = -k\sin\sqrt{\dfrac{k}{m}}\,t + k\cos\sqrt{\dfrac{k}{m}}\,t = -k\left(\sin\sqrt{\dfrac{k}{m}}\,t - \cos\sqrt{\dfrac{k}{m}}\,t\right) = -kx(t)$

ドリル **no.70**　class　　　no　　　name

問題 70.1　地上 5 [m] のところから初速 10 [m/s] で真上に投げ上げられた物体の t 秒後の高さ $h(t)$ [m] は
$$h(t) = -5t^2 + 10t + 5$$
で表されるという。このとき，次のものを求めよ。

(1) この物体の t 秒後の速度 $v(t)$ と加速度 $\alpha(t)$

(2) この物体が最高点に達するまでの時間とその高さ

(3) この物体が地上に落下するまでの時間とそのときの物体の速度

問題 70.2　おもりがばねにつながれて，速度に比例する抵抗を受けて振動している。そのとき，時刻 t におけるおもりの位置 $x(t)$ が
$$x(t) = e^{-\lambda t}\sin\omega t$$
で与えられるという。ただし，λ と ω は正の定数である。次の問に答えよ。

(1) 時刻 t におけるおもりの速度 $v(t)$ を求めよ。

(2) 時刻 t におけるおもりの加速度 $\alpha(t)$ を求めよ。

(3) 等式 $\dfrac{d^2x}{dt^2} + 2\lambda\dfrac{dx}{dt} + (\lambda^2 + \omega^2)x = 0$ が成り立つことを確かめよ。

チェック項目　　　　　　　　　　　　　　　　　月　日　月　日

位置, 速度, 加速度の関係を理解し, これらを求めることができる。

71　速度と加速度 (2)

> 位置, 速度, 加速度の関係を理解し, 積分法によってこれらを求めることができる。

位置, 速度と定積分　数直線上を運動する物体の時刻 t における位置, 速度, 加速度をそれぞれ $x(t), v(t), \alpha(t)$ とする。また, 時刻 t_0 における物体の位置, 速度をそれぞれ x_0, v_0 とする。このとき, 次の式が成り立つ。

[1]　$x(t) = x_0 + \int_{t_0}^{t} v(s) ds$

[2]　$v(t) = v_0 + \int_{t_0}^{t} \alpha(s) ds$

例題 71.1　おもりをばねにつなぎ, 滑らかな平面の上で直線運動をさせる。時刻 t におけるおもりの加速度が $\alpha(t) = 10 \sin 2t \ [\text{m/s}^2]$ で, $t = 0$ のときのおもりの位置と速度をそれぞれ $15 \ [\text{m}], -5 \ [\text{m/s}]$ とする。このとき, 次を求めよ。

(1) おもりの時刻 t における速度 $v(t)$

(2) おもりの時刻 t における位置 $x(t)$

＜解答＞

(1)　$v(t) = -5 + \int_0^t 10 \sin 2s \, ds = -5 + \left[-5 \cos 2s \right]_0^t = -5 \cos 2t \ [\text{m/s}]$

(2)　$x(t) = 15 + \int_0^t (-5 \cos 2s) \, ds = 15 + \left[-\frac{5}{2} \sin 2s \right]_0^t = 15 - \frac{5}{2} \sin 2t \ [\text{m}]$

例題 71.2　地表面の近くでは, 質量をもつ物体は下に向かって g の加速度をもつ。ただし, g は重力定数である。高さ $h \ [\text{m}]$ の点から上に向かって $v_0 \ [\text{m/s}]$ の速さでボールを投げたとき, 次を求めよ。

(1) 時刻 t におけるボールの速度 $v(t)$

(2) 時刻 t におけるボールの高さ $x(t)$

＜解答＞

(1) ボールの加速度は上に向かって $-g$ であることに注意する。

$$v(t) = v_0 + \int_0^t (-g) \, ds = v_0 + \left[-gs \right]_0^t = v_0 - gt \ [\text{m/s}]$$

(2)

$$x(t) = h + \int_0^t (v_0 - gs) \, ds = h + \left[v_0 s - \frac{1}{2} g s^2 \right]_0^t = h + v_0 t - \frac{1}{2} g t^2 \ [\text{m}]$$

ドリル no.71　class　　no　　name

問題 71.1　おもりをばねにつなぎ，滑らかな平面の上で直線運動をさせる。時刻 t におけるおもりの加速度が $a(t) = -8\cos 2t$ [m/s²] で，$t = 0$ のときのおもりの位置と速度をそれぞれ 8 [m]，0 [m/s] とする。このとき，次を求めよ。

(1) おもりの時刻 t における速度 $v(t)$

(2) おもりの時刻 t における位置 $x(t)$

問題 71.2　ある物体を高さ h [m] のところから静かに落下させると，物体には速度に比例する空気抵抗が働く。落下を始めてから t 秒後の加速度は下に向かって ge^{-t} [m/s²] であるいう。$t = 0$ のときの物体の速度を 0 [m/s] とする。そのとき次を求めよ。

(1) 時刻 t における物体の速度 $v(t)$ [m/s]

(2) 時刻 t における物体の高さ $x(t)$ [m]

(3) この物体の終端速度 (十分に時間が経ったときの速度)

チェック項目	月　日	月　日
位置，速度，加速度の関係を理解し，積分法によってこれらを求めることができる。		

72　曲面の方程式

$z = f(x,y)$ で表された曲面を理解することができる。

2 変数関数の連続　関数 $f(x,y)$ が領域 D の点 (a,b) において，$\lim_{(x,y)\to(a,b)} f(x,y)$ が存在し，$\lim_{(x,y)\to(a,b)} f(x,y) = f(a,b)$ が成り立つとき，$f(x,y)$ は点 (a,b) において連続であるという。領域 D の任意の点において $f(x,y)$ が連続のとき，$f(x,y)$ は領域 D において連続であるという。

グラフと曲面　点 (x,y) が関数 $z = f(x,y)$ の定義域内を動くとき，点 (x,y,z) の集合は空間内において 1 つの図形を作る。この図形を関数 $z = f(x,y)$ のグラフといい，図形が曲面となるとき曲面 $z = f(x,y)$ という。

例題 72.1　$f(x,y) = \begin{cases} \dfrac{x^3}{x^2+y^2} & ((x,y) \neq (0,0)) \\ 0 & ((x,y) = (0,0)) \end{cases}$ が点 $(0,0)$ において連続であることを示せ。

＜解答＞　$x = r\cos\theta, y = r\sin\theta$ とおくと，$(x,y) \to (0,0)$ のとき $r \to 0$ なので

$$\left| \frac{x^3}{x^2+y^2} \right| = \left| r\cos^3\theta \right| \leq r \to 0 \quad ((x,y) \to (0,0) \text{ のとき})$$

が得られる。したがって，$\lim_{(x,y)\to(0,0)} f(x,y) = 0 = f(0,0)$ が成り立つので，$f(x,y)$ は点 $(0,0)$ において連続である。

例題 72.2　関数 $f(x,y) = \sqrt{25 - x^2 - y^2}$, $g(x,y) = \sqrt{4 - y^2}$ について次の問に答えよ。

(1) $z = f(x,y)$ と $z = g(x,y)$ の定義域と値域を求めよ。

(2) これらの関数はどのような曲面を表すか，下図から適当なものを選べ。

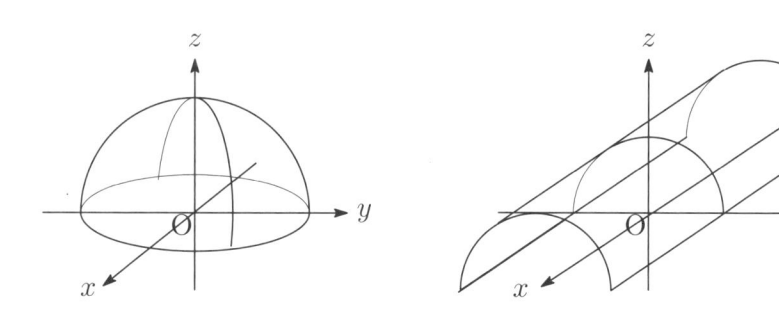

＜解答＞

(1) $z = f(x,y)$ については，$25 - x^2 - y^2 \geq 0$ より，定義域は $x^2 + y^2 \leq 25$ である。また，値域は $0 \leq z \leq 5$ である。$z = g(x,y)$ については，$4 - y^2 \geq 0$ より，定義域は x は任意かつ $-2 \leq y \leq 2$ である。また，値域は $0 \leq z \leq 2$ である。

(2) $z = f(x,y)$ については，$z^2 = 25 - x^2 - y^2$ より $x^2 + y^2 + z^2 = 25$, $z \geq 0$ であるから，グラフは原点を中心とし，半径が 5 である球のうち，$z \geq 0$ の部分である (図左)。$z = g(x,y)$ については，$z = \sqrt{4 - y^2}$ より $y^2 + z^2 = 4$ かつ $z \geq 0$ が任意の x について成り立つ。よって，この曲面は yz 平面上の円 $y^2 + z^2 = 4$ の周上の各点を通り，x 軸に平行に引いた直線によってつくられる円柱面の $z \geq 0$ の部分である (図右)。

ドリル no.72　　class　　　no　　　name

問題 72.1 関数 $f(x,y) = \begin{cases} \dfrac{xy^2}{x^2+y^2} & ((x,y) \neq (0,0)) \\ 0 & ((x,y) = (0,0)) \end{cases}$ が点 $(0,0)$ において連続であることを示せ。

問題 72.2 次の関数の定義域および値域をそれぞれ求めよ。

(1) $z = \sqrt{1 - \dfrac{x^2}{16} - \dfrac{y^2}{9}}$ 　　　　(2) $z = \cos\sqrt{4-x^2-y^2}$

問題 72.3 次の関数はどのような曲面を表すか, 下図から適当なものを選べ。

(1) $z = \sqrt{x^2+y^2}$ 　　　　(2) $z = 2y^2$

(3) $z = -x - y + 3$, ただし $x \geqq 0$, $y \geqq 0$, $x + y \leqq 3$

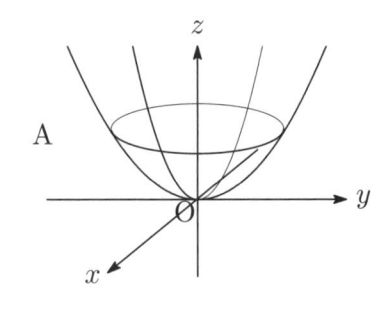

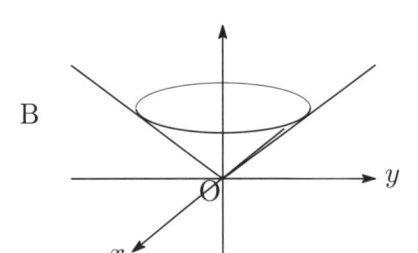

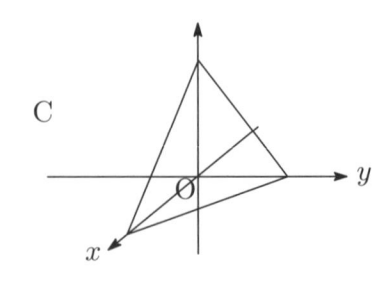

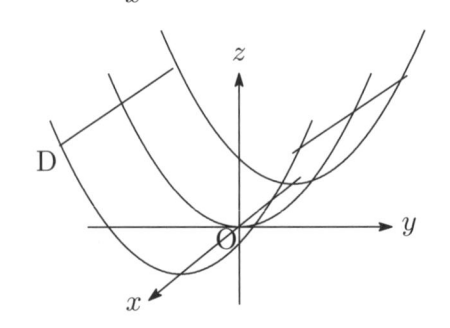

チェック項目	月　日	月　日
$z = f(x,y)$ で表された曲面を理解することができる。		

73 偏導関数と偏微分係数

$z = f(x,y)$ の偏導関数や偏微分係数の意味を理解し，計算することができる。

偏導関数 $z = f(x,y)$ の変数 y を定数と考え，x について微分することを偏微分するという。x について偏微分して得られる関数を，$z = f(x,y)$ の x についての偏導関数といい，

$$\frac{\partial z}{\partial x},\quad \frac{\partial f}{\partial x},\quad \frac{\partial}{\partial x}f(x,y),\quad z_x,\quad f_x(x,y)$$

などの記号で表す。すなわち

$$\frac{\partial z}{\partial x} = \lim_{h \to 0} \frac{f(x+h,y) - f(x,y)}{h}$$

である。y についての偏導関数も同じように定義する。

偏微分係数 x についての偏導関数の，$(x,y) = (a,b)$ における値を偏微分係数といい

$$\left.\frac{\partial z}{\partial x}\right|_{(a,b)},\quad \left.\frac{\partial f}{\partial x}\right|_{(a,b)},\quad z_x(a,b),\quad f_x(a,b)$$

などの記号で表す。y についての偏微分係数も同じように定義する。

偏微分係数の意味 曲面 $z = f(x,y)$ の，平面 $y = b$ による断面に現れる曲線 $z = f(x,b)$ の $x = a$ における接線の傾きが，点 (a,b) における x についての偏微分係数である。

例題 73.1 関数 $f(x,y) = x^3 y - 2xy^2 + 5y^3$ の x についての偏導関数 $\dfrac{\partial f}{\partial x}$ を求め，点 $(2,-1)$ における偏微分係数を求めよ。

＜解答＞ x について偏微分するときは y を定数とみなすから，$5y^2$ を x について偏微分すると 0 になることに注意する。

$$\frac{\partial f}{\partial x} = 3x^2 y - 2y^2,\quad \left.\frac{\partial f}{\partial x}\right|_{(2,-1)} = 3 \cdot 2^2 \cdot (-1) - 2(-1)^2 = -14$$

例題 73.2 関数 $f(x,y) = x^3 \sin y$ の x についての偏導関数 $f_x(x,y)$ および y についての偏導関数 $f_y(x,y)$ を求めよ。

＜解答＞ x について偏微分するときは，y を定数とみなし，変数 x だけの関数と考えて微分する。

$$f_x(x,y) = \frac{\partial}{\partial x}(x^3 \sin y) = 3x^2 \sin y$$

y について偏微分するときは，x を定数とみなし，変数 y だけの関数と考えて微分する。

$$f_y(x,y) = \frac{\partial}{\partial y}(x^3 \sin y) = x^3 \cos y$$

ドリル no.73　class　　　no　　　name

問題 73.1 次の関数について，点 $(2,3)$ における x についての偏微分係数および y についての偏微分係数を求めよ。

(1)　$f(x,y) = x^2 + xy - 3y^2$

(2)　$f(x,y) = \dfrac{x^3}{y^2+1}$

問題 73.2 次の関数について、x についての偏導関数 $f_x(x,y)$, および y についての偏導関数 $f_y(x,y)$ を求めよ。

(1)　$f(x,y) = \sin^3 x \cos y$

(2)　$f(x,y) = e^{x-y}$

(3)　$f(x,y) = \log|x^2 - y^2|$

(4)　$f(x,y) = \dfrac{x+y}{y^2}$

チェック項目	月 日	月 日
$z = f(x,y)$ の偏導関数や偏微分係数の意味を理解し，計算することができる。		

74　合成関数の偏導関数

合成関数の偏導関数の公式を理解し，計算することができる。

合成関数の偏導関数の公式 I　$z = f(x,y), x = x(t), y = y(t)$ であるとき，

$$\frac{dz}{dt} = \frac{\partial z}{\partial x}\frac{dx}{dt} + \frac{\partial z}{\partial y}\frac{dy}{dt} = f_x\frac{dx}{dt} + f_y\frac{dy}{dt}$$

合成関数の偏導関数の公式 II　$z = f(x,y), x = x(u,v), y = y(u,v)$ であるとき，

$$\frac{\partial z}{\partial u} = \frac{\partial z}{\partial x}\frac{\partial x}{\partial u} + \frac{\partial z}{\partial y}\frac{\partial y}{\partial u} = f_x\frac{\partial x}{\partial u} + f_y\frac{\partial y}{\partial u} = z_x x_u + z_y y_u$$

$$\frac{\partial z}{\partial v} = \frac{\partial z}{\partial x}\frac{\partial x}{\partial v} + \frac{\partial z}{\partial y}\frac{\partial y}{\partial v} = f_x\frac{\partial x}{\partial v} + f_y\frac{\partial y}{\partial v} = z_x x_v + z_y y_v$$

[例題] **74.1**　$z = x^2 y, x = 2 + 3t, y = 4 - 5t$ のとき，z の t についての導関数 $\dfrac{dz}{dt}$ を求めよ．

＜解答＞　$\dfrac{dx}{dt} = 3, \dfrac{dy}{dt} = -5$ だから，

$$\frac{dz}{dt} = \frac{\partial z}{\partial x}\frac{dx}{dt} + \frac{\partial z}{\partial y}\frac{dy}{dt}$$
$$= 2xy \cdot 3 + x^2 \cdot (-5) = 6(2+3t)(4-5t) - 5(2+3t)^2 = (2+3t)(14-45t)$$

[例題] **74.2**　$z = x^2 - 4xy + 4y^2, x = u + v, y = uv$ のとき，$\dfrac{\partial z}{\partial u}, \dfrac{\partial z}{\partial v}$ を求めよ．

＜解答＞
$$\frac{\partial z}{\partial u} = \frac{\partial z}{\partial x}\frac{\partial x}{\partial u} + \frac{\partial z}{\partial y}\frac{\partial y}{\partial u}$$
$$= (2x - 4y) \cdot 1 + (-4x + 8y) \cdot v$$
$$= (2(u+v) - 4(uv)) \cdot 1 + (-4(u+v) + 8(uv)) \cdot v = 2u + 2v - 4v^2 - 8uv + 8uv^2$$
$$\frac{\partial z}{\partial v} = \frac{\partial z}{\partial x}\frac{\partial x}{\partial v} + \frac{\partial z}{\partial y}\frac{\partial y}{\partial v}$$
$$= (2x - 4y) \cdot 1 + (-4x + 8y) \cdot u$$
$$= (2(u+v) - 4(uv)) \cdot 1 + (-4(u+v) + 8(uv)) \cdot u = 2u + 2v - 4u^2 - 8uv + 8u^2 v$$

[例題] **74.3**　$z = f(x,y), x = u\cos\alpha - v\sin\alpha, y = u\sin\alpha + v\cos\alpha$ のとき，次の等式が成り立つことを証明せよ．

$$z_x^2 + z_y^2 = z_u^2 + z_v^2$$

＜解答＞

$$z_u = z_x\frac{\partial x}{\partial u} + z_y\frac{\partial y}{\partial u} = z_x\cos\alpha + z_y\sin\alpha, \quad z_v = z_x\frac{\partial x}{\partial v} + z_y\frac{\partial y}{\partial v} = z_x(-\sin\alpha) + z_y\cos\alpha$$

となるから，

$$z_u^2 + z_v^2 = (z_x\cos\alpha + z_y\sin\alpha)^2 + (z_x(-\sin\alpha) + z_y\cos\alpha)^2$$
$$= z_x^2\cos^2\alpha + 2z_x z_y\sin\alpha\cos\alpha + z_y^2\sin^2\alpha + z_x^2\sin^2\alpha - 2z_x z_y\sin\alpha\cos\alpha + z_y^2\cos^2\alpha$$
$$= z_x^2(\sin^2\alpha + \cos^2\alpha) + z_y^2(\sin^2\alpha + \cos^2\alpha)$$
$$= z_x^2 + z_y^2$$

ドリル **no.74**　class　　　　no　　　　name

問題 74.1 次の関数について，$\dfrac{dz}{dt}$ を求めよ。

(1) $z = x\sin y,\ x = 5 - 2t,\ y = 3t$

(2) $z = x^2 + y^3,\ x = 3t^2 + 2t + 1,\ y = -2t - 3$

問題 74.2 $z = x^2 - 2xy + y^2,\ x = r\cos\theta,\ y = r\sin\theta$ のとき，$\dfrac{\partial z}{\partial r},\ \dfrac{\partial z}{\partial \theta}$ を求めよ。

問題 74.3 $z = f(x, y),\ x = r\cos\theta,\ y = r\sin\theta$ のとき，次の等式が成り立つことを証明せよ。

$$\left(\frac{\partial z}{\partial x}\right)^2 + \left(\frac{\partial z}{\partial y}\right)^2 = \left(\frac{\partial z}{\partial r}\right)^2 + \frac{1}{r^2}\left(\frac{\partial z}{\partial \theta}\right)^2$$

チェック項目	月 日	月 日
合成関数の偏導関数の公式を理解し，計算することができる。		

75 高次偏導関数

高次偏導関数を求めることができる。

関数 $z = f(x, y)$ の偏導関数 f_x, f_y が偏微分可能であるとき，これらの偏導関数を $z = f(x, y)$ の第 2 次偏導関数といい，次のように表す。

$$\frac{\partial f_x}{\partial x} = \frac{\partial^2 f}{\partial x^2} = f_{xx} = z_{xx}, \qquad \frac{\partial f_x}{\partial y} = \frac{\partial^2 f}{\partial y \partial x} = f_{xy} = z_{xy}$$

$$\frac{\partial f_y}{\partial x} = \frac{\partial^2 f}{\partial x \partial y} = f_{yx} = z_{yx}, \qquad \frac{\partial f_y}{\partial y} = \frac{\partial^2 f}{\partial y^2} = f_{yy} = z_{yy}$$

一般には f_{xy} と f_{yx} は必ずしも等しいとは限らないが，f_{xy} と f_{yx} が存在して，それらがともに連続ならば $f_{xy} = f_{yx}$ である。

[例題] **75.1** 次の関数について，第 2 次偏導関数を求めよ。

(1) $f(x, y) = \sin xy$ \qquad (2) $z = xe^{xy}$

＜解答＞

(1) $f_x = y \cos xy$, $f_y = x \cos xy$ であるから

$$\frac{\partial^2 f}{\partial x^2} = -y^2 \sin xy, \quad \frac{\partial^2 f}{\partial x \partial y} = \frac{\partial^2 f}{\partial y \partial x} = \cos xy - xy \sin xy, \quad \frac{\partial^2 f}{\partial y^2} = -x^2 \sin xy$$

(2) $z_x = e^{xy} + xy\, e^{xy} = (xy + 1)e^{xy}$, $z_y = x^2\, e^{xy}$ であるから

$$z_{xx} = ye^{xy} + (xy + 1)ye^{xy} = (xy + 2)y\, e^{xy}$$
$$z_{xy} = z_{yx} = x\, e^{xy} + (xy + 1)xe^{xy} = (xy + 2)x\, e^{xy}$$
$$z_{yy} = x^3\, e^{xy}$$

[例題] **75.2** 次の関数について，$\dfrac{\partial^2 f}{\partial x^2} + \dfrac{\partial^2 f}{\partial y^2}$ を求めよ。

(1) $f(x, y) = e^{3x} \sin 2y$ \qquad (2) $f(x, y) = \log \sqrt{x^2 + y^2}$

＜解答＞

(1) $\dfrac{\partial f}{\partial x} = 3e^{3x} \sin 2y$, $\dfrac{\partial f}{\partial y} = 2e^{3x} \cos 2y$ であるから

$$\frac{\partial^2 f}{\partial x^2} = 9e^{3x} \sin 2y, \quad \frac{\partial^2 f}{\partial y^2} = -4e^{3x} \sin 2y$$

となる。したがって，$\dfrac{\partial^2 f}{\partial x^2} + \dfrac{\partial^2 f}{\partial y^2} = 5e^{3x} \sin 2y$

(2) $f = \dfrac{1}{2} \log(x^2 + y^2)$ である。$\dfrac{\partial f}{\partial x} = \dfrac{x}{x^2 + y^2}$, $\dfrac{\partial f}{\partial y} = \dfrac{y}{x^2 + y^2}$ であるから

$$\frac{\partial^2 f}{\partial x^2} = \frac{(x^2 + y^2) - x \cdot 2x}{(x^2 + y^2)^2} = \frac{y^2 - x^2}{(x^2 + y^2)^2}, \quad \frac{\partial^2 f}{\partial y^2} = \frac{(x^2 + y^2) - y \cdot 2y}{(x^2 + y^2)^2} = \frac{x^2 - y^2}{(x^2 + y^2)^2}$$

となる。したがって，$\dfrac{\partial^2 f}{\partial x^2} + \dfrac{\partial^2 f}{\partial y^2} = 0$

ドリル no.75　class　　no　　name

問題 75.1 次の関数について，第2次偏導関数を求めよ。ただし a, b, c は定数である。

(1) $z = ax^3 + bxy + cy^3$

(2) $z = \cos(2x + 3y)$

(3) $z = \log xy^2$

(4) $z = \sqrt{x^2 + 2y}$

問題 75.2 関数 $f(x, y) = \mathrm{Tan}^{-1} \dfrac{y}{x}$ について，$\dfrac{\partial^2 f}{\partial x^2} + \dfrac{\partial^2 f}{\partial y^2}$ を求めよ。

チェック項目	月　日	月　日
高次偏導関数を求めることができる。		

76 接平面

$z = f(x,y)$ で表される曲面の接平面の方程式を求めることができる。

接平面 曲面 $z = f(x,y)$ の, 平面 $y = b$ による断面に現れる曲線 $z = f(x,b)$ の $x = a$ における接線 ℓ_1, $x = a$ による断面に現れる曲線 $z = f(a,y)$ の $y = b$ における接線 ℓ_2 を含む平面を, 曲面 $z = f(x,y)$ 上の点 $(a,b,f(a,b))$ における接平面という。ℓ_1, ℓ_2 の方向ベクトルはそれぞれ $(1,0,f_x(a,b)), (0,1,f_y(a,b))$ である。

接平面の方程式 接平面の法線ベクトルは $(f_x(a,b), f_y(a,b), -1)$ となるから, 曲面 $z = f(x,y)$ 上の点 $(a,b,f(a,b))$ における接平面の方程式は次のようになる。

$$z - f(a,b) = f_x(a,b)(x-a) + f_y(a,b)(y-b)$$

例題 76.1 次の接平面の方程式を求めよ。

(1) 曲面 $z = x^2 + y^2$ 上の, $x = 2, y = 3$ に対応する点における接平面

(2) 曲面 $z = xy$ 上の, $x = 2, y = -3$ に対応する点における接平面

＜解答＞

(1) $f(x,y) = x^2 + y^2$ とおくと, $f(2,3) = 2^2 + 3^2 = 13$ である。また $f_x(x,y) = 2x$, $f_y(x,y) = 2y$ であるから, $f_x(2,3) = 4, f_y(2,3) = 6$ となる。したがって求める接平面の方程式は,

$$z - 13 = 4(x-2) + 6(y-3)$$

すなわち $4x + 6y - z - 13 = 0$ である。(下図左)

(注意) 接平面の法線ベクトルは, $(4,6,-1)$ である。

(2) $f(x,y) = xy$ とおくと, $f(2,-3) = -6$ である。$f_x(x,y) = y, f_y(x,y) = x$ であるから, $f_x(2,-3) = -3, f_y(2,-3) = 2$ となる。したがって求める接平面の方程式は,

$$z + 6 = -3(x-2) + 2(y+3)$$

すなわち $3x - 2y + z - 6 = 0$ である。(下図右)

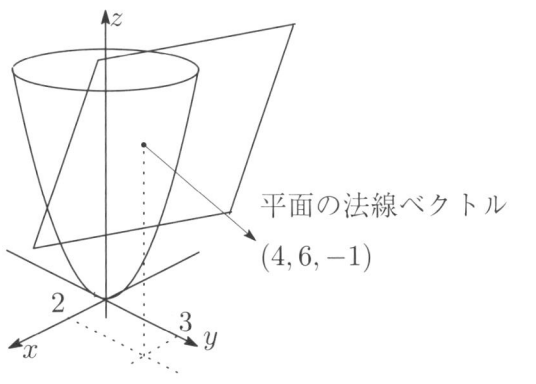

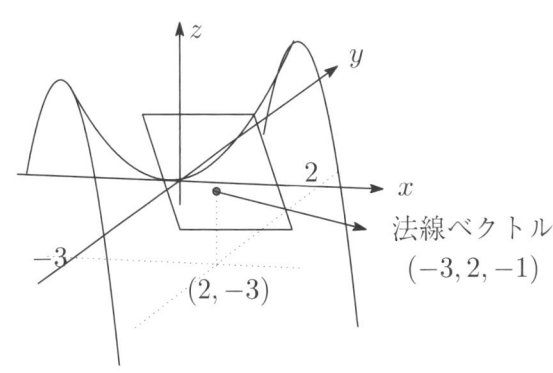

ドリル no.76　class　　　no　　　name

問題 76.1 次の接平面の方程式を求めよ。

(1) 曲面 $z = 3x^3 + 2xy + y^2$ 上の, $x = -2, y = 4$ に対応する点における接平面

(2) 曲面 $z = \sqrt{x^2y - xy + y^2}$ 上の, $x = 2, y = -3$ に対応する点における接平面

問題 76.2 曲面 $z = \sqrt{4 - x^2 - y^2}$ を図示し,この曲面上の, $x = 1, y = 1$ に対応する点における接平面の方程式を求めよ。

チェック項目	月　日	月　日
$z = f(x,y)$ で表される曲面の接平面の方程式を求めることができる。		

77 全微分

> $z = f(x, y)$ の全微分の意味を理解し，計算することができる。

全微分 次の式を $z = f(x, y)$ の全微分という。
$$dz = \frac{\partial z}{\partial x} dx + \frac{\partial z}{\partial y} dy$$

全微分の意味 $z = f(x, y)$ について，x の微小な変化量 dx と y の微小な変化量 dy に対する z の変化量を $\Delta z = f(x + dx, y + dy) - f(x, y)$ とするとき，Δz は全微分によって近似できる。すなわち，次の近似式が成り立つ。
$$\Delta z \;\approx\; dz = \frac{\partial z}{\partial x} dx + \frac{\partial z}{\partial y} dy$$

例題 77.1 次の関数の全微分を求めよ。

(1) $z = x^2 y^3$ \qquad (2) $z = 2x^3 y - 3xy^2$ \qquad (3) $z = \sin x \cos y$

＜解答＞
(1) $\dfrac{\partial z}{\partial x} = 2xy^3$, $\dfrac{\partial z}{\partial y} = 3x^2 y^2$

$$\therefore \; dz = 2xy^3 \, dx + 3x^2 y^2 \, dy$$

(2) $\dfrac{\partial z}{\partial x} = 6x^2 y - 3y^2$, $\dfrac{\partial z}{\partial y} = 2x^3 - 6xy$

$$\therefore \; dz = 3(2x^2 y - y^2) \, dx + 2(x^3 - 3xy) \, dy$$

(3) $\dfrac{\partial z}{\partial x} = \cos x \cos y$, $\dfrac{\partial z}{\partial y} = -\sin x \sin y$

$$\therefore \; dz = \cos x \cos y \, dx - \sin x \sin y \, dy$$

例題 77.2 底面の半径が $r = 10$ [cm]，高さが $h = 20$ [cm] の円柱を温めたところ，半径が 10.1 [cm]，高さが 20.3 [cm] となった。この円柱の体積はどれだけ増加したか。

＜解答＞ 円柱の体積を V [cm^3] とすれば，$V = \pi r^2 h$ が成り立つ。半径の変化量 $dr = 0.1$, 高さの変化量 $dh = 0.3$ に対する円柱の体積の変化量を ΔV とすれば，

$$\Delta V \;\approx\; dV = 2\pi r h \, dr + \pi r^2 \, dh = 2\pi \cdot 10 \cdot 20 \cdot 0.1 + \pi \cdot 10^2 \cdot 0.3 = 70\pi$$

となって，およそ $70\pi \approx 220$ [cm^3] だけ増加する。

ドリル **no.77**　　class　　　no　　　name

問題 77.1 次の関数の全微分を求めよ。

(1)　$z = 2x^5 y^2$

(2)　$z = x^3 - 3xy + 2y^2$

(3)　$z = \sin xy$

(4)　$z = e^x \sin y$

(5)　$z = \dfrac{y}{x}$

(6)　$z = \log(x^2 + y^2)$

問題 77.2 底面の半径が $r = 20$ [cm], 高さが $h = 10$ [cm] の円柱を冷やしたところ, 半径が 19.8 [cm], 高さが 9.9 [cm] となった。この円柱の体積はどれだけ減少したか。

チェック項目	月　日	月　日
$z = f(x, y)$ の全微分の意味を理解し, 計算することができる。		

78　2変数関数の1次と2次の近似式

2変数関数の1次と2次の近似式を求めることができる。近似式を用いて近似値を求めることができる。

1次近似式　関数 $f(x,y)$ は点 (a,b) の近くで偏微分可能で，得られる偏導関数は連続であるとする。(x,y) が (a,b) に十分近いとき，次の近似式が成り立つ。

$$f(x,y) \approx f(a,b) + f_x(a,b)(x-a) + f_y(a,b)(y-b)$$

この式の右辺を，$z = f(x,y)$ の，(a,b) における1次近似式という。

2次近似式　関数 $f(x,y)$ は点 (a,b) の近くで2回偏微分可能で，得られる偏導関数は連続であるとする。(x,y) が (a,b) に十分近いとき，次の近似式が成り立つ。

$$f(x,y) \approx f(a,b) + (f_x(a,b)(x-a) + f_y(a,b)(y-b))$$
$$+ \frac{1}{2}\left(f_{xx}(a,b)(x-a)^2 + 2f_{xy}(a,b)(x-a)(y-b) + f_{yy}(a,b)(y-b)^2\right)$$

この式の右辺を，$z = f(x,y)$ の，(a,b) における2次近似式という。

[例題] 78.1　関数 $f(x,y) = \sqrt{1+x+y}$ の，$(0,0)$ における1次近似式と2次近似式を求めよ。

＜解答＞　$f(x,y) = (1+x+y)^{\frac{1}{2}}$ なので，$f_x = \frac{1}{2}(1+x+y)^{-\frac{1}{2}}$, $f_y = \frac{1}{2}(1+x+y)^{-\frac{1}{2}}$ となる。したがって $f(0,0) = 1$, $f_x(0,0) = f_y(0,0) = \frac{1}{2}$ であるから，$f(x,y) = \sqrt{1+x+y}$ の，$(0,0)$ における1次近似式は，

$$\sqrt{1+x+y} \approx 1 + \frac{1}{2}x + \frac{1}{2}y$$

となる。また，$f_{xx} = -\frac{1}{4}(1+x+y)^{-\frac{3}{2}}$, $f_{xy} = -\frac{1}{4}(1+x+y)^{-\frac{3}{2}}$, $f_{yy} = -\frac{1}{4}(1+x+y)^{-\frac{3}{2}}$ となる。したがって，$f_{xx}(0,0) = f_{xy}(0,0) = f_{yy}(0,0) = -\frac{1}{4}$ であるから $f(x,y) = \sqrt{1+x+y}$ の，$(0,0)$ における2次近似式は，

$$\sqrt{1+x+y} \approx 1 + \frac{1}{2}x + \frac{1}{2}y - \frac{1}{8}x^2 - \frac{1}{4}xy - \frac{1}{8}y^2$$

となる。

[例題] 78.2　$f(x,y) = x^3 - x^2 + 4xy - 3y^2 + 7x - 16y - 16$ の，点 $(1,-2)$ における2次近似式を求めよ。またこれを用いて $f(1.2, -1.9)$ の近似値を求めよ。

＜解答＞　$f(1,-2) = 3$ である。$f_x(x,y) = 3x^2 - 2x + 4y + 7$, $f_y(x,y) = 4x - 6y - 16$ であるから $f_x(1,-2) = 0$, $f_y(1,-2) = 0$ である。さらに $f_{xx}(x,y) = 6x - 2$, $f_{xy}(x,y) = 4$, $f_{yy}(x,y) = -6$ であるから，$f_{xx}(1,-2) = 4$, $f_{xy}(1,-2) = 4$, $f_{yy}(1,-2) = -6$ となる。したがって求める2次近似式は

$$f(x,y) \approx 3 + \frac{1}{2}\left(4(x-1)^2 + 8(x-1)(y+2) - 6(y+2)^2\right)$$

となる。$x = 1.2$ のとき $x - 1 = 0.2$，$y = -1.9$ のとき $y + 2 = 0.1$ であるから，求める近似値は次のようになる。

$$f(1.2, -1.9) \approx 3 + \frac{1}{2}\left(4 \cdot 0.2^2 + 8 \cdot 0.2 \cdot 0.1 - 6 \cdot 0.1^2\right) = 3.13$$

ドリル no.78   class   no   name

問題 78.1 次の関数の，右に示された点における 1 次近似式を求めよ。

(1) $\sqrt[3]{x+2y}$, $(1,3)$

(2) $\log(2x-y)$, $(1,1)$

問題 78.2 次の関数の点 $(0,0)$ における 2 次近似式を求めよ。また，( ) 内の点における関数の値を求めよ。

(1) $\sqrt{1+2x+y}$, $(0.01,\ 0.01)$

(2) $\log(1+x+y)$, $(0.01,\ 0.02)$

チェック項目	月 日	月 日
2 変数関数の 1 次と 2 次の近似式を求めることができる。近似式を用いて近似値を求めることができる。		

79　2変数関数の極値

2変数関数の極値を求めることができる。

極値　関数 $f(x,y)$ が，点 (a,b) の近くの点 (x,y)（ただし，$(x,y) \neq (a,b)$）に対して，つねに $f(x,y) < f(a,b)$ をみたすとき，$f(x,y)$ は点 (a,b) で極大であるといい，$f(a,b)$ を極大値という。また，つねに $f(x,y) > f(a,b)$ をみたすとき，$f(x,y)$ は点 (a,b) で極小であるといい，$f(a,b)$ を極小値という。極大値と極小値を合わせて極値という。

極値をとるための必要条件　関数 $f(x,y)$ が偏微分可能なとき，点 (a,b) で極値をとるための必要条件は，
$$f_x(a,b) = f_y(a,b) = 0$$

極値の判定条件　関数 $f(x,y)$ が $f_x(a,b) = f_y(a,b) = 0$ のとき，
$$H = \begin{vmatrix} f_{xx}(a,b) & f_{xy}(a,b) \\ f_{xy}(a,b) & f_{yy}(a,b) \end{vmatrix} = f_{xx}(a,b) f_{yy}(a,b) - (f_{xy}(a,b))^2$$

とおけば

(1) $H > 0$ のとき

　　$f_{xx}(a,b) > 0$ ならば，$f(x,y)$ は点 (a,b) で極小である。

　　$f_{xx}(a,b) < 0$ ならば，$f(x,y)$ は点 (a,b) で極大である。

(2) $H < 0$ のとき，$f(x,y)$ は点 (a,b) で極値をとらない。

(3) $H = 0$ のとき，これだけでは $f(x,y)$ の極値についての判定はできない。

例題 79.1　関数 $f(x,y) = x^2 - xy + y^2 - x - 4y$ の極値を求めよ。

<解答>　連立方程式 $f_x = 2x - y - 1 = 0$，$f_y = -x + 2y - 4 = 0$ を解けば，$(x,y) = (2,3)$ となり，これが極値をとり得る点である。さらに $f_{xx} = 2$，$f_{xy} = -1$，$f_{yy} = 2$ となるから

$$H = \begin{vmatrix} 2 & -1 \\ -1 & 2 \end{vmatrix} = 4 - 1 = 3 > 0, \quad f_{xx}(2,3) = 2 > 0$$

である。したがって点 $(2,3)$ で極小となり，極小値は $f(2,3) = 4 - 6 + 9 - 2 - 12 = -7$ である。

例題 79.2　関数 $f(x,y) = 6xy - x^3 - 8y^3$ の極値を求めよ。

<解答>　$f_x = 6y - 3x^2 = 0$，$f_y = 6x - 24y^2 = 0$ を解けば，$(x,y) = (0,0)$ または $\left(1, \frac{1}{2}\right)$ となり，これらが極値をとり得る点である。$f_{xx} = -6x$，$f_{xy} = 6$，$f_{yy} = -48y$，$H = 288xy - 36$ だから

① $(x,y) = (0,0)$ のとき，$H = -36 < 0$ だから，点 $(0,0)$ で極値をとらない。

② $(x,y) = \left(1, \frac{1}{2}\right)$ のとき，$H = 108 > 0$，$f_{xx}\left(1, \frac{1}{2}\right) = -6 < 0$ だから，点 $\left(1, \frac{1}{2}\right)$ で極大となり，極大値は $f\left(1, \frac{1}{2}\right) = 3 - 1 - 1 = 1$ である。

ドリル **no.79**　　class　　　　no　　　　name

問題 79.1　関数 $f(x,y) = x^2 - xy + y^2 - 3y$ の極値を求めよ。

問題 79.2　関数 $f(x,y) = \sin x + \sin y + \cos(x+y)$ $\left(0 < x < \dfrac{\pi}{2}, 0 < y < \dfrac{\pi}{2}\right)$ の極値を求めよ。

問題 79.3　関数 $f(x,y) = (x^2 - y^2)e^x$ の極値を求めよ。

問題 79.4　関数 $f(x,y) = 8x^3 - y^3 - 6x + 3y$ の極値を求めよ。

チェック項目	月　日	月　日
2変数関数の極値を求めることができる。		

80 陰関数の微分法

陰関数の導関数を求めることができる。

陰関数とその導関数　変数 x と y の間に方程式 $f(x, y) = 0$ で与えられる関係があるとき，定義域および値域を適当に定めることにより，y を x の関数とみることができる。この関数を方程式 $f(x, y) = 0$ から定まる陰関数という。

陰関数の導関数は，$f_y \neq 0$ のとき
$$\frac{dy}{dx} = -\frac{f_x}{f_y}$$

さらに，方程式 $f(x, y, z) = 0$ から定まる陰関数について，その偏導関数は，$f_z \neq 0$ のとき
$$\frac{\partial z}{\partial x} = -\frac{f_x}{f_z}, \quad \frac{\partial z}{\partial y} = -\frac{f_y}{f_z}$$

例題 80.1　x の関数 y が次の方程式で与えられるとき，導関数 $\dfrac{dy}{dx}$ を求めよ。

(1)　$x^2 + y^2 - 3x + 4y + 2 = 0$ 　　　　(2)　$e^{xy} - xy = 0$

＜解答＞

(1)　$f(x, y) = x^2 + y^2 - 3x + 4y + 2$ とおく。$f_x = 2x - 3$, $f_y = 2y + 4$ より
$$\frac{dy}{dx} = -\frac{2x - 3}{2y + 4}$$

(別解)　与えられた方程式の両辺を x で微分すると，合成関数の微分法により
$$2x + 2y\frac{dy}{dx} - 3 + 4\frac{dy}{dx} = 0$$

となる。したがって $\dfrac{dy}{dx} = -\dfrac{2x - 3}{2y + 4}$ が得られる。

(2)　$f(x, y) = e^{xy} - xy$ とおく。$f_x = ye^{xy} - y$, $f_y = xe^{xy} - x$ より
$$\frac{dy}{dx} = -\frac{ye^{xy} - y}{xe^{xy} - x} = -\frac{y}{x}$$

例題 80.2　x, y の関数 z が方程式 $x^3 + y^3 - z^3 + 3xyz = 0$ で与えられるとき，偏導関数 $\dfrac{\partial z}{\partial x}$, $\dfrac{\partial z}{\partial y}$ を求めよ。

＜解答＞　$f(x, y, z) = x^3 + y^3 - z^3 + 3xyz$ とおく。$f_x = 3x^2 + 3yz$, $f_y = 3y^2 + 3xz$, $f_z = -3z^2 + 3xy$ より，
$$\frac{\partial z}{\partial x} = -\frac{3x^2 + 3yz}{-3z^2 + 3xy} = -\frac{x^2 + yz}{-z^2 + xy}, \quad \frac{\partial z}{\partial y} = -\frac{3y^2 + 3xz}{-3z^2 + 3xy} = -\frac{y^2 + xz}{-z^2 + xy}$$

ドリル **no.80**　　class　　　　no　　　　name

問題 80.1 次の方程式で与えられる x の関数 y の導関数 $\dfrac{dy}{dx}$ を求めよ。

(1)　$x^3 + 3xy + y^3 = 0$

(2)　$xy(y-x) = 9$

(3)　$x^{\frac{3}{2}} + y^{\frac{3}{2}} = 1$

(4)　$\sin(x-2y) = \dfrac{1}{2}$

(5)　$x + y + e^{xy} = 0$

(6)　$\log xy + \sqrt{xy} = 0$

問題 80.2 次の方程式で与えられる x, y の関数 z の偏導関数 $\dfrac{\partial z}{\partial x}, \dfrac{\partial z}{\partial y}$ を求めよ。

(1)　$xyz + xy + yz = 3$

(2)　$xyz(z-xy) = 9$

(3)　$x^{\frac{3}{2}} + y^{\frac{3}{2}} + z^{\frac{3}{2}} = 1$

(4)　$e^{xyz} = 2$

チェック項目	月　日	月　日
陰関数の導関数を求めることができる。		

81 条件つきの極値問題

条件つきの極値問題を解くことができる。

ラグランジュの乗数法 条件 $g(x,y) = 0$ のもとで関数 $f(x,y)$ が点 (a,b) で極値をとるならば, $x=a, y=b$ は次の未知定数 λ を含む x と y の方程式を満たす。
$$\begin{cases} f_x(x,y) - \lambda g_x(x,y) = 0 \\ f_y(x,y) - \lambda g_y(x,y) = 0 \end{cases}$$
この方程式と $g(x,y) = 0$ を連立して解けば, 極値をとり得る点 (a,b) を求めることができる。この定数 λ をラグランジュの乗数という。

(注) この定理は, 関数 f が点 (a,b) で極値をとるための必要条件なので, 連立方程式の解 (a,b) で必ずしも極値をとるとは限らない。

$g_x(x,y) \neq 0, g_y(x,y) \neq 0$ のとき, 定理の方程式から定数 λ を消去すれば
$$\frac{f_x(x,y)}{g_x(x,y)} = \frac{f_y(x,y)}{g_y(x,y)}$$
が得られる。

例題 81.1 条件 $g(x,y) = x^2 + y^2 - 2 = 0$ のもとで, 関数 $f(x,y) = x+y+3$ の極値を求めよ。

<解答> 問題は, 中心が原点で半径 $\sqrt{2}$ の円周 C 上で極値をとる点を求めることである。ラグランジュの乗数法より,
$$\begin{cases} f_x(x,y) - \lambda g_x(x,y) = 1 - 2\lambda x = 0 \\ f_y(x,y) - \lambda g_y(x,y) = 1 - 2\lambda y = 0 \end{cases}$$
とおくと $x = \dfrac{1}{2\lambda}, \quad y = \dfrac{1}{2\lambda}$ を得る。$x^2 + y^2 = 2$ に代入して,
$$\left(\frac{1}{2\lambda}\right)^2 + \left(\frac{1}{2\lambda}\right)^2 = \frac{1}{2\lambda^2} = 2 \quad \text{よって} \quad \lambda^2 = \frac{1}{4} \quad \text{ゆえに} \quad \lambda = \pm\frac{1}{2}$$
したがって, 極値をとり得る点は $(1,1), (-1,-1)$ である。関数 $f(x,y)$ は連続関数なので円周 C 上で最大値と最小値をとる。よって, 最大値・最小値は極値をとり得る点でとることになる。
$f(1,1) = 5, f(-1,-1) = 1$ であり, この 2 点以外に極値をとる点はないから, 関数 $f(x,y)$ は点 $(1,1)$ で極大値 5, 点 $(-1,-1)$ で極小値 1 をとる。

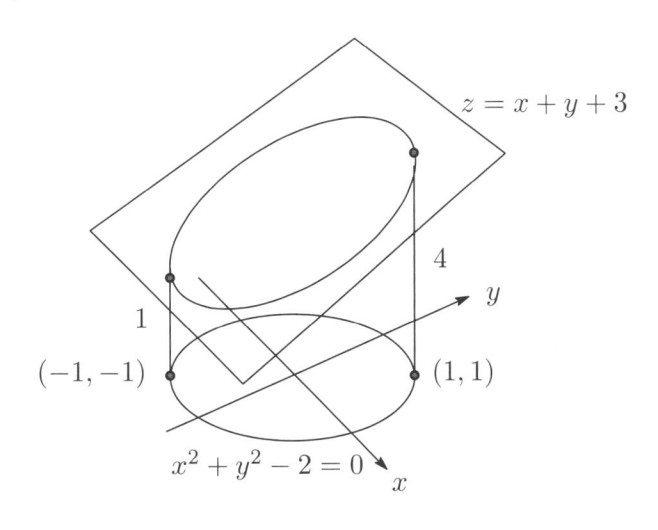

ドリル **no.81**　　class　　　　no　　　　name

問題 81.1　条件 $g(x,y) = x^2 + y^2 - 1 = 0$ のもとで, 関数 $f(x,y) = -x + y$ の極値を求めよ。

問題 81.2　条件 $g(x,y) = xy - 1 = 0$ のもとで, 関数 $f(x,y) = 4x^2 + y^2$ の極値を求めよ。

チェック項目	月　日	月　日
条件つきの極値問題を解くことができる。		

82 包絡線

> 包絡線の意味を理解し，その方程式を求めることができる。

曲線群 パラメータ α を含む x, y の方程式 $f(x, y, \alpha) = 0$ は，α の値を定めるごとに 1 つの曲線を表す。したがって α の値を変化させることにより，この方程式は曲線群を表す。

包絡線 方程式 $f(x, y, \alpha) = 0$ の表す曲線群に属するすべての曲線に接する曲線 C があるとき，その曲線 C を曲線群の包絡線という。包絡線 C 上の任意の点の座標を (x, y) とするとき，x, y は次の方程式を満たす。

$$f(x, y, \alpha) = 0, \quad f_\alpha(x, y, \alpha) = 0$$

例題 82.1 α をパラメータとするとき，次の曲線群の包絡線の方程式を求めよ。

(1) $y = (x - \alpha)^2 + \alpha^2$ 　　　　　　　　(2) $(x - \alpha)^2 + (y - 2\alpha)^2 = 4$

〈解答〉

(1) $y = (x - \alpha)^2 + \alpha^2$ より $(x - \alpha)^2 + \alpha^2 - y = 0$ であるから，$f(x, y, \alpha) = (x - \alpha)^2 + \alpha^2 - y$ とおくと

$$f(x, y, \alpha) = (x - \alpha)^2 + \alpha^2 - y = 0 \cdots ①, \quad f_\alpha(x, y, \alpha) = -2(x - \alpha) + 2\alpha = 0 \cdots ②$$

② より　$\alpha = \dfrac{x}{2}$ となるから，これを ① に代入して α を消去すると

$$\left(x - \frac{x}{2}\right)^2 + \left(\frac{x}{2}\right)^2 - y = 0 \quad \text{よって} \quad y = \frac{1}{2}x^2$$

これが求める包絡線の方程式である。

(2) $(x - \alpha)^2 + (y - 2\alpha)^2 = 4$ より $(x - \alpha)^2 + (y - 2\alpha)^2 - 4 = 0$ であるから

$f(x, y, \alpha) = (x - \alpha)^2 + (y - 2\alpha)^2 - 4$ とおくと

$$f(x, y, \alpha) = (x - \alpha)^2 + (y - 2\alpha)^2 - 4 = 0 \cdots ①, \quad f_\alpha(x, y, \alpha) = -2(x - \alpha) - 4(y - 2\alpha) = 0 \cdots ②$$

② より $\alpha = \dfrac{x + 2y}{5}$ となるから，これを ① に代入して α を消去すると

$$\left(x - \frac{x + 2y}{5}\right)^2 + \left(y - \frac{2x + 4y}{5}\right)^2 - 4 = 0$$

通分して両辺に 25 をかけると

$$(4x - 2y)^2 + (-2x + y)^2 - 100 = 0 \quad \text{よって} \quad 5(2x - y)^2 = 100$$

したがって $2x - y = \pm 2\sqrt{5}$ となり，求める包絡線の方程式は $y = 2x \pm 2\sqrt{5}$。

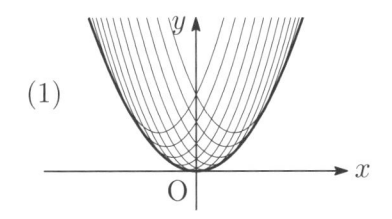

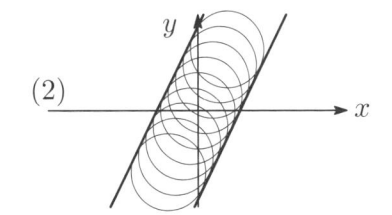

ドリル no.82　class　　no　　name

問題 82.1 α をパラメータとするとき，次の曲線群の包絡線の方程式を求めよ。

(1)　直線群 $y = \alpha x + \alpha^2$

(2)　曲線群 $y = \alpha x^2 + \dfrac{4}{\alpha}$

(3)　曲線群 $(x+\alpha)^2 + (y-3\alpha)^2 = 1$

(4)　曲線群 $y = \dfrac{1}{x-\alpha} - \alpha$

チェック項目	月　日	月　日
包絡線の意味を理解し，その方程式を求めることができる。		

83　2重積分の計算 (1)

領域が長方形であるときの2重積分の値を求めることができる。

2重積分　平面上の領域 D を，面積が ΔS_k $(1 \leq k \leq n)$ である n 個の小領域に分割し，$n \to \infty$ のとき各領域が限りなく小さくなっていくように (どんな小さな円にでも入ってしまうように) する。また各領域から点 (x_k, y_k) を1つずつ選ぶ。そのとき，領域 D における2重積分 (左辺) を次の極限値として定める。

$$\iint_D f(x,y)\,dxdy = \lim_{n\to\infty} \sum_{k=1}^n f(x_k, y_k)\,\Delta S_k$$

2重積分の計算 (1)　$D = \{(x,y) \mid a \leq x \leq b, c \leq y \leq d\}$ のとき

$$\iint_D f(x,y)\,dxdy = \int_a^b \left(\int_c^d f(x,y)\,dy \right) dx$$

右辺の形の積分を累次積分という。領域は $D: a \leq x \leq b, c \leq y \leq d$ と略記する。

例題　83.1　次の2重積分の値を求めよ。

(1) $\displaystyle\iint_D (2xy - y^2)\,dxdy$　$(D: 0 \leq x \leq 1,\ 1 \leq y \leq 2)$

(2) $\displaystyle\iint_D e^{2y} \sin x\,dxdy$　$(D: 0 \leq x \leq \pi,\ -1 \leq y \leq 1)$

＜解答＞

(1)　与式 $= \displaystyle\int_0^1 \left(\int_1^2 (2xy - y^2)\,dy \right) dx$

$= \displaystyle\int_0^1 \left[xy^2 - \frac{1}{3}y^3 \right]_1^2 dx$

$= \displaystyle\int_0^1 \left(4x - \frac{8}{3} - x + \frac{1}{3} \right) dx = \int_0^1 \left(3x - \frac{7}{3} \right) dx = \left[\frac{3}{2}x^2 - \frac{7}{3}x \right]_0^1 = -\frac{5}{6}$

(2)　与式 $= \displaystyle\int_0^\pi \left(\int_{-1}^1 e^{2y} \sin x\,dy \right) dx$

$= \displaystyle\int_0^\pi \left[\frac{1}{2} e^{2y} \sin x \right]_{-1}^1 dx$

$= \displaystyle\int_0^\pi \frac{1}{2} \left(e^2 \sin x - \frac{1}{e^2} \sin x \right) dx$

$= \displaystyle\int_0^\pi \frac{1}{2} \left(e^2 - \frac{1}{e^2} \right) \sin x\,dx = \frac{e^4 - 1}{2e^2} \Big[-\cos x \Big]_0^\pi = \frac{e^4 - 1}{e^2}$

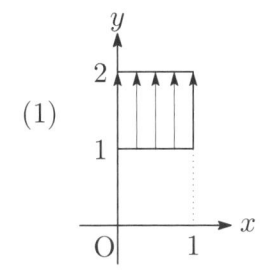

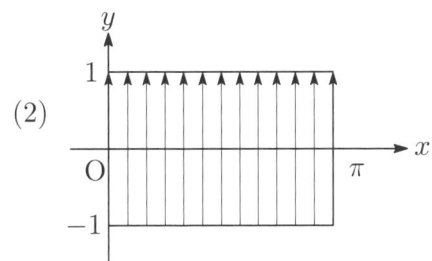

ドリル no.83　　class　　　　no　　　　name

問題 83.1　領域 D が ( ) 内の不等式で表される xy 平面上の領域のとき，次の 2 重積分の値を求めよ。

(1) $\displaystyle\iint_D \frac{x}{y}\,dxdy$　$(D: 0 \leq x \leq 1, 1 \leq y \leq 2)$

(2) $\displaystyle\iint_D e^{3x+y}\,dxdy$　$(D: 1 \leq x \leq 2, 0 \leq y \leq 1)$

(3) $\displaystyle\iint_D \sin(x+y)\,dxdy$　$\left(D: 0 \leq x \leq \dfrac{\pi}{2}, 0 \leq y \leq \dfrac{\pi}{2}\right)$

チェック項目	月　日	月　日
領域が長方形であるときの 2 重積分の値を求めることができる。		

84 2重積分の計算 (2)

一般の領域における2重積分の値を求めることができる。

2重積分の計算 (2)　領域 $D: a \leq x \leq b,\ \varphi(x) \leq y \leq \psi(x)$ で表されるとき，

$$\iint_D f(x,y)\,dxdy = \int_a^b \left(\int_{\varphi(x)}^{\psi(x)} f(x,y)\,dy \right) dx$$

また，領域 $D: a \leq y \leq b,\ \varphi((y) \leq x \leq \psi(y)$ で表されるとき，

$$\iint_D f(x,y)\,dxdy = \int_a^b \left(\int_{\varphi((y)}^{\psi(y)} f(x,y)\,dx \right) dy$$

[例題] **84.1**　領域を図示して，次の2重積分の値を求めよ。

(1) $\iint_D (x^2 + y)\,dxdy,\quad (D: 0 \leq x \leq 1,\ x^2 \leq y \leq x)$

(2) $\iint_D \cos(x+y)\,dxdy,\quad (D: \pi \leq y \leq 2\pi,\ ,y \leq x \leq 2y)$

(3) $\iint_D e^{x+y}\,dxdy,\quad (D: x \geq 0,\ y \geq 0,\ x + y \leq 1)$

＜解答＞　領域は下図の通り。

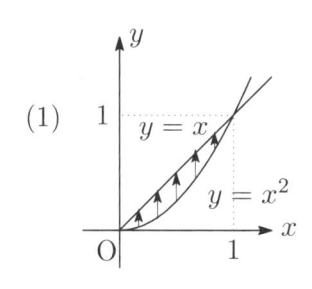

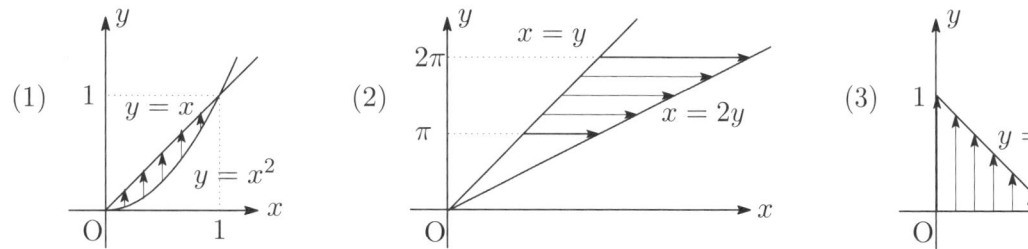

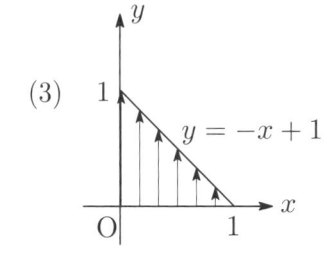

(1) 与式 $= \int_0^1 \left(\int_{x^2}^x (x^2 + y)dy \right) dx$

$= \int_0^1 \left[x^2 y + \frac{1}{2}y^2 \right]_{x^2}^x dx$

$= \int_0^1 \left(x^3 + \frac{1}{2}x^2 - x^4 - \frac{1}{2}x^4 \right) dx = \int_0^1 \left(-\frac{3}{2}x^4 + x^3 + \frac{1}{2}x^2 \right) dx = \frac{7}{60}$

(2) 与式 $= \int_\pi^{2\pi} \left(\int_y^{2y} \cos(x+y)dx \right) dy$

$= \int_\pi^{2\pi} \Big[\sin(x+y) \Big]_y^{2y} dy = \int_\pi^{2\pi} (\sin 3y - \sin 2y)\,dx = \left[-\frac{1}{3}\cos 3y + \frac{1}{2}\cos 2y \right]_\pi^{2\pi} = -\frac{2}{3}$

(3) 領域 D は不等式 $0 \leq x \leq 1,\ 0 \leq y \leq -x+1$ と表されるので，

$\begin{aligned} 与式 &= \iint_D e^{x+y}dxdy \\ &= \int_0^1 \left(\int_0^{-x+1} e^{x+y}dy \right) dx = \int_0^1 \Big[e^{x+y} \Big]_0^{-x+1} dx = \int_0^1 (e - e^x)\,dx = \Big[ex - e^x \Big]_0^1 = 1 \end{aligned}$

ドリル no.84　　class　　　no　　　name

問題 84.1 D を (　) 内の不等式の表す領域とするとき，次の 2 重積分の値を求めよ。また，領域 D も図示せよ。

(1) $\iint_D (x^2 - xy + y^2)dxdy \quad (D: 1 \leqq x \leqq 2,\ x \leqq y \leqq 2x)$

(2) $\iint_D \dfrac{4x}{y^2+1}dxdy \quad (D: 0 \leqq y \leqq 1,\ 0 \leqq x \leqq \sqrt{y})$

(3) $\iint_D (x+y)^2 dxdy \quad (D: x \geqq 0,\ y \geqq 0,\ 2x+y \leqq 1)$

チェック項目	月　日	月　日
一般の領域における 2 重積分の値を求めることができる。		

85 2重積分の順序変更

> 2重積分の順序を変更することができる。

2重積分の順序変更 領域 D が

$$D: a \leq x \leq b,\ \varphi(x) \leq y \leq \psi(x), \quad D: c \leq y \leq d,\ h(y) \leq x \leq k(y)$$

と2通りに表される。このとき，次のように積分順序を変更することができる。

$$\int_a^b \left(\int_{\varphi(x)}^{\psi(x)} f(x,y)\,dy \right) dx = \int_c^d \left(\int_{h(y)}^{k(y)} f(x,y)\,dx \right) dy$$

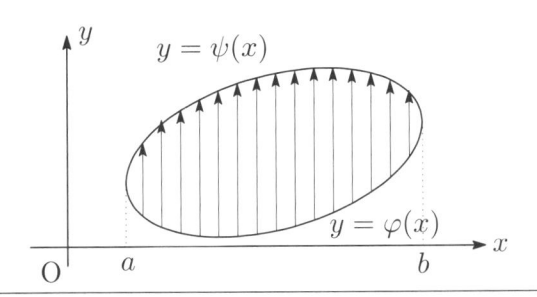

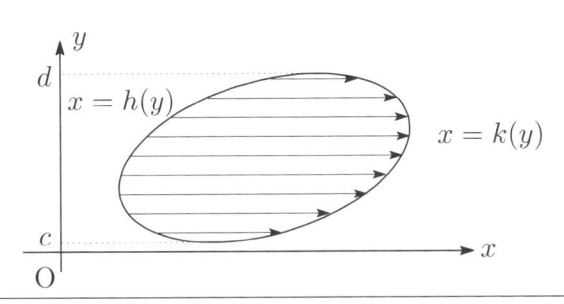

例題 85.1 領域 D を $A(0,0), B(0,1), C(2,1)$ を頂点とする三角形 ABC とするとき2重積分 $I = \iint_D e^{y^2}\,dxdy$ を求める。

(1) 2重積分 I を，積分順序を変更して2通りの方法で表せ。

(2) 積分の計算が簡単な方を選び2重積分の値を求めよ。

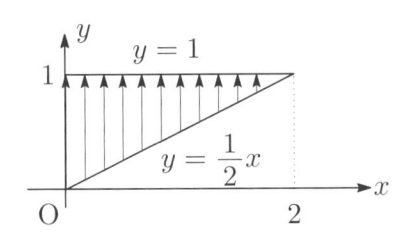

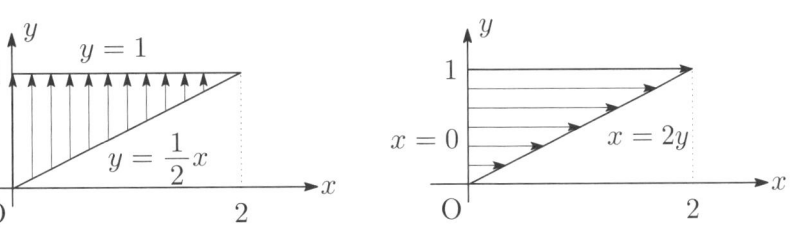

<解答> 領域 D は $D: 0 \leq x \leq 2,\ \dfrac{1}{2}x \leq y \leq 1$, $D: 0 \leq y \leq 1,\ 0 \leq x \leq 2y$ と2通りに表せるので

(1) まず y について積分してから x について積分した式を求め(左辺)，次に x について積分してから y について積分した式を求める(右辺)。

$$I = \int_0^2 \left(\int_{\frac{1}{2}x}^1 e^{y^2}\,dy \right) dx = \int_0^1 \left(\int_0^{2y} e^{y^2}\,dx \right) dy$$

(2) 上の式の左辺は計算することはできない。右辺を計算すると

$$\begin{aligned}
I &= \int_0^1 \left(\int_0^{2y} e^{y^2}\,dx \right) dy \\
&= \int_0^1 \left[xe^{y^2} \right]_0^{2y} dy = \int_0^1 2y e^{y^2}\,dy = \int_0^1 e^t\,dt = \left[e^t \right]_0^1 = e - 1
\end{aligned}$$

ドリル no.85　　class　　　no　　　name

問題 85.1 領域 D を $A(0,0), B(2,2), C(4,0)$ を頂点とする三角形 ABC とするとき $\iint_D y\,dxdy$ を積分順序を変更して 2 通りの方法で求めよ。

問題 85.2 $\displaystyle\int_0^1 \left(\int_{x^2}^{x} f(x,y)\,dy\right) dx$ について，次の問いに答えよ。

(1) 積分領域を図示せよ。

(2) 積分順序を変更して積分式を表せ。

チェック項目	月　日	月　日
2 重積分の順序を変更することができる。		

86 極座標への変換

極座標への変換を用いた2重積分の計算ができる。

極座標を用いて $x = r\cos\theta, y = r\sin\theta$ とおき,領域 D に対応する (r,θ) 平面の領域を D' とすれば,

$$\iint_D f(x,y)\,dxdy = \iint_{D'} f(r\cos\theta, r\sin\theta)\, r\,drd\theta$$

ここで $r\,drd\theta$ の r は次の項目 87 で学ぶヤコビアンである。

例題 86.1 次の2重積分を,極座標に変換して求めよ。

(1) $\iint_D (x^2+y^2)\,dxdy \quad (D: x^2+y^2 \leqq 1)$ 　(2) $\iint_D y\,dxdy \quad (D: x^2+y^2 \leqq 4,\ y \geqq 0)$

<解答>　$x = r\cos\theta, y = r\sin\theta$ とおく。

(1) 領域 D は $D': 0 \leqq \theta \leqq 2\pi,\ 0 \leqq r \leqq 1$ と表せる。$x^2+y^2 = r^2$ だから

$$\begin{aligned}
\iint_D (x^2+y^2)\,dxdy &= \iint_{D'} r^2 \cdot r\,drd\theta \\
&= \int_0^{2\pi} \left(\int_0^1 r^3\,dr\right) d\theta \\
&= \int_0^{2\pi} \left[\frac{r^4}{4}\right]_0^1 d\theta = \int_0^{2\pi} \frac{1}{4}\,d\theta = \frac{\pi}{2}
\end{aligned}$$

(2) 領域 D は $D': 0 \leqq \theta \leqq \pi,\ 0 \leqq r \leqq 2$ と表せるから

$$\begin{aligned}
\iint_D y\,dxdy &= \iint_{D'} r\sin\theta \cdot r\,drd\theta \\
&= \int_0^{\pi} \left(\int_0^2 r^2\,dr\right) \sin\theta\,d\theta \\
&= \int_0^{\pi} \left[\frac{r^3}{3}\right]_0^2 \sin\theta\,d\theta = \int_0^{\pi} \frac{8}{3}\sin\theta\,d\theta = \frac{8}{3}\left[-\cos\theta\right]_0^{\pi} = \frac{16}{3}
\end{aligned}$$

例題 86.2 次の2重積分を求めよ。

$$\iint_D e^{x^2+y^2}\,dxdy,\quad D: x^2+y^2 \leqq 1$$

<解答>　$x = r\cos\theta, y = r\sin\theta$ とおくと領域 D は $D': 0 \leqq \theta \leqq 2\pi,\ 0 \leqq r \leqq 1$ と表せる。$x^2+y^2 = r^2$ だから

$$\begin{aligned}
\iint_D e^{x^2+y^2}\,dxdy &= \iint_{D'} e^{r^2} \cdot r\,drd\theta \\
&= \int_0^{2\pi} \left(\int_0^1 e^{r^2} r\,dr\right) d\theta \\
&= \int_0^{2\pi} \left[\frac{e^{r^2}}{2}\right]_0^1 d\theta = \int_0^{2\pi} \frac{e-1}{2}\,d\theta = \pi(e-1)
\end{aligned}$$

ドリル no.86　class　　　no　　　name

問題 86.1 次の 2 重積分を，極座標に変換して求めよ。

(1) $\iint_D \sqrt{x^2+y^2}\,dxdy \quad (D: x^2+y^2 \leq 9)$

(2) $\iint_D x^2\,dxdy \quad (D: x^2+y^2 \leq 4,\ x \geq 0,\ y \geq 0)$

(3) $\iint_D \log(x^2+y^2)\,dxdy \quad (D: 1 \leq x^2+y^2 \leq 4)$

チェック項目	月　日	月　日
極座標への変換を用いた 2 重積分の計算ができる。		

87　2重積分の変数変換

変数変換を行うことによって2重積分の計算ができる。

変数変換 $x = \varphi(u,v), y = \psi(u,v)$ に対して,

$$\frac{\partial(x,y)}{\partial(u,v)} = J(u,v) = \begin{vmatrix} \dfrac{\partial x}{\partial u} & \dfrac{\partial x}{\partial v} \\ \dfrac{\partial y}{\partial u} & \dfrac{\partial y}{\partial v} \end{vmatrix}$$

を $x = \varphi(u,v), y = \psi(u,v)$ の u, v に関するヤコビアンという。このとき, 次が成り立つ。

2重積分の変数変換　$x = \varphi(u,v), y = \psi(u,v)$ を変数変換とするとき, xy 平面の領域 D に対応する uv 平面の領域を D' とおけば

$$\iint_D f(x,y)\,dxdy = \iint_{D'} f(\varphi(u,v), \psi(u,v)) \left| \frac{\partial(x,y)}{\partial(u,v)} \right| du\,dv$$

[例題] **87.1**　$D: -2 \leqq x+2y \leqq 2, -2 \leqq x-2y \leqq 2$ のとき, $x+2y = u, x-2y = v$ とおくことによって, 2重積分 $\displaystyle\iint_D xy\,dxdy$ の値を求めよ。

＜解答＞　積分領域は $D': -2 \leqq u \leqq 2, -2 \leqq v \leqq 2$ となり, また $x = \dfrac{1}{2}(u+v), y = \dfrac{1}{4}(u-v)$ だからヤコビアンは

$$\frac{\partial(x,y)}{\partial(u,v)} = \begin{vmatrix} \frac{1}{2} & \frac{1}{2} \\ \frac{1}{4} & -\frac{1}{4} \end{vmatrix} = -\frac{1}{8} - \frac{1}{8} = -\frac{1}{4}$$

である。したがって, 求める2重積分は

$$\begin{aligned}
\text{与式} &= \iint_{D'} \frac{1}{2}(u+v) \cdot \frac{1}{4}(u-v) \cdot \left| -\frac{1}{4} \right| du\,dv \\
&= \frac{1}{32} \int_{-2}^{2} \left(\int_{-2}^{2} (u^2 - v^2)\,du \right) dv \\
&= \frac{1}{32} \int_{-2}^{2} \left[\frac{u^3}{3} - uv^2 \right]_{-2}^{2} dv = \frac{1}{16} \int_{-2}^{2} \left(\frac{8}{3} - 2v^2 \right) dv = \frac{1}{16} \left[\frac{8}{3}v - \frac{2}{3}v^3 \right]_{-2}^{2} = 0
\end{aligned}$$

[例題] **87.2**　$D: \dfrac{x^2}{a^2} + \dfrac{y^2}{b^2} \leqq 1$ のとき, $x = au\cos v, y = bu\sin v$ とおくことによって, 2重積分 $\displaystyle\iint_D \left(\dfrac{x^2}{a^2} + \dfrac{y^2}{b^2} \right) dxdy$ の値を求めよ。ただし $a > 0, b > 0$ とする。

＜解答＞　積分領域は $D': 0 \leqq u \leqq 1, 0 \leqq v \leqq 2\pi$ であり, また $\dfrac{x^2}{a^2} + \dfrac{y^2}{b^2} = u^2\cos^2 v + u^2\sin^2 v = u^2$ となるから,

$$\frac{\partial(x,y)}{\partial(u,v)} = \begin{vmatrix} a\cos v & -au\sin v \\ b\sin v & bu\cos v \end{vmatrix} = abu\cos^2 v + abu\sin^2 v = abu$$

である。したがって求める2重積分は

$$\begin{aligned}
\text{与式} &= \iint_D u^2 \cdot |abu|\,du\,dv \\
&= ab \int_0^{2\pi} \left(\int_0^1 u^3\,du \right) dv = ab \int_0^{2\pi} \left[\frac{1}{4}u^4 \right]_0^1 dv = \frac{ab}{4} \int_0^{2\pi} dv = \frac{ab}{4} \Big[v \Big]_0^{2\pi} = \frac{\pi}{2}ab
\end{aligned}$$

ドリル no.87　class　　　no　　　name

問題 87.1 $D: 1 \leqq x+y \leqq 2, -2 \leqq x-y \leqq 2$ のとき, $x+y=u, x-y=v$ とおくことによって, 2 重積分 $\displaystyle\iint_D \frac{(x-y)^2}{x+y} dxdy$ の値を求めよ。

問題 87.2 $D: \dfrac{x^2}{4} + \dfrac{y^2}{9} \leqq 1$ のとき, $x=2u\cos v, y=3u\sin v$ とおくことによって, 2 重積分 $\displaystyle\iint_D \left(\frac{x^2}{4}+\frac{y^2}{9}\right)^2 dxdy$ の値を求めよ。

チェック項目	月　日	月　日
変数変換を行うことによって 2 重積分の計算ができる。		

88　2重積分と立体の体積

> 2重積分を用いて立体の体積を求めることができる。

曲面で囲まれた立体の体積　関数 $z = f(x,y), z = g(x,y)$ は xy 平面上の領域 D で連続で, $f(x,y) \geqq g(x,y)$ を満たしているとする。領域 D の境界を通り xy 平面に垂直な直線が作る柱面の内部 (以下, これを領域 D の内部と略記する) で, 2つの曲面 $z = f(x,y), z = g(x,y)$ に囲まれる立体の体積は,

$$V = \iint_D (f(x,y) - g(x,y))dxdy$$

である。とくに, 関数 $g(x,y) = 0$ のとき, 曲面 $z = f(x,y)$ と xy 平面に囲まれる立体の体積は,

$$V = \iint_D f(x,y)\,dxdy$$

例題 88.1　領域 $D: 0 \leqq x \leqq y, 0 \leqq y \leqq 1$ の内部で, 2曲面 $z = x^2 - y, z = 2x^2$ で囲まれた立体の体積を求めよ。

〈解答〉　領域 D において $2x^2 \geqq x^2 - y$ により (与えられた領域 D では $y \geqq 0$ なので, $2x^2 \geqq x^2 \geqq x^2 - y$)

$$\begin{aligned}
V &= \iint_D (2x^2 - (x^2 - y))dxdy \\
&= \int_0^1 \int_0^y (x^2 + y)dxdy \\
&= \int_0^1 \left[\frac{1}{3}x^3 + xy\right]_0^y dy \\
&= \int_0^1 \left(\frac{1}{3}y^3 + y^2\right) dy \\
&= \left[\frac{1}{12}y^4 + \frac{1}{3}y^3\right]_0^1 \\
&= \frac{5}{12}
\end{aligned}$$

例題 88.2　放物面 $z = 1 - x^2 - y^2$ と xy 平面で囲まれた立体の体積を求めよ。

〈解答〉　積分する領域 D は放物曲面 $z = 1 - x^2 - y^2$ と xy 平面 $z = 0$ の交線 $x^2 + y^2 = 1$ により得られるので xy 平面上の原点中心, 半径1の円である。D を極座標で表すと $D': 0 \leqq r \leqq 1, 0 \leqq \theta \leqq 2\pi$ なので,

$$\begin{aligned}
V &= \iint_D (1 - x^2 - y^2)dxdy \\
&= \int_0^{2\pi} \int_0^1 (1 - r^2)rdrd\theta \\
&= \int_0^{2\pi} \left[\frac{1}{2}r^2 - \frac{1}{4}r^4\right]_0^1 d\theta \\
&= \int_0^{2\pi} \frac{1}{4}d\theta = \frac{\pi}{2}
\end{aligned}$$

ドリル no.88　　class　　　no　　　name

問題 88.1 次の立体の体積を求めよ。

(1) 領域 $D: 0 \leq x \leq 1,\ 0 \leq y \leq 2-2x$ の内部で, 2曲面 $z = x^2$ と平面 $z = 2x-1$ で囲まれた立体

(2) 領域 $D: 0 \leq x \leq y^2,\ 0 \leq y \leq 1$ の内部で, 2曲面 $z = x^3$ と xy 平面 で囲まれた立体

(3) 平面 $z = 6 - 2x - 3y$, xy 平面, yz 平面, zx 平面で囲まれた立体

チェック項目	月　日	月　日
2重積分を用いて立体の体積を求めることができる。		

89　2重積分と曲面積

2重積分を用いて曲面の面積を求めることができる。

曲面の面積　xy 平面上にある領域 D 上の曲面 $z = f(x, y)$ の面積 S は,
$$S = \iint_D \sqrt{(f_x(x,y))^2 + (f_y(x,y))^2 + 1}\, dxdy = \iint_D \sqrt{z_x{}^2 + z_y{}^2 + 1}\, dxdy$$
とくに $z = 1$ としたとき, 領域 D の面積を S_D とすれば
$$\iint_D dxdy = S_D$$

例題 89.1　領域 $D : x^2 + y^2 \leqq 4$ 上の平面 $z = 3x + 4y + 10$ の面積 S を求めよ。

＜解答＞　$z_x = 3, z_y = 4$ だから
$$S = \iint_D \sqrt{3^2 + 4^2 + 1}\, dxdy = \sqrt{26} \iint_D dxdy$$

である。D は半径 2 の円であるから $\iint_D dxdy = 4\pi$, したがって $S = 4\sqrt{26}\pi$ となる。

例題 89.2　曲面 $z = \sqrt{1 - x^2 - y^2}$ の曲面積を求めよ。

＜解答＞　$z_x = \dfrac{-2x}{2\sqrt{1-x^2-y^2}} = -\dfrac{x}{\sqrt{1-x^2-y^2}}$, $z_y = -\dfrac{y}{\sqrt{1-x^2-y^2}}$ より,

$$\begin{aligned}
z_x{}^2 + z_y{}^2 + 1 &= \left(-\frac{x}{\sqrt{1-x^2-y^2}}\right)^2 + \left(-\frac{y}{\sqrt{1-x^2-y^2}}\right)^2 + 1 \\
&= \frac{1}{1-x^2-y^2}
\end{aligned}$$

曲面の定義域は $D : x^2 + y^2 \leqq 1$ であり, これが積分領域となる。よって
$$S = \iint_D \frac{1}{\sqrt{1-x^2-y^2}}\, dxdy$$

極座標変換 $x = r\cos\theta, y = r\sin\theta$ を行うと, 新しい積分領域は $D' : 0 \leqq \theta \leqq 2\pi, 0 \leqq r \leqq 1$ となるから,
$$S = \iint_D \frac{1}{\sqrt{1-x^2-y^2}}\, dxdy = \iint_{D'} \frac{1}{\sqrt{1-r^2}} \cdot r\, drd\theta = \int_0^{2\pi} \left(\int_0^1 \frac{r}{\sqrt{1-r^2}}\, dr \right) d\theta$$

となる。内側の積分は $t = 1 - r^2$ とおいて,
$$\int_0^1 \frac{r}{\sqrt{1-r^2}}\, dr = \int_1^0 \left(-\frac{1}{2\sqrt{t}}\right) dt = \frac{1}{2} \int_0^1 t^{-\frac{1}{2}}\, dt = \left[\sqrt{t}\,\right]_0^1 = 1$$

したがって $S = \int_0^{2\pi} d\theta = 2\pi$ となる。

ドリル **no.89**　　class　　　no　　　name

問題 89.1　領域 $D : (x-1)^2 + y^2 \leq 4$ 上の曲面 $z = -2x - 3y + 12$ の面積を求めよ。

問題 89.2　$z = 4 - x^2 - y^2$ の $z \geq 0$ に対する曲面積を求めよ。

チェック項目	月　日	月　日
2重積分を用いて曲面の面積を求めることができる。		

90 2重積分と平面図形の重心

2重積分を用いて、与えられた領域の重心を求めることができる。

平面図形の重心 平面図形 D の面積を S とするとき、その重心の座標 (x_0, y_0) は
$$x_0 = \frac{1}{S}\iint_D x\,dxdy, \quad y_0 = \frac{1}{S}\iint_D y\,dxdy$$

【例題】**90.1** $y = \cos x \left(0 \leqq x \leqq \frac{\pi}{2}\right)$, x 軸, y 軸で囲まれる図形の重心の座標を求めよ。

<解答> 与えられた図形 D の面積 S は
$$S = \int_0^{\frac{\pi}{2}} \cos x\,dx = 1$$

である。また,

$$\begin{aligned}
\iint_D x\,dxdy &= \int_0^{\frac{\pi}{2}} \left(\int_0^{\cos x} x\,dy\right) dx \\
&= \int_0^{\frac{\pi}{2}} x\cos x\,dx = \Big[x\sin x\Big]_0^{\frac{\pi}{2}} - \int_0^{\frac{\pi}{2}} \sin x\,dx = \frac{\pi}{2} - 1 \\
\iint_D y\,dxdy &= \int_0^{\frac{\pi}{2}} \left(\int_0^{\cos x} y\,dy\right) dx \\
&= \int_0^{\frac{\pi}{2}} \frac{\cos^2 x}{2}\,dx = \frac{1}{2}\cdot\frac{1}{2}\cdot\frac{\pi}{2} = \frac{\pi}{8}
\end{aligned}$$

となるから, 重心の座標は $\left(\frac{\pi}{2} - 1, \frac{\pi}{8}\right)$ となる。

【例題】**90.2** a, b は $0 < a < b$ を満たす定数とする。不等式 $a^2 \leqq x^2 + y^2 \leqq b^2$, $x \geqq 0$, $y \geqq 0$ で表される図形の重心の座標を求めよ。

<解答> 与えられた図形 D の面積を S とすると,
$$S = \frac{1}{4}\pi b^2 - \frac{1}{4}\pi a^2 = \frac{1}{4}\pi(b^2 - a^2)$$

である。D を極座標で表すと, $a \leqq r \leqq b$, $0 \leqq \theta \leqq \frac{\pi}{2}$ であるから,

$$\iint_D x\,dxdy = \int_0^{\frac{\pi}{2}}\left(\int_a^b r^2\cos\theta\,dr\right)d\theta = \frac{1}{3}(b^3 - a^3),$$
$$\iint_D y\,dxdy = \int_0^{\frac{\pi}{2}}\left(\int_a^b r^2\sin\theta\,dr\right)d\theta = \frac{1}{3}(b^3 - a^3)$$

となる。したがって, 重心の座標は $\left(\dfrac{\frac{1}{3}(b^3-a^3)}{\frac{1}{4}\pi(b^2-a^2)}, \dfrac{\frac{1}{3}(b^3-a^3)}{\frac{1}{4}\pi(b^2-a^2)}\right)$ であるから,

$$\left(\frac{4(a^2 + ab + b^2)}{3\pi(a+b)}, \frac{4(a^2 + ab + b^2)}{3\pi(a+b)}\right)$$

である。

ドリル **no.90**　　class　　　　no　　　　name

問題 90.1　$y = 1 - x^2$ の第一象限の部分と x 軸, y 軸で囲まれた図形の重心の座標を求めよ。

問題 90.2　a, b は $0 < a < b$ を満たす定数とする。不等式 $a^2 \leqq x^2 + y^2 \leqq b^2, y \geqq 0$ で表される図形の重心の座標を求めよ。

チェック項目	月　日	月　日
2重積分を用いて, 与えられた領域の重心を求めることができる。		

91　1階微分方程式の解法 (1)

> 変数を分離することによって，変数分離形の微分方程式を解くことができる。初期条件と特殊解を理解している。

変数分離形　$\dfrac{dy}{dx} = f(x)g(y)$ の形の微分方程式を変数分離形という。この微分方程式は変数を分離し，この両辺を積分することによって解くことができる。

$$\int \frac{1}{g(y)}\,dy = \int f(x)\,dx$$

初期条件と特殊解　一般に，微分方程式の解は任意定数を含む。任意定数を含んだ解を一般解という。1階微分方程式に「$x = a$ のとき $y = b$」という条件をおけば，ただひとつの解が定まる。この条件を初期条件といい，それによって定まる解を特殊解という。

[例題] **91.1**　次の微分方程式の一般解，および (　) 内の初期条件を満たす特殊解を求めよ。

(1) $\dfrac{dy}{dx} = \dfrac{y-1}{x-2}$ 　($x = 0$ のとき $y = 3$)　　(2) $\dfrac{dy}{dx} = -2y\tan x$ 　($x = 0$ のとき $y = 5$)

＜解答＞　変数を分離して積分する。

(1) 変数を分離すれば

$$\frac{1}{y-1}dy = \frac{1}{x-2}dx$$

となるから，この両辺を積分すれば，C_1 を任意定数として

$$\int \frac{1}{y-1}dy = \int \frac{1}{x-2}dx \qquad \therefore\quad \log|y-1| = \log|x-2| + C_1$$

となる。これを移項すれば

$$\log\left|\frac{y-1}{x-2}\right| = C_1 \qquad \therefore\quad \frac{y-1}{x-2} = \pm e^{C_1}$$

となるから，$C = \pm e^{C_1}$ とおけば，次の一般解が得られる。

$$y = C(x-2) + 1 \quad (C \text{ は任意定数})$$

$x = 0$ のとき $y = 3$ だから $C = -1$ となり，特殊解 $y = -x + 3$ が得られる。

(2) 変数を分離して両辺を積分すれば

$$\int \frac{dy}{y} = -2\int \tan x\,dx$$

となるから，この両辺を積分すれば

$$\log|y| = 2\log|\cos x| + C_1 \quad (C_1 \text{ は任意定数})$$

が得られる。これを $\log\left|\dfrac{y}{\cos^2 x}\right| = C_1$ と変形し，$C = \pm e^{C_1}$ とおけば，次の一般解が得られる。

$$y = C\cos^2 x \quad (C \text{ は任意定数})$$

$x = 0$ のとき $y = 5$ だから $C = 5$ となり，特殊解 $y = 5\cos^2 x$ が得られる。

ドリル no.91　　class　　　no　　　　name

問題 91.1 次の微分方程式を解け。

(1) $\dfrac{dy}{dx} = (x+2)y$

(2) $\dfrac{dy}{dx} = y\sin x$

問題 91.2 微分方程式 $(1+x^2)\dfrac{dy}{dx} = \dfrac{x}{y}$ の，初期条件 $x=0$ のとき $y=1$ を満たす特殊解を求めよ。

チェック項目	月 日	月 日
変数を分離することによって，変数分離形の微分方程式を解くことができる。初期条件と特殊解を理解している。		

92　1階微分方程式の解法 (2)

> 同次形の微分方程式を解くことができる。

同次形　$\dfrac{dy}{dx} = f\left(\dfrac{y}{x}\right)$ の形の微分方程式を同次形という。$\dfrac{y}{x} = u$ とおくと $y = xu$ となるから，両辺を x で微分して

$$\frac{dy}{dx} = u + x\frac{du}{dx}$$

が得られる。これを与えられた方程式に代入すると $u + x\dfrac{du}{dx} = f(u)$ となり，変数分離形の方程式が得られる。

例題 92.1　次の微分方程式を解け。

(1)　$\dfrac{dy}{dx} = \dfrac{x + 2y}{x}$　　　　　　　　(2)　$\dfrac{dy}{dx} = \dfrac{y^2 - x^2}{2xy}$

<解答>　以下，C_1, C は任意定数とする。

(1) 与えられた方程式は $\dfrac{dy}{dx} = 1 + 2 \cdot \dfrac{y}{x}$ となるから同次形である。ここで $u = \dfrac{y}{x}$ とおけば $\dfrac{dy}{dx} = u + x\dfrac{du}{dx}$ だから

$$u + x\frac{du}{dx} = 1 + 2u$$

となって変数分離形の方程式が得られる。変数を分離して積分すれば

$$\int \frac{1}{u+1} du = \int \frac{1}{x} dx$$

となるから，$C = \pm e^{C_1}$ とおけば

$$\log|u+1| = \log|x| + C_1 \quad \therefore \quad u + 1 = Cx$$

が得られる。$u = \dfrac{y}{x}$ を代入すれば

$$\frac{y}{x} + 1 = Cx \quad \therefore \quad x + y = Cx^2$$

(2) 与えられた方程式は $\dfrac{dy}{dx} = \dfrac{\left(\dfrac{y}{x}\right)^2 - 1}{2 \cdot \dfrac{y}{x}}$ となるから，$\dfrac{y}{x} = u$ とおけば

$$u + x\frac{du}{dx} = \frac{u^2 - 1}{2u} \quad \therefore \quad \frac{2u}{u^2 + 1} du = -\frac{1}{x} dx$$

これを積分すれば

$$\log(u^2 + 1) = -\log|x| + C_1 \quad \therefore \quad u^2 + 1 = \pm\frac{e^{C_1}}{x}$$

が得られる。$\pm e^{C_1} = C$ とおいて $u = \dfrac{y}{x}$ を代入すれば

$$\left(\frac{y}{x}\right)^2 + 1 = \frac{C}{x} \quad \therefore \quad y^2 + x^2 = Cx$$

ドリル **no.92**　　class　　　　no　　　　name

問題 92.1　次の微分方程式を解け。

(1) $\dfrac{dy}{dx} = \dfrac{x+y}{x}$

(2) $\dfrac{dy}{dx} = \dfrac{xy}{x^2+y^2}$

チェック項目	月　日	月　日
同次形の微分方程式を解くことができる。		

93　1階微分方程式の解法 (3)

> 1階線形微分方程式を解くことができる。

1階線形微分方程式　$y' + p(x)y = q(x)$ の形の微分方程式を 1 階線形微分方程式という。$y' + p(x)y = 0$ は変数分離形であり，$\int p(x)\,dx = P(x) + C$ とするとき

$$y_0 = Ce^{-P(x)} \quad (C\text{ は任意定数})$$

が一般解である。この解の任意定数 C を関数 $u(x)$ に代えた関数 $y = u(x)e^{-P(x)}$ が，元の方程式 $y' + p(x)y = q(x)$ の解になるような $u(x)$ を求める方法を，定数変化法という。これによって次の公式が得られる。

$$y = e^{-P(x)}\left(\int e^{P(x)} q(x)\,dx + C\right)$$

例題 93.1　1階線形微分方程式 $y' + 2xy = x$ を定数変化法によって解け。

＜解答＞ $y' + 2xy = 0$ を解く。変数分離して $\dfrac{1}{y}dy = -2x\,dx$ だから，これを積分して $C = \pm e^{C_1}$ とおけば

$$\log|y| = -x^2 + C_1 \quad \therefore \quad y = Ce^{-x^2}$$

が得られる。次に $y' + 2xy = x$ の解を $y = u(x)e^{-x^2}$ として $y' + 2xy = x$ に代入すれば

$$\left(u(x)e^{-x^2}\right)' + 2x\left(u(x)e^{-x^2}\right) = x$$

となるから，

$$(u'(x)e^{-x^2} - 2u(x)xe^{-x^2}) + 2u(x)xe^{-x^2} = x \qquad \therefore \quad u'(x)e^{-x^2} = x$$

が得られる。両辺に e^{x^2} をかけて積分すれば

$$u(x) = \int xe^{x^2}\,dx = \frac{1}{2}e^{x^2} + C$$

となるから，求める一般解は次のようになる。

$$y = u(x)e^{-x^2} = \left(\frac{1}{2}e^{x^2} + C\right)e^{-x^2} = \frac{1}{2} + Ce^{-x^2}$$

例題 93.2　1階線形微分方程式 $y' + y = 2\cos x$ を公式を用いて解け。

＜解答＞ $p(x) = 1$ だから $\int p(x)\,dx = \int dx = x + C$ となる。よって $P(x) = x$ とすればよい。$q(x) = 2\cos x$ だから

$$y = e^{-x}\left(\int e^x \cdot 2\cos x\,dx + C\right)$$

が得られる。$\int e^x \cos x\,dx = \dfrac{1}{2}e^x(\cos x + \sin x) + C$ であるから，求める解は次のようになる。

$$y = e^{-x}\left(e^x(\cos x + \sin x) + C\right) = \cos x + \sin x + Ce^{-x}$$

ドリル no.93　　class　　　no　　　name

問題 93.1　次の1階線形微分方程式を定数変化法によって解け。

(1) $y' + 3x^2 y = x^2$

(2) $y' - 3y = e^{2x}$

(3) $y' + 3y = 10\sin x$

チェック項目	月　日	月　日
1階線形微分方程式を解くことができる。		

94 1階微分方程式の応用

1階微分方程式を用いて問題を解決することができる。

時刻 t の関数 y について，$\dfrac{dy}{dt}$ は y の t に関する変化の割合を表す。

例題 94.1 時刻 t における細菌の数を N とする。N の t に関する変化の割合が N に比例するとき，比例定数を $k > 0$ として N についての微分方程式を作り，その一般解を求めよ。また，t が 10 増えると N が 2 倍になるときの k の値を求めよ。

解答　求める微分方程式は
$$\frac{dN}{dt} = kN$$
である。これは変数分離形（または1階線形）の微分方程式であり，その一般解は
$$N = Ce^{kt} \quad (C \text{ は任意定数})$$
である。t が 10 増えると N が 2 倍になるとき，任意の t について
$$Ce^{k(t+10)} = 2Ce^{kt}$$
が成り立つ。したがって，$e^{10k} = 2$ であり，$k = \dfrac{\log 2}{10}$ となる。

例題 94.2 ある年は全部で M 人の人がインフルエンザに感染した。時刻 t までにインフルエンザに感染した人の数を n とするとき，n の t に関する変化の割合は，n と $M - n$ の積に比例している。比例定数を $k > 0$ として，n に関する微分方程式を作れ。また，$t = 0$ において $n = \dfrac{1}{3}M$ となる特殊解を求めよ。

解答　求める微分方程式は次のようになる。
$$\frac{dn}{dt} = kn(M - n)$$
この微分方程式は変数分離形であり，一般解は
$$n = \frac{MCe^{kMt}}{1 + Ce^{kMt}} = \frac{MC}{e^{-kMt} + C} \quad (C \text{ は任意定数})$$
である。$t = 0$ のとき $n = \dfrac{1}{3}M$ であるから，
$$\frac{1}{3}M = \frac{MC}{1 + C}$$
が成り立つ。よって，$C = \dfrac{1}{2}$ であるから，求める特殊解は $n = \dfrac{M}{2e^{-kMt} + 1}$ である。

(参考)　$C = 1$ の場合のグラフを下に示す。このような曲線をロジスティック曲線と呼ぶ。

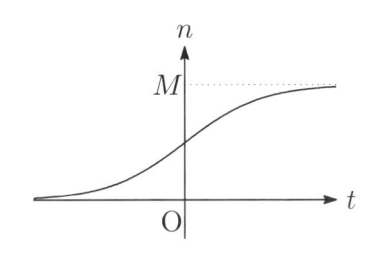

ドリル **no.94**　　class　　　　no　　　　name

問題 94.1　放射性同位元素 ^{14}C は放射線を出して崩壊し，窒素になる。時刻 t における ^{14}C の原子の個数を N とするとき，次の式が成り立つ。

$$\frac{dN}{dt} = -kN$$

ただし，$k > 0$ は定数である。このとき，N の一般解を求めよ。また，^{14}C の半減期が 5730 年である（5730 年経つと N が半分になる）ことを使って，k [個/年] の値を求めよ。

問題 94.2　ある商品の時刻 t における普及率を y とする $(0 \leq y \leq 1)$。y の t に関する変化の割合が $y(1-y)$ に比例するとき，比例定数を $k > 0$ として，y に関する微分方程式を作れ。また，$t = 0$ において $y = 0.25$ となる特殊解を求めよ。

チェック項目	月　日	月　日
1階微分方程式を用いて問題を解決することができる。		

95 2階線形微分方程式の解法 (1)

> 定数係数斉次(同次)2階線形微分方程式を解くことができる。

定数係数斉次2階線形微分方程式 a, b が定数のとき, x の関数 y について, $y'' + ay' + by = 0$ の形の微分方程式を定数係数斉次2階線形微分方程式という。この微分方程式の一般解は, $y = e^{\lambda x}$ を代入して得られる特性方程式 $\lambda^2 + a\lambda + b = 0$ の解に対応して, 次の式で与えられる。(A, B は任意定数)

(1) 異なる2つの実数解 $\lambda = \alpha, \beta$ をもつとき $\quad y = Ae^{\alpha x} + Be^{\beta x}$

(2) 2重解 $\lambda = \alpha$ をもつとき $\quad y = (A + Bx)e^{\alpha x}$

(3) 異なる2つの虚数解 $\lambda = p \pm qi$ をもつとき $\quad y = e^{px}(A\cos qx + B\sin qx)$

例題 95.1 次の微分方程式を解け。

(1) $y'' - 5y' + 6y = 0$ (2) $y'' + 4y' + 4y = 0$ (3) $y'' + 2y' + 3y = 0$

(4) $y'' - 4y' = 0$ (5) $y'' - 4y = 0$ (6) $y'' + 4y = 0$

<解答> 特性方程式の解によって判断する。A, B は任意定数とする。

(1) $\lambda^2 - 5\lambda + 6 = 0$ の解は $\lambda = 2, 3$ であるから $\quad y = Ae^{2x} + Be^{3x}$

(2) $\lambda^2 + 4\lambda + 4 = 0$ の解は $\lambda = -2$ (2重解) であるから $\quad y = e^{-2x}(A + Bx)$

(3) $\lambda^2 + 2\lambda + 3 = 0$ の解は $\lambda = -1 \pm \sqrt{2}i$ であるから $\quad y = e^{-x}(A\cos\sqrt{2}x + B\sin\sqrt{2}x)$

(4) $\lambda^2 - 4\lambda = 0$ の解は $\lambda = 0, 4$ であるから $\quad y = Ae^{0x} + Be^{4x} = A + Be^{4x}$

(5) $\lambda^2 - 4 = 0$ の解は $\lambda = \pm 2$ であるから $\quad y = Ae^{2x} + Be^{-2x}$

(6) $\lambda^2 + 4 = 0$ の解は $\lambda = \pm 2i$ であるから $\quad y = e^{0x}(A\cos 2x + B\sin 2x) = A\cos 2x + B\sin 2x$

例題 95.2 次の微分方程式の, 初期条件「$x = 0$ のとき $y = 0, y' = 6$」を満たす解を求めよ。

(1) $y'' - 2y' - 8y = 0$ (2) $y'' - 6y' + 9y = 0$

<解答> A, B は任意定数とする。

(1) 特性方程式 $\lambda^2 - 2\lambda - 8 = 0$ の解は $\lambda = 4, -2$ となるから, 一般解は $y = Ae^{4x} + Be^{-2x}$ であり, さらに $y' = 4Ae^{4x} - 2Be^{-2x}$ が成り立つ。初期条件から $A + B = 0, 4A - 2B = 6$ となるから $A = 1, B = -1$ が得られる。よって特殊解は $y = e^{4x} - e^{-2x}$ となる。

(2) 特性方程式 $\lambda^2 - 6\lambda + 9 = 0$ の解は $\lambda = 3$ (2重解) であるから, 一般解は $y = e^{3x}(A + Bx)$, さらに $y' = 3e^{3x}(A + Bx) + e^{3x} \cdot B = e^{3x}(3A + B + 3Bx)$ が成り立つ。初期条件から $A = 0, 3A + B = 6$ となるから $A = 0, B = 6$ が得られる。よって特殊解は $y = e^{3x}(0 + 6x) = 6xe^{3x}$ となる。

ドリル **no.95**　　class　　　no　　　name

問題 95.1　次の微分方程式を解け。

(1)　$y'' - 3y' + 2y = 0$　　　(2)　$y'' + 2y' + y = 0$　　　(3)　$y'' - 6y' + 13y = 0$

(4)　$y'' - y' = 0$　　　(5)　$y'' - y = 0$　　　(6)　$y'' + y = 0$

問題 95.2　次の微分方程式の，初期条件「$x = 0$ のとき $y = 0$, $y' = 4$」を満たす解を求めよ。

(1)　$y'' - 4y' + 3y = 0$　　　　　(2)　$y'' - 6y' + 25y = 0$

チェック項目	月　日	月　日
定数係数斉次2階線形微分方程式を解くことができる。		

96　2階線形微分方程式の解法 (2)

> 定数係数非斉次 (非同次) 2 階線形微分方程式を解くことができる。

定数係数非斉次 2 階線形微分方程式　$y'' + ay' + by = R(x)$ の形の微分方程式を定数係数非斉次 2 階線形微分方程式という。$y'' + ay' + by = 0$ の一般解を $y_0(x)$, $y'' + ay' + by = R(x)$ の特殊解を $y_1(x)$ とするとき, $y'' + ay' + by = R(x)$ の一般解は次のようになる。

$$y = y_1(x) + y_0(x)$$

定数係数非斉次 2 階線形微分方程式 $y'' + ay' + by = R(x)$ の特殊解 $y_1(x)$ は, $R(x)$ の形から予想することによって求める。

[例題] **96.1**　次の微分方程式の一般解を求めよ。

(1)　$y'' - y' - 2y = -2x^2 - 6x - 6$ 　　(2)　$y'' - y' - 2y = 8e^{3x}$

(3)　$y'' - y' - 2y = 20\sin 2x$ 　　(4)　$y'' - y' - 2y = -3e^{2x}$

＜解答＞　$y'' - y' - 2y = 0$ の一般解は, $y_0 = Ae^{2x} + Be^{-x}$ (A, B は任意定数) である。

(1) 特殊解を $y_1 = ax^2 + bx + c$ と予想して与えられた方程式に代入すると

$$2a - (2ax + b) - 2(ax^2 + bx + c) = -2x^2 - 6x - 6$$

となるから, 係数を比較して $a = 1, b = 2, c = 3$ が得られる。したがって特殊解が $y_1 = x^2 + 2x + 3$ となるから, 一般解は $y = x^2 + 2x + 3 + Ae^{2x} + Be^{-x}$ となる。

(2) 特殊解を $y_1 = ae^{3x}$ と予想して与えられた方程式に代入すると

$$9ae^{3x} - 3ae^{3x} - 2ae^{3x} = 8e^{3x} \qquad \therefore \quad 4ae^{3x} = 8e^{3x}$$

から $a = 2$ が得られる。したがって特殊解が $y_1 = 2e^{3x}$ となるから, 一般解は $y = 2e^{3x} + Ae^{2x} + Be^{-x}$ となる。

(3) 特殊解を $y_1 = a\cos 2x + b\sin 2x$ と予想して与えられた方程式に代入すると

$$(-4a\cos 2x - 4b\sin 2x) - (-2a\sin 2x + 2b\cos 2x) - 2(a\cos 2x + b\sin 2x) = 20\sin 2x$$

となるから, 係数を比較して $a = 1, b = -3$ が得られる。したがって特殊解が $y_1 = \cos 2x - 3\sin 2x$ となるから, 一般解は $y = \cos 2x - 3\sin 2x + Ae^{2x} + Be^{-x}$ となる。

(4) $y = ae^{2x}$ は $y'' - y' - 2y = 0$ の一般解に含まれるから, 特殊解を $y_1 = axe^{2x}$ と予想する。与えられた方程式に代入すると

$$a(4x + 4)e^{2x} - a(2x + 1)e^{2x} - 2axe^{2x} = -3e^{2x} \qquad \therefore \quad 3ae^{2x} = -3e^{2x}$$

となるから, $a = -1$ が得られる。したがって特殊解が $y_1 = -xe^{2x}$ となるから, 一般解は $y = -xe^{2x} + Ae^{2x} + Be^{-x}$ となる。

ドリル no.96　class　　no　　name

問題 96.1 次の微分方程式を解け。

(1)　$y'' - 4y' + 4y = 4x^2 - 4x + 2$

(2)　$y'' + 6y' + 10y = 6e^{-2x}$

(3)　$y'' - 2y' - 3y = -30\cos 3x$

(4)　$y'' + y = 2\cos x$

チェック項目	月　日	月　日
定数係数非斉次 2 階線形微分方程式を解くことができる。		

97　2階線形微分方程式の応用

> 2階線形微分方程式を用いて，ばねにつながれた物体の運動を解くことができる。

ばねにつながれた物体の微分方程式　質量 m の物体が，ばね定数 k のばねにつながれて滑らかな水平面上を振動する。物体は，速さに比例する空気抵抗（比例定数を c とする）を受けるものとする。ばねが自然長のときの物体の位置を $x=0$ とするとき，次の微分方程式が成り立つ。
$$mx'' + cx' + kx = 0$$

例題 97.1　ばねの問題で，$m=1, c=0, k=4$，つまり $x'' + 4x = 0$ について，次の問に答えよ。

(1) 微分方程式の一般解を求めよ。

(2) 初期条件 $x(0)=3, x'(0)=0$ を満たす解を求めよ。

＜解答＞

(1) 特性方程式は $\lambda^2 + 4 = 0$ であり，これを解いて $\lambda = \pm 2i$ となる。したがって，一般解は
$x = A\cos 2t + B\sin 2t$

(2) $x(0) = 3$ より $A = 3$ となるから $x = 3\cos 2t + B\sin 2t$ となる。また，$x' = -6\sin 2t + 2B\cos 2t$，$x'(0) = 0$ より $B = 0$ であるから，求める解は $x = 3\cos 2t$

例題 97.2　ばねの問題で，$m=1, c=1, k=1$，つまり $x'' + x' + x = 0$ について，次の問に答えよ。

(1) 微分方程式の一般解を求めよ。

(2) 初期条件 $x(0)=0, x'(0)=1$ を満たす解を求めよ。

＜解答＞

(1) 特性方程式は $\lambda^2 + \lambda + 1 = 0$ であり，これを解いて $\lambda = \dfrac{-1 \pm \sqrt{3}i}{2}$ となる。したがって，一般解は $x = e^{-\frac{1}{2}t}\left(A\cos\dfrac{\sqrt{3}}{2}t + B\sin\dfrac{\sqrt{3}}{2}t\right)$

(2) $x(0) = 0$ より $A = 0$ となる。よって，$x = Be^{-\frac{1}{2}t}\sin\dfrac{\sqrt{3}}{2}t$，したがって，
$$x' = -\frac{1}{2}Be^{-\frac{1}{2}t}\sin\frac{\sqrt{3}}{2}t + \frac{\sqrt{3}}{2}Be^{-\frac{1}{2}t}\cos\frac{\sqrt{3}}{2}t$$
となり，$x'(0) = 1$ より $B = \dfrac{2}{\sqrt{3}}$ であるから，求める解は $x = \dfrac{2}{\sqrt{3}}e^{-\frac{1}{2}t}\sin\dfrac{\sqrt{3}}{2}t$

それぞれの例題の運動について，そのグラフを2周期分だけ示す。

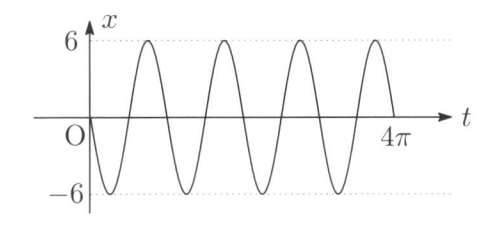

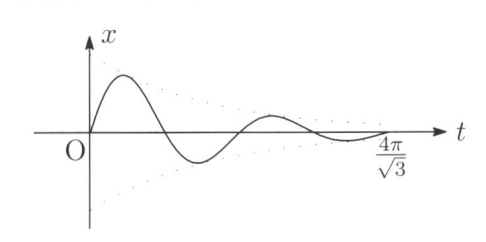

ドリル **no.97**　　class　　　no　　　name

問題 97.1　$x = x(t)$ についての微分方程式 $mx'' + cx' + kx = 0$ で, $m = 2, c = 0, k = \dfrac{1}{4}$ とするとき

(1) 微分方程式の一般解を求めよ。

(2) 初期条件 $x(0) = 2, x'(0) = 0$ を満たす解を求めよ。

問題 97.2　$x = x(t)$ についての微分方程式 $mx'' + cx' + kx = 0$ で, $m = 2, c = 1, k = \dfrac{1}{4}$ とするとき

(1) 微分方程式の一般解を求めよ。

(2) 初期条件 $x(0) = 0, x'(0) = 2$ を満たす解を求めよ。

チェック項目	月　日	月　日
2階線形微分方程式を用いて, ばねに繋がれた物体の運動を解くことができる。		

98　いろいろな微分方程式

> ベルヌーイの微分方程式と連立微分方程式を解くことができる。

> **ベルヌーイの微分方程式**　$y' + P(x)y = Q(x)y^n$　$(n \neq 0, 1)$ の形の微分方程式をベルヌーイの微分方程式という。この微分方程式は $u = y^{1-n}$ とおくことによって解くことができる。
>
> **連立微分方程式**　x, y を t の関数とするとき，$\dfrac{dx}{dt} = \alpha x + \beta y,\ \dfrac{dy}{dt} = \gamma x + \delta y$　（$\alpha, \beta, \gamma, \delta$ は定数）　の形の微分方程式を斉次連立線形微分方程式という。この微分方程式は一つの関数を消去することによって解くことができる。

例題 98.1　微分方程式 $y' - \dfrac{1}{3x}y = -(x+1)y^4$ を解け。

＜解答＞　ベルヌーイの微分方程式であるから，$u = y^{-3}$ とおく。$u' = -3y^{-4}y'$ であるから，$-3y^{-4}$ を与式の両辺にをかけて，

$$-3y^{-4}y' + \frac{y^{-3}}{x} = 3(x+1)$$

となる。したがって，

$$u' + \frac{u}{x} = 3(x+1)$$

である。これは u についての 1 階線形微分方程式である。この微分方程式の一般解は

$$u = x^2 + \frac{3}{2}x + \frac{C}{x}$$

であるから，求める解は

$$y^{-3} = x^2 + \frac{3}{2}x + \frac{C}{x}$$

となる。

例題 98.2　連立微分方程式 $\dfrac{dx}{dt} = -x - 4y,\ \dfrac{dy}{dt} = x - y$ を解け。

＜解答＞　第 1 式の両辺を t で微分することにより，

$$\begin{aligned}
\frac{d^2x}{dt^2} &= -\frac{dx}{dt} - 4\frac{dy}{dt} \\
&= -\frac{dx}{dt} - 4(x - y) \\
&= -\frac{dx}{dt} - 4x + 4y
\end{aligned}$$

となる。また，第 1 式より $4y = -\dfrac{dx}{dt} - x$ であるから，これを上の式に代入して，

$$\frac{d^2x}{dt^2} + 2\frac{dx}{dt} + 5x = 0$$

を得る。この定数係数斉次 2 階線形微分方程式の一般解は

$$x = e^{-t}(A\cos 2t + B\sin 2t)$$

である。これを $y = -\dfrac{1}{4}\dfrac{dx}{dt} - \dfrac{1}{4}x$ に代入して，次の解が得られる。

$$y = -\frac{1}{2}e^{-t}(B\cos 2t - A\sin 2t)$$

ドリル no.98   class   no   name

問題 98.1 微分方程式 $y' + \dfrac{y}{x} = x^3 y^3$ を解け。

問題 98.2 連立微分方程式 $\dfrac{dx}{dt} = 2x - y,\ \dfrac{dy}{dt} = x + 2y$ を解け。

チェック項目	月 日	月 日
ベルヌーイの微分方程式と連立微分方程式を解くことができる。		

ドリルと演習『微分積分』解答

1.1
(1) $-3, 2, 7, 12, 17$ (2) $0, 2, 6, 12, 20$
(3) $\dfrac{1}{4}, \dfrac{1}{2}, 1, 2, 4$ (4) $0, 1, 0, -1, 0$

1.2
(1) $2, 26, 32$ (2) $-24, 48$

1.3
(1) 16 (2) 120

2.1
(1) -22 (2) $8-3n$ (3) $\dfrac{1}{2}n(13-3n)$

2.2
(1) $4n-19$ (2) $n(2n-17)$

2.3
(1) $a=-10$, $d=2$, $a_n=2n-12$
(2) $n(n-11)$ (3) $n=12$

3.1
(1) $\dfrac{1}{\sqrt{3}}$ (2) $\dfrac{3}{\sqrt{3^{n-1}}}$ (3) $\dfrac{40(3+\sqrt{3})}{27}$

3.2
(1) $a=48$, $r=\dfrac{1}{2}$, $a_n=\dfrac{48}{2^{n-1}}$ $\left[=3\cdot 2^{5-n}\right]$
(2) $96\left(1-\dfrac{1}{2^n}\right)$ (3) 4

4.1
(1) $\dfrac{1}{2}+\dfrac{1}{3}+\dfrac{1}{4}+\dfrac{1}{5}+\dfrac{1}{6}$
(2) $\sin\dfrac{\pi}{6}+\sin\dfrac{2\pi}{6}+\sin\dfrac{3\pi}{6}+\sin\dfrac{4\pi}{6}+\sin\dfrac{5\pi}{6}+\sin\dfrac{6\pi}{6}$

4.2 $\displaystyle\sum_{k=1}^{20}\sqrt{3k+2}$

4.3
(1) $n(n+4)$ (2) $n^2(n+1)$

$\left[\begin{array}{l}(1)\ (与式)=\displaystyle\sum_{k=1}^{n}(2k+3)=2\sum_{k=1}^{n}k+3\sum_{k=1}^{n}1\\ (2)\ (与式)=\displaystyle\sum_{k=1}^{n}k(3k-1)=3\sum_{k=1}^{n}k^2-\sum_{k=1}^{n}k\end{array}\right]$

5.1
(1) $a_2=-5$, $a_3=-13$, $a_4=-36$, $a_5=-104$
(2) $a_3=2$, $a_4=-2$, $a_5=6$

5.2
(1) $a_n=\dfrac{3^n-1}{2}$ (2) $a_n=2n^2-3n+4$

$\left[(2)\ a_{n+1}-a_n=4n-1\text{ と変形し，例題 }\mathbf{5.2}(2)\text{ と同様に考えて, }a_n-a_1=4\displaystyle\sum_{k=1}^{n-1}k-\sum_{k=1}^{n-1}1\right]$

6.1 証明する等式を $(*)$ とおく。
(i) $n=1$ のとき，左辺 $=1^2=1$，右辺 $=\dfrac{1}{6}\cdot 1\cdot(1+1)(2\cdot 1+1)=1$ であるから $(*)$ が成り立つ。
(ii) $n=k$ のとき，等式 $(*)$ すなわち
$1^2+2^2+3^2+\cdots+k^2=\dfrac{1}{6}k(k+1)(2k+1)$
が成り立つと仮定する。この両辺に $(k+1)^2$ を加えて $1^2+2^2+3^2+\cdots+k^2+(k+1)^2$
$=\dfrac{1}{6}k(k+1)(2k+1)+(k+1)^2$
$=\dfrac{1}{6}(k+1)\{k(2k+1)+6(k+1)\}$
$=\dfrac{1}{6}(k+1)(2k^2+7k+6)$
$=\dfrac{1}{6}(k+1)(k+2)(2k+3)$
$=\dfrac{1}{6}(k+1)\{(k+1)+1\}\{2(k+1)+1\}$
よって，$n=k+1$ のときも等式 $(*)$ が成り立つ。
(i), (ii) により，すべての自然数 n について，等式 $(*)$ が成り立つ。

6.2 証明する等式を $(*)$ とおく。
(i) $n=1$ のとき，左辺 $=a_1=1$，右辺 $=3^1-2=1$ であるから $(*)$ が成り立つ。
(ii) $n=k$ のとき，等式 $(*)$ すなわち $a_k=3^k-2$ が成り立つと仮定する。与えられた漸化式より
$a_{k+1}=3a_k+4=3(3^k-2)+4=3\cdot 3^k-6+4=3^{k+1}-2$
よって，$n=k+1$ のときも等式 $(*)$ が成り立つ。
(i), (ii) により，すべての自然数 n について，等式 $(*)$ が成り立つ。

7.1
(1) ∞ に発散   (2) ∞ に発散   (3) 0 に収束
(4) $\dfrac{4}{3}$ に収束   (5) ∞ に発散   (6) 0 に収束

8.1
(1) ∞ に発散   (2) ∞ に発散   (3) 0 に収束
(4) 0 に収束   (5) 0 に収束   (6) 発散（振動）

8.2 極限値 0 $\left(-\dfrac{1}{2}<x\leqq 1\right)$，極限値 1 $(x=1)$

9.1
(1) $\dfrac{1}{2n-1}-\dfrac{1}{2n+1}$ (2) $1-\dfrac{1}{2n+1}$
(3) 1

9.2
(1) $S_n = \sqrt{n+1} - 1$ である。したがって，$\lim_{n\to\infty} S_n = \infty$

(2) $S_n = \begin{cases} -1 & (n\text{ が奇数のとき}) \\ 0 & (n\text{ が偶数のとき}) \end{cases}$ である。したがって，数列 $\{S_n\}$ は発散する。

(3) $\lim_{n\to\infty} a_n = \lim_{n\to\infty} \frac{n+1}{2n+1} = \frac{1}{2} \neq 0$

10.1
(1) $\frac{2}{3}$ に収束 (2) 発散

(3) $\frac{3(3+2\sqrt{2})}{2}$ に収束 (4) 3 に収束

10.2
(1) $\frac{5}{11}$ (2) $\frac{373}{495}$

11.1
(1) 0 (2) 1
(3) ∞ (4) ∞

11.2
(1) $-\infty$ (2) $-\infty$
(3) ∞ (4) 0

12.1
(1) 3 (2) 0
(3) $\frac{1}{3}$ (4) 27
(5) 2 (6) 0
(7) 1 (8) 0

13.1
(1) 連続ではない (2) 連続

[(1) $\lim_{x\to -0} f(x) = \lim_{x\to -0}(x+1) = 1$, $\lim_{x\to +0} f(x) = \lim_{x\to +0}(x-1) = -1$ より $\lim_{x\to 0} f(x)$ は存在しない

(2) $\lim_{x\to 1} \frac{x^2+x-2}{x-1} = \lim_{x\to 1} \frac{(x-1)(x+2)}{x-1} = \lim_{x\to 1}(x+2) = 3$ より $\lim_{x\to 1} f(x) = f(1)$]

13.2
(1) $f(x) = x + \sin x - 1$ は閉区間 $[0, \frac{\pi}{2}]$ で連続。$f(0) = -1 < 0$, $f(\frac{\pi}{2}) = \frac{\pi}{2} > 0$ だから $0 < x < \frac{\pi}{2}$ の範囲で $f(x) = 0$ となる x が少なくとも 1 つ存在する。

(2) $f(x) = x^3 - 4x^2 - 11x + 12$ は閉区間 $[-1, 2]$ で連続。$f(-1) = 18 > 0$, $f(2) = -18 < 0$ だから $-1 < x < 2$ の範囲で $f(x) = 0$ となる x が少なくとも 1 つ存在する。

14.1
(1) -2 (2) $2 - a - b$
(3) $2 - 2a - h$ (4) $4 - \Delta x$

14.2
(1) 3 (2) $2a - 3$

15.1
(1) 0 (2) $2x - 2$
(3) $-\frac{2}{x^3}$ (4) $6t - 2$

15.2
$-2f'(x)$

16.1
(1) $5x^4 - 6x + 1$ (2) $10x - 7$
(3) $8x - 12$ (4) $12x^2 + 10x + 12$

16.2
(1) $\frac{dy}{dx} = 2ax + b$ (2) $\frac{dy}{ds} = 2a^2 s + 2ab$
(3) $\frac{dS}{dt} = v - gt$ (4) $\frac{dS}{dr} = 4\pi r + 2\pi h$

17.1
(1) $12x + 11$ (2) $6x^2 + 6x + 4$

17.2
(1) $\frac{2}{(4x+3)^2}$ (2) $-\frac{6x}{(x^2+1)^2}$
(3) $\frac{x^4 - 3x^2}{(x^2-1)^2}$ (4) $\frac{2x+1}{(x^2+x+1)^2}$

17.3
(1) $-\frac{2}{x^3}$ (2) $\frac{2}{x^5}$

18.1
(1) $8(2x-5)^3$ (2) $-6x(1-x^2)^2$
(3) $-\frac{6}{(3x+1)^3}$ (4) $-\frac{3(1+2x)}{(1+x+x^2)^4}$

18.2
(1) $-\frac{1}{4\sqrt[4]{x^5}}$ (2) $\frac{4x}{\sqrt{4x^2+5}}$
(3) $\frac{2}{3\sqrt[3]{x+3}}$ (4) $\frac{1-2x^2}{\sqrt{1-x^2}}$

19.1
(1) $e^{\frac{1}{5}}$ (2) e^2

19.2
(1) $3e^{3x-1}$ (2) $(3x^2 + 2x)e^{x^3+x^2-1}$
(3) $-2 \cdot 3^{-2x} \log 3$ (4) $e^{2x}(2x^3 + 3x^2 + 4x + 8)$
(5) $\frac{e^{x^2}(2x^2 + 2x - 1)}{(x+1)^2}$ (6) $\frac{-2e^x}{(e^x - 1)^2}$

20.1
(1) $\frac{2}{(2x+1)\log 3}$ (2) $\frac{2\log x}{x}$
(3) $\frac{2x+1}{x^2+x-5}$ (4) $\frac{1}{x \log x}$
(5) $\frac{2x+3}{(x+1)(x+2)}$ (6) $\frac{2}{x^2-1}$

20.2
$f(x) = a^x$ の両辺の対数をとって
$\log f(x) = \log a^x = x \log a$ 両辺を微分すると
$\frac{f'(x)}{f(x)} = \log a$ より，両辺に $f(x)$ をかけて，
$f'(x) = f(x) \log a = a^x \log a$

21.1
(1) 2
(2) 2
(3) $\dfrac{2}{5}$
(4) $\dfrac{1}{2}$

21.2
(1) $2\cos(2x+1)$
(2) $3\cos 3x \tan 2x + \dfrac{2\sin 3x}{\cos^2 2x}$
(3) $-e^{-x}(\cos 3x + 3\sin 3x)$
(4) $\dfrac{\cos x + x\log x \sin x}{x\cos^2 x}$
(5) $4\cos(3-2x)\sin(3-2x)\quad [=2\sin(6-4x)]$
(6) $\dfrac{4\sin 2x}{(1+\cos 2x)^2}$

22.1
(1) $\dfrac{\pi}{2}$
(2) $\dfrac{2\pi}{3}$
(3) $-\dfrac{\pi}{4}$

22.2 $x = \sin y$ から $\dfrac{dx}{dy} = \cos y \quad \cdots ①$

$y = \mathrm{Sin}^{-1} x$ の値域は $-\dfrac{\pi}{2} \leqq y \leqq \dfrac{\pi}{2}$ だから
$\cos y \geqq 0$ となる。よって，
$\cos y = \sqrt{\cos^2 y} = \sqrt{1-\sin^2 y} = \sqrt{1-x^2} \cdots ②$
①，② より $\dfrac{dy}{dx} = \dfrac{1}{\frac{dx}{dy}} = \dfrac{1}{\sqrt{1-x^2}}$

22.3
(1) $\dfrac{1}{2\sqrt{x}(1+x)}$
(2) $-\dfrac{1}{\sqrt{9-x^2}}$
(3) $\dfrac{1}{\sqrt{2+2x-x^2}}$
(4) $\dfrac{\mathrm{Sin}^{-1} x}{2\sqrt{x}} + \dfrac{\sqrt{x}}{\sqrt{1-x^2}}$
(5) $\dfrac{2\mathrm{Tan}^{-1} x}{1+x^2}$
(6) $-\dfrac{1}{\sqrt{1-x^2}(\mathrm{Sin}^{-1} x)^2}$

23.1
(1) $-5\cos^4 x \sin x$
(2) $x(2\log x + 1)$
(3) $\log(x^2+1) + \dfrac{2x^2}{x^2+1}$
(4) $2x\sin\dfrac{1}{x} - \cos\dfrac{1}{x}$
(5) $\dfrac{2}{1+\cos 2x}$
(6) $e^{\sin x}\cos x$
(7) $\dfrac{\cos x}{1+\sin^2 x}$
(8) $\dfrac{1-x^2}{2\sqrt{x(x^2+1)^3}}$

24.1
(1) $12x^2 + 18x$
(2) $2\cos 2x - \cos x$
(3) $2(2x^2-1)e^{-x^2}$
(4) $\dfrac{2(1-x^2)}{(x^2+1)^2}$

24.2
(1) $(-2)^n e^{-2x}$
(2) $\dfrac{n!}{(1-x)^{n+1}}$

24.3 $(-6+x^2)\sin x - 6x\cos x$

25.1
(1) $-\dfrac{1}{3}$
(2) $-\dfrac{3}{5}$
(3) $\dfrac{1}{2}$
(4) 0
(5) 0
(6) 0

26.1
(1) $f'(x) = (\sqrt{3}x+2)(\sqrt{3}x-2)$

x	$\cdots$	$\dfrac{-2\sqrt{3}}{3}$	$\cdots$	$\dfrac{2\sqrt{3}}{3}$	$\cdots$
y'	$+$	0	$-$	0	$+$
y	↗	$\dfrac{16\sqrt{3}}{9}$	↘	$-\dfrac{16\sqrt{3}}{9}$	↗

極大値 $f\left(-\dfrac{2\sqrt{3}}{3}\right) = \dfrac{16}{9}\sqrt{3}$

極小値 $f\left(\dfrac{2\sqrt{3}}{3}\right) = -\dfrac{16}{9}\sqrt{3}$

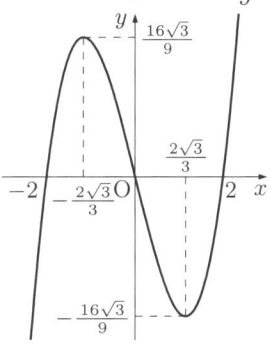

(2) $y' = -3(x-1)(x+1)$

x	$\cdots$	-1	$\cdots$	1	$\cdots$
y'	$-$	0	$+$	0	$-$
y	↘	-4	↗	0	↘

極大値 $0 \quad (x=1)$
極小値 $-4 \quad (x=-1)$

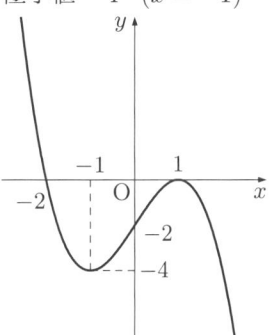

26.2
(1) $y' = 3x^2 - 6x + 3 = 3(x-1)^2$

x	$\cdots$	1	$\cdots$
y'	$+$	0	$+$
y	↗	-2	↗

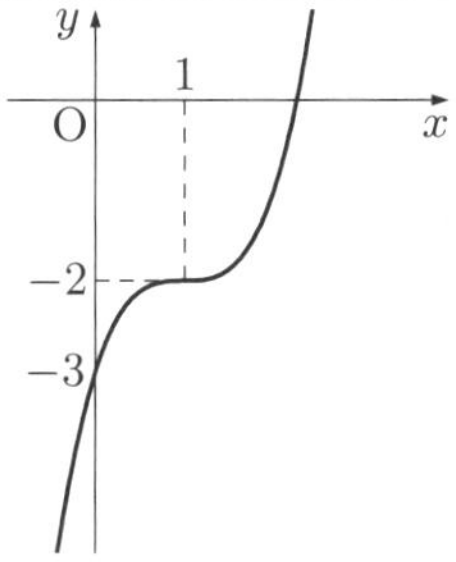

極値は存在しない。

(2) $y' = -3x^2 + 12x - 9 = -3(x-1)(x-3)$

x	$\cdots$	1	$\cdots$	3	$\cdots$
y'	$-$	0	$+$	0	$-$
y	$\searrow$	8	$\nearrow$	12	$\searrow$

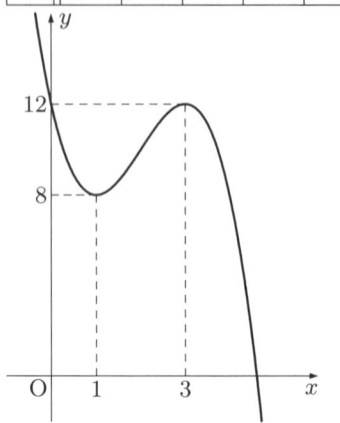

極大値 12 $(x = 3)$
極小値 8 $(x = 1)$

27.1 $y' = 12x^3 - 12x^2 - 24x = 12x(x-2)(x+1)$

x	$\cdots$	-1	$\cdots$	0	$\cdots$	2	$\cdots$
y'	$-$	0	$+$	0	$-$	0	$+$
y	$\searrow$	11	$\nearrow$	16	$\searrow$	-16	$\nearrow$

極大値 16 $(x = 0)$
極小値 11 $(x = -1)$, -16 $(x = 2)$

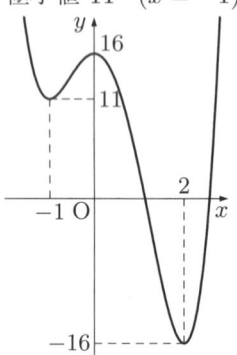

27.2
(1) $y' = 4x^3 + 12x^2 - 16 = 4(x-1)(x+2)^2$

x	$\cdots$	-2	$\cdots$	1	$\cdots$
y'	$-$	0	$-$	0	$+$
y	$\searrow$	17	$\searrow$	-10	$\nearrow$

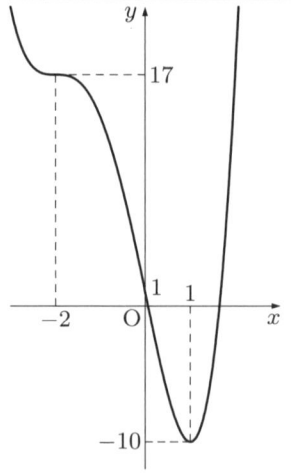

極小値 -10 $(x = 1)$
極大値は存在しない

(2) $y' = -4x^3 + 12x + 8 = -4(x-2)(x+1)^2$

x	$\cdots$	-1	$\cdots$	2	$\cdots$
y'	$+$	0	$+$	0	$-$
y	$\nearrow$	-3	$\nearrow$	24	$\searrow$

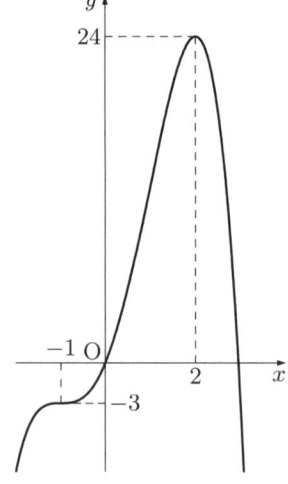

極大値 24 $(x = 2)$
極小値は存在しない

28.1 $y' = -\dfrac{2(x+1)}{x^2(x+2)^2}$

x	$\cdots$	-2	$\cdots$	-1	$\cdots$	0	$\cdots$
y'	$+$	/	$+$	0	$-$	/	$-$
y	$\nearrow$	/	$\nearrow$	-1	$\searrow$	/	$\searrow$

極大値 -1 $(x = -1)$
極小値は存在しない

(参考)
分母を 0 とする x を調べると, 2直線 $x = 0$, $x = -2$ が漸近線
$y = 0 + \dfrac{1}{x^2 + 2x}$ から直線 $y = 0$ も漸近線

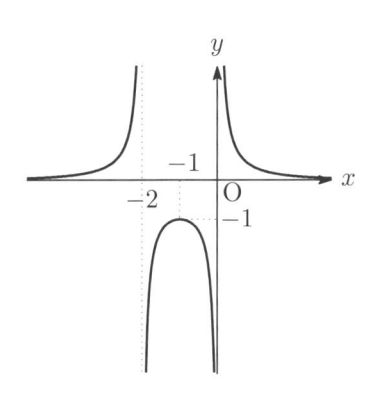

28.2 $y = x + 2 + \dfrac{1}{x+1}$

$y' = 1 - \dfrac{1}{(x+1)^2} = \dfrac{x(x+2)}{(x+1)^2}$

x	$\cdots$	-2	$\cdots$	-1	$\cdots$	0	$\cdots$
y'	$+$	0	$-$	/	$-$	0	$+$
y	↗	-1	↘	/	↘	3	↗

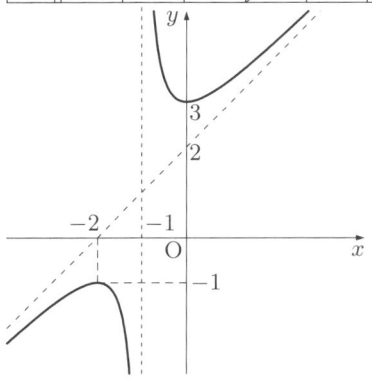

極大値 -1 $(x = -2)$
極小値 3 $(x = 0)$
漸近線 $x = -1$, $y = x + 2$

29.1 $y' = x \cos x$

x	0	$\cdots$	$\dfrac{\pi}{2}$	$\cdots$	$\dfrac{3\pi}{2}$	$\cdots$	2π
y'		$+$	0	$-$	0	$+$	
y	1	↗	$\dfrac{\pi}{2}$	↘	$-\dfrac{3\pi}{2}$	↗	1

最大値 $\dfrac{\pi}{2}$ $\left(x = \dfrac{\pi}{2}\right)$
最小値 $-\dfrac{3}{2}\pi$ $\left(x = \dfrac{3}{2}\pi\right)$

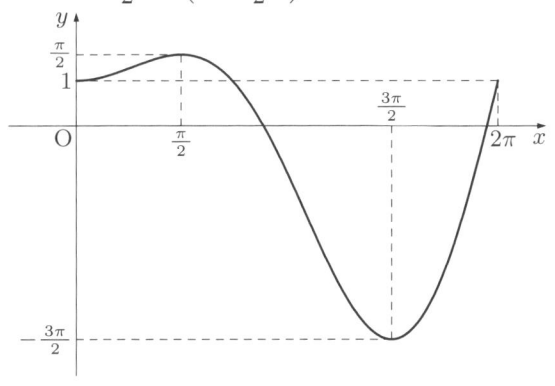

29.2 $y' = e^x \cos x - e^x \sin x = -\sqrt{2} e^x \sin\left(x - \dfrac{\pi}{4}\right)$

x	0	$\cdots$	$\dfrac{\pi}{4}$	$\cdots$	$\dfrac{5\pi}{4}$	$\cdots$	2π
y'		$+$	0	$-$	0	$+$	
y	1	↗	$\dfrac{\sqrt{2}}{2} e^{\frac{\pi}{4}}$	↘	$-\dfrac{\sqrt{2}}{2} e^{\frac{5\pi}{4}}$	↗	$e^{2\pi}$

最大値 $e^{2\pi}$ $(x = 2\pi)$
最小値 $-\dfrac{\sqrt{2}}{2} e^{\frac{5}{4}\pi}$ $\left(x = \dfrac{5}{4}\pi\right)$

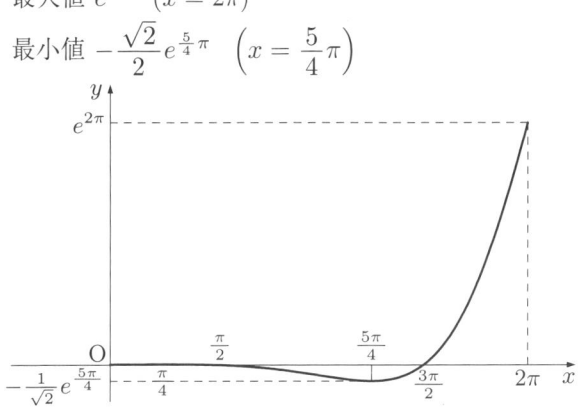

30.1

(1) $y' = x^2 - 2x - 3 = (x-3)(x+1)$,
 $y'' = 2x - 2 = 2(x-1)$

x	$\cdots$	-1	$\cdots$	1	$\cdots$	3	$\cdots$
y'	$+$	0	$-$	$-$	$-$	0	$+$
y''	$-$	$-$	$-$	0	$+$	$+$	$+$
y	⤴	$\dfrac{8}{3}$	⤵	$-\dfrac{8}{3}$	⤷	-8	⤶

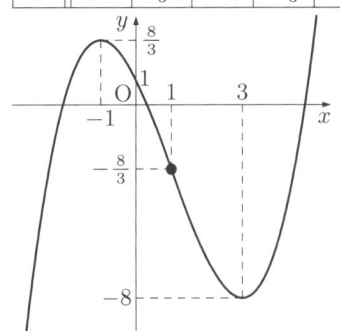

極大値 $\dfrac{8}{3}$ $(x = -1)$
極小値 -8 $(x = 3)$
変曲点 $\left(1, -\dfrac{8}{3}\right)$

(2) $y' = \dfrac{-4x^2+4}{(x^2+1)^2} = \dfrac{-4(x+1)(x-1)}{(x^2+1)^2}$,

$y'' = \dfrac{8x^3-24x}{(x^2+1)^3} = \dfrac{8x(x-\sqrt{3})(x+\sqrt{3})}{(x^2+1)^3}$

x	$\cdots$	$-\sqrt{3}$	$\cdots$	-1	$\cdots$	0
y'	$-$	$-$	$-$	0	$+$	$+$
y''	$-$	0	$+$	$+$	$+$	0
y	↘	$-\sqrt{3}$	↘	-2	↗	0

上の増減表は続いているものである。問題の関数は奇関数だから，そのグラフは原点について対称である。

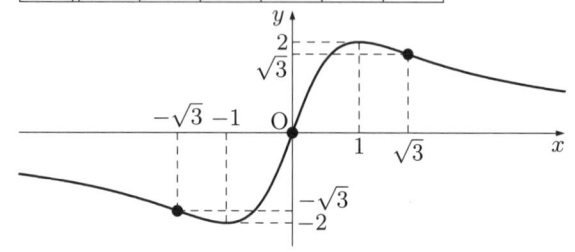

x	0	$\cdots$	1	$\cdots$	$\sqrt{3}$	$\cdots$
y'	$+$	$+$	0	$-$	$-$	$-$
y''	0	$-$	$-$	$-$	0	$+$
y	0	↗	2	↘	$\sqrt{3}$	↘

極大値 2 $(x=1)$
極小値 -2 $(x=-1)$
変曲点 $(\pm\sqrt{3}, \pm\sqrt{3})$ (複号同順), $(0,0)$

(3) $y' = (2x-x^2)e^{-x} = x(2-x)e^{-x}$,
$y'' = (x^2-4x+2)e^{-x}$

x	$\cdots$	0	$\cdots$	α	$\cdots$	2	$\cdots$	β	$\cdots$
y'	$-$	0	$+$	$+$	$+$	0	$-$	$-$	$-$
y''	$+$	$+$	$+$	0	$-$	$-$	$-$	0	$+$
y	↘	0	↗	$f(\alpha)$	↗	$\dfrac{4}{e^2}$	↘	$f(\beta)$	↘

ここで $\alpha = 2-\sqrt{2}$, $\beta = 2+\sqrt{2}$ とおいた。
$f(\alpha) = (6-4\sqrt{2})e^{-2+\sqrt{2}}$, $f(\beta) = (6+4\sqrt{2})e^{-2-\sqrt{2}}$
ロピタルの定理より $\lim_{x\to\infty} x^2 e^{-x^2} = 0$ なので，
$y=0$ (x 軸) が漸近線

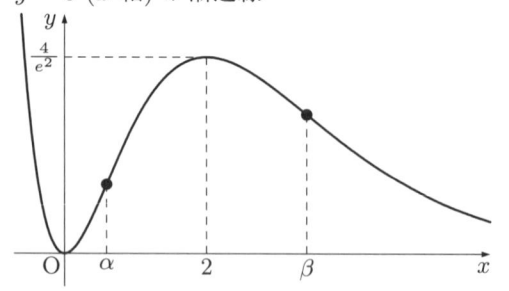

極大値 $\dfrac{4}{e^2}$ $(x=2)$
極小値 0 $(x=0)$
変曲点 $\left(2\pm\sqrt{2}, (6\pm 4\sqrt{2})e^{-2\mp\sqrt{2}}\right)$ （複号同順）

31.1
(1) 接線 $y = 3x-2$
　　法線 $y = -\dfrac{1}{3}x + \dfrac{4}{3}$

(2) 接線 $y = \dfrac{1}{2}x + \dfrac{\sqrt{3}}{2} - \dfrac{\pi}{6}$
　　法線 $y = -2x + \dfrac{\sqrt{3}}{2} + \dfrac{2\pi}{3}$

(3) 接線 $y = 2e^2 x - e^2$
　　法線 $y = -\dfrac{1}{2e^2}x + \dfrac{1}{2e^2} + e^2$

(4) 接線 $y = \dfrac{2}{e}x$
　　法線 $y = -\dfrac{e}{2}x + 2 + \dfrac{e^2}{2}$

31.2
(1) $y = x+1$
(2) $y = 4x-2$, $y = -4x-2$

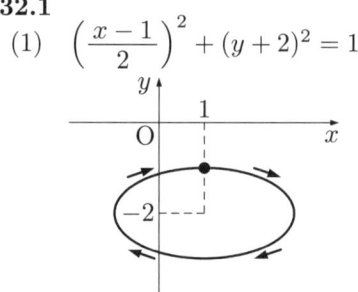

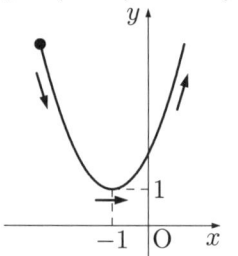

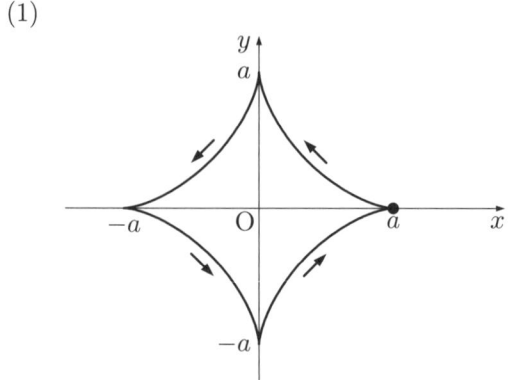

32.1
(1) $\left(\dfrac{x-1}{2}\right)^2 + (y+2)^2 = 1$

(2) $y = (x+1)^2 + 1$ $(-3 \leqq x \leqq 1)$

32.2
(1)

(2) $t=0$ のとき $(a,0)$
$t=\dfrac{\pi}{2}$ のとき $(0,a)$
$t=\pi$ のとき $(-a,0)$
$t=\dfrac{3\pi}{2}$ のとき $(0,-a)$
$t=2\pi$ のとき $(a,0)$

33.1
(1) $\dfrac{dy}{dx} = 4t, \quad y = 4x - 7$

(2) $\dfrac{dy}{dx} = \dfrac{1}{2}, \quad y = \dfrac{1}{2}x + \dfrac{1}{2}$

(3) $\dfrac{dy}{dx} = -\dfrac{\cos t}{\sin t}, \quad y = -\dfrac{1}{\sqrt{3}}x + \dfrac{4}{\sqrt{3}}$

(4) $\dfrac{dy}{dx} = \dfrac{2\log t}{t(\log t + 1)}, \quad y = \dfrac{1}{e}x$

34.1
(1) $1 + x + \dfrac{1}{2!}x^2 + \dfrac{1}{3!}x^3 + \dfrac{1}{4!}x^4 + \cdots + \dfrac{1}{n!}x^n + \cdots$

(2) $1 - \dfrac{1}{2!}x^2 + \dfrac{1}{4!}x^4 - \cdots + (-1)^n \dfrac{1}{(2n)!}x^{2n} + \cdots$

34.2
(1) $1 - x + x^2 - x^3 + \cdots + (-1)^n x^n + \cdots$

(2) $1 - x + x^2$

(3) 0.9525

(4) $-\dfrac{x^3}{(1+c)^4}$ （c は 0 と x の間の数）

35.1
(1) $\dfrac{1}{2}x + \dfrac{\sqrt{3}}{2} - \dfrac{\pi}{6}$ (2) $\dfrac{x}{3} + \dfrac{2}{3}$

35.2
(1) $1 + 4x$, $\ 1.12$ (2) $1 + \dfrac{x}{2}$, $\ 0.95$

(3) x, $\ 0.3$ (4) x, $\ 0.2$

36.1 0.046 増加

36.2 $62.8\,[\text{cm}^3]$ 減少 $\left[V = \dfrac{4}{3}\pi r^3 \text{ より } dV = 4\pi r^2 dr\right.$
$\left. r = \dfrac{20}{2} = 10,\ dr = \dfrac{19.9 - 20}{2} = -0.05 \text{ を代入}\right]$

36.3 $0.2\,[\text{cm}^3]$ 減少 $\left[V = \dfrac{20}{p} \text{ より } dV = -\dfrac{20}{p^2}dp\right]$

37.1
(1) 1 (2) $\dfrac{1}{3}$ (3) 1 (4) 2

38.1
(1) $x^4 + \dfrac{5}{2}x^2 - 2x + C$ (2) $-\dfrac{2}{x^2} + C$

(3) $2\sqrt{x} + C$ (4) $x^3 - 5x^2 + 3x + C$

(5) $\log|x| + \dfrac{4}{x} - \dfrac{1}{2x^2} + C$

(6) $\dfrac{2}{3}x\sqrt{x} + 4\sqrt{x} + C$

38.2 $\dfrac{x^5}{5} + \dfrac{x^3}{3} + x + 1$

39.1
(1) $3\sin x + \cos x + C$ (2) $\dfrac{3^x}{\log 3} - 2e^x + C$

(3) $3\sin x + \cos x + C$

(4) $-\cot x - x + C$
$\left[1 + \dfrac{1}{\tan^2 x} = \dfrac{1}{\sin^2 x} \text{ を用いる}\right]$

39.2
(1) $\dfrac{1}{24}(3x - 1)^8 + C$ (2) $-\log|x - 3| + C$

(3) $-\dfrac{2}{3}\sin\dfrac{7 - 3x}{2} + C$ (4) $-\dfrac{1}{9(3x - 2)^3} + C$

(5) $\dfrac{1}{7}\tan(7x + 5) + C$ (6) $-\dfrac{1}{3}\sqrt{(1 - 2x)^3} + C$

40.1
(1) $\dfrac{3}{10}(x + 2)^4(2x - 1) + C$

(2) $-\dfrac{2}{15}(3x + 2)(1 - x)\sqrt{1 - x} + C$

(3) $\dfrac{1}{5}\sin^5 x + C$ (4) $\dfrac{1}{2}e^{x^2} + C$

(5) $\dfrac{1}{2}\sin(x^2 + 1) + C$ (6) $\log|1 + \log x| + C$

41.1
(1) $\dfrac{1}{6}(x^2 + 3x)^6 + C$ (2) $\dfrac{1}{4}(\sin x + 2)^4 + C$

41.2
(1) $\log(x^2 + x + 1) + C$ (2) $\log(e^x + e^{-x}) + C$

(3) $\dfrac{1}{2}\log|\sin 2x| + C$ (4) $\log|\log x| + C$

42.1
(1) $(x - 1)e^x + C$ (2) $x\sin x + \cos x + C$

(3) $-x\cos x + \sin x + C$

(4) $x\tan x + \log|\cos x| + C$

42.2
(1) $\dfrac{1}{5}x\sin 5x + \dfrac{1}{25}\cos 5x + C$

(2) $\dfrac{6x + 1}{9}e^{3x} + C$

(3) $-\dfrac{4x + 1}{16}e^{-4x} + C$

(4) $\dfrac{3x - 1}{2}\cos 2x - \dfrac{3}{4}\sin 2x + C$

43.1
(1) $\dfrac{1}{4}x^4 \log x - \dfrac{1}{16}x^4 + C$

(2) $\dfrac{1}{2}x^2 \log x - \dfrac{1}{4}x^2 + C$

(3) $x\operatorname{Tan}^{-1} x - \dfrac{1}{2}\log(x^2 + 1) + C$

(4) $x\operatorname{Sin}^{-1}\dfrac{x}{3} + \sqrt{9 - x^2} + C$

44.1
(1) $-(x^2 + 2x + 2)e^{-x} + C$

(2) $\dfrac{2x^2 - 1}{4}\sin 2x + \dfrac{x}{2}\cos 2x + C$

44.2 $-\dfrac{e^{-2x}}{13}(2\sin 3x + 3\cos 3x) + C$

45.1
(1) $\dfrac{1}{10}\log\left|\dfrac{x - 5}{x + 5}\right| + C$ (2) $\dfrac{1}{\sqrt{3}}\operatorname{Tan}^{-1}\dfrac{x}{\sqrt{3}} + C$

(3) $\operatorname{Sin}^{-1}\dfrac{x}{3} + C$ (4) $\log|x + \sqrt{x^2 - 5}| + C$

45.2
(1) $\dfrac{1}{3}\mathrm{Tan}^{-1}\dfrac{x+2}{3}+C$ (2) $\dfrac{1}{4}\log\left|\dfrac{x-5}{x-1}\right|+C$

46.1
(1) $\log\dfrac{(x-3)^2}{|x+1|^3}+C$

$\left[\dfrac{-x+11}{(x-3)(x+1)}=\dfrac{2}{x-3}-\dfrac{3}{x+1}\right]$

(2) $\log\dfrac{x^4}{(x+1)^2}-\dfrac{1}{x+1}+C$

$\left[\dfrac{2x^2+7x+4}{x(x+1)^2}=\dfrac{4}{x}-\dfrac{2}{x+1}+\dfrac{1}{(x+1)^2}\right]$

(3) $\dfrac{1}{2}\log\dfrac{x^2}{x^2+1}+\mathrm{Tan}^{-1}x+C$

$\left[\begin{aligned}\dfrac{x+1}{x(x^2+1)}&=\dfrac{1}{x}+\dfrac{-x+1}{x^2+1}\\&=\dfrac{1}{x}-\dfrac{x}{x^2+1}+\dfrac{1}{x^2+1}\end{aligned}\right]$

47.1
(1) $-\dfrac{1}{12}\cos 6x-\dfrac{1}{4}\cos 2x+C$

(2) $\dfrac{1}{8}\sin 4x+\dfrac{1}{4}\sin 2x+C$

(3) $-\dfrac{1}{14}\sin 7x+\dfrac{1}{2}\sin x+C$

(4) $-\dfrac{1}{4}\cos 2x+C$

47.2
(1) $2x-\sin 2x+C$ (2) $\dfrac{x}{2}+\dfrac{1}{12}\sin 6x+C$

48.1
(1) $\tan x=\tan\left(2\cdot\dfrac{x}{2}\right)=\dfrac{2\tan\frac{x}{2}}{1-\tan^2\frac{x}{2}}=\dfrac{2t}{1-t^2}$

(2) $\sin x=\tan x\cos x=\dfrac{2t}{1-t^2}\cdot\dfrac{1-t^2}{1+t^2}=\dfrac{2t}{1+t^2}$

48.2
(1) $\log\left|\tan\dfrac{x}{2}\right|+C$ (2) $-\dfrac{2}{1+\tan\frac{x}{2}}+C$

49.1
(1) $I_n=\displaystyle\int x^n(e^x)'\,dx=x^ne^x-\int nx^{n-1}\cdot e^x\,dx$
$=x^ne^x-nI_{n-1}$

(2) $I_0=e^x+C$, $I_1=(x-1)e^x+C$,
$I_2=(x^2-2x+2)e^x+C$

49.2 $I_n=\displaystyle\int\cos^{n-1}x\cdot\cos x\,dx$
$=\displaystyle\int\cos^{n-1}x\cdot(\sin x)'\,dx$
$=\cos^{n-1}x\sin x-\displaystyle\int(\cos^{n-1}x)'\cdot\sin x\,dx$
$=\cos^{n-1}x\sin x-\displaystyle\int\left(-(n-1)\cos^{n-2}x\sin x\right)\cdot\sin x\,dx$
$=\cos^{n-1}x\sin x+(n-1)\displaystyle\int\cos^{n-2}x\sin^2 x\,dx$
$=\cos^{n-1}x\sin x+(n-1)\displaystyle\int\cos^{n-2}x(1-\cos^2 x)\,dx$
$=\cos^{n-1}x\sin x+(n-1)\displaystyle\int(\cos^{n-2}x-\cos^n x)\,dx$
$=\cos^{n-1}x\sin x+(n-1)I_{n-2}-(n-1)I_n$

従って, $I_n=\dfrac{1}{n}\cos^{n-1}x\sin x+\dfrac{n-1}{n}I_{n-2}$

50.1 $\dfrac{8}{3}$ $\left[\displaystyle\lim_{n\to\infty}\sum_{k=1}^{n}\left(\dfrac{2k}{n}\right)^2\cdot\dfrac{2}{n}\right.$
$=\displaystyle\lim_{n\to\infty}\dfrac{8}{n^3}\sum_{k=1}^{n}k^2=\lim_{n\to\infty}\dfrac{8}{n^3}\cdot\dfrac{n(n+1)(2n+1)}{6}\Big]$

50.2 $4\sqrt{3}$

50.3 1

50.4 $\dfrac{9}{2}$

51.1
(1) $\dfrac{7}{6}$ (2) $1+\log 2$
(3) $\dfrac{1}{3}$ (4) $\dfrac{1}{3}(e^3+3e^2+3e-7)$
(5) $\dfrac{1}{4}$ (6) $\dfrac{\pi}{4}$

$\left[\,(1)\ t=x-2\quad(2)\ t=x+1\quad(3)\ t=\log x\right.$
$(4)\ t=e^x+1\quad(5)\ t=\cos x\quad(6)\ t=\sin x\,\big]$

52.1
(1) $\dfrac{\pi}{4}+\dfrac{1}{2}$ (2) $\dfrac{2\pi}{3}+\dfrac{\sqrt{3}}{4}$
(3) $\dfrac{\sqrt{3}}{18}\left(\dfrac{\pi}{3}+\dfrac{\sqrt{3}}{4}\right)$ (4) $\dfrac{\pi}{16}-\dfrac{1}{8}$

$\left[(1)\ x=\sqrt{2}\sin t\quad(2)\ x=2\sin t\quad(3)\ x=\sqrt{3}\tan t\right.$
$(4)\ x=2\tan t\,\big]$

53.1
(1) $\dfrac{56}{15}$ (2) $\sqrt{3}$ (3) $\dfrac{2\pi}{3}$
(4) 0 (5) 0 (6) $\dfrac{2\pi}{3}+\sqrt{3}$

54.1
(1) $-\dfrac{1}{2}$ (2) $\dfrac{\pi}{8}-\dfrac{1}{4}$ (3) $\dfrac{e^{2\pi}-1}{2}$

$\left[(3)\ I=e^{2\pi}-1-I\ \text{より}\ \right]$

55.1
(1) $\dfrac{2}{e}$ (2) $2e^2-e$

55.2
(1) $\dfrac{\pi}{12}+\dfrac{\sqrt{3}}{2}-1$ (2) $\dfrac{\pi}{4}-\dfrac{1}{2}\log 2$

56.1
(1) $\dfrac{63\pi}{512}$ (2) $\dfrac{16}{35}$ (3) $\dfrac{5\pi}{256}$
(4) $\dfrac{4}{15}$ (5) $\dfrac{4}{3}$ (6) $\dfrac{16}{15}$

$\left[(4)\ t=2x \quad (6)\ t=\dfrac{x}{2} \right]$

57.1
(1) 6 (2) $2\sqrt{2}$ (3) π (4) 3

57.2
(1) $\dfrac{1}{2}$ (2) e (3) $\dfrac{\pi}{2}$ (4) $\dfrac{\log 3}{2}$

58.1 $\dfrac{125}{6}$

58.2 $2\sqrt{2}$

59.1 $\dfrac{84}{5}$

59.2 $\dfrac{3}{8}\pi a^2$

59.3 πab

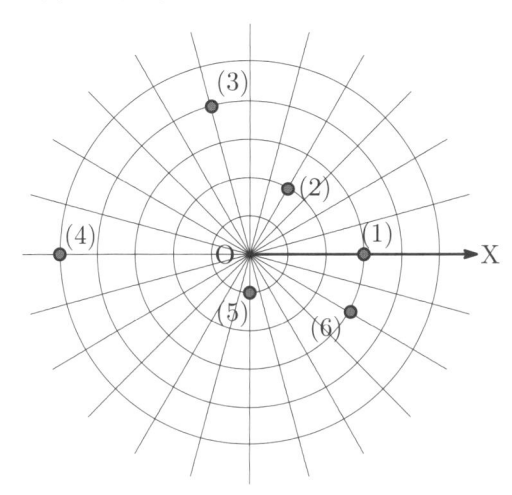

60.1 下図の通り。

60.2
(1) $(x,y)=(2, 2\sqrt{3})$
(2) $(x,y)=(-3\sqrt{2}, -3\sqrt{2})$
(3) $(r,\theta)=\left(6\sqrt{2}, \dfrac{7}{4}\pi\right)$ (4) $(r,\theta)=\left(2\sqrt{3}, \dfrac{4}{3}\pi\right)$

61.1

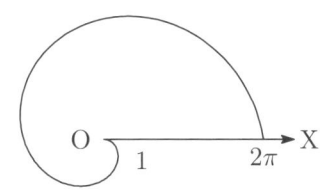

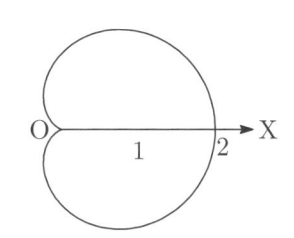

61.2
(1) $r=10\cos\theta\ \left(-\dfrac{\pi}{2}\leqq\theta\leqq\dfrac{\pi}{2}\right)$
(2) $r=\dfrac{1}{\sin\theta}\ (0<\theta<\pi)$

62.1
(1) $\dfrac{1}{3}\pi(4\pi^2+6\pi+3)$ (2) $\dfrac{1}{3}\pi a^2$
(3) $\dfrac{9}{2}\pi a^2$

63.1 $\dfrac{3+2\log 2}{4}$

63.2 $\sqrt{17}+\dfrac{\log(4+\sqrt{17})}{4}$

63.3 π

64.1
(1) $\dfrac{1}{2}\pi a$ (2) $4a$

65.1 $8a$

65.2 $\dfrac{3}{2}\pi$

66.1
(1) $S(x)=\dfrac{1}{2}(r^2-x^2)$ より, $V=\displaystyle\int_0^r S(x)dx=\dfrac{2}{3}r^3$
(2) $S(x)=\dfrac{2}{\sqrt{3}}x\sqrt{r^2-x^2}$ より, $V=\displaystyle\int_0^r S(x)dx=\dfrac{2}{3\sqrt{3}}r^3$

67.1
(1) $\dfrac{\pi}{2}$ (2) $\pi\left(1-\dfrac{\pi}{4}\right)$ (3) 48π

67.2 $\dfrac{108}{5}\pi$

68.1 54π

68.2 $\dfrac{92}{105}\pi$

68.3 48π

69.1
(1) $2\sqrt{13}\,\pi$
(2) $2\pi\left(\sqrt{2}+\log(\sqrt{2}+1)\right)$

69.2 $\sqrt{2}\pi\left(5\sqrt{2}+\log(\sqrt{2}-1)\right)$
$\left(=\sqrt{2}\pi\left(5\sqrt{2}-\log(\sqrt{2}+1)\right)\right)$

70.1
(1) $v(t)=-10t+10,\quad \alpha(t)=-10$
(2) $t=1$ [s], $h=10$ [m]
(3) $t=1+\sqrt{2}$ [s], $v=-10\sqrt{2}$ [m/s]

70.2

(1) $v(t) = e^{-\lambda t}(-\lambda \sin \omega t + \omega \cos \omega t)$

(2) $\alpha(t) = e^{-\lambda t}\left((\lambda^2 - \omega^2)\sin \omega t - 2\lambda\omega \cos \omega t\right)$

(3) （略）

71.1

(1) $v(t) = -4\sin 2t$ [m/s]

(2) $x(t) = 2\cos 2t + 6$ [m]

71.2

(1) $v(t) = g(e^{-t} - 1)$ [m/s]

(2) $x(t) = h + g(1 - t - e^{-t})$ [m]

(3) 終速 $-g$ [m/s]

72.1 $x = r\cos\theta, y = r\sin\theta$ とおくと, $(x, y) \to (0, 0)$ のとき $r \to 0$ だから

$$f(x, y) = \frac{xy^2}{x^2 + y^2} = r\cos\theta \sin^2\theta \to 0 \quad (r \to 0)$$

である。よって $\lim_{(x,y)\to(0,0)} f(x, y) = 0 = f(0, 0)$ が成り立つので $f(x, y)$ は点 $(0, 0)$ において連続である。

72.2

(1) 定義域 $\frac{x^2}{16} + \frac{y^2}{9} \leq 1$, 値域 $0 \leq z \leq 1$

(2) 定義域 $x^2 + y^2 \leq 4$, 値域 $\cos 2 \leq z \leq 1$

72.3

(1) B　　(2) D　　(3) C

73.1

(1) $f_x(2, 3) = 7, f_y(2, 3) = -16$

(2) $f_x(2, 3) = \frac{6}{5}, f_y(2, 3) = -\frac{12}{25}$

73.2

(1) $f_x(x, y) = 3\sin^2 x \cos x \cos y$
$f_y(x, y) = -\sin^3 x \sin y$

(2) $f_x(x, y) = e^{x-y}, f_y(x, y) = -e^{x-y}$

(3) $f_x(x, y) = \frac{2x}{x^2 - y^2}, f_y(x, y) = -\frac{2y}{x^2 - y^2}$

(4) $f_x(x, y) = \frac{1}{y^2}, f_y(x, y) = -\frac{2x + y}{y^3}$

74.1

(1) $\frac{dz}{dt} = -2\sin 3t + 3(5 - 2t)\cos 3t$

(2) $\frac{dz}{dt} = 36t^3 + 12t^2 - 52t - 50$

74.2 $z_r = 2r(1 - 2\sin\theta\cos\theta)$,
$z_\theta = -2r^2(\cos^2\theta - \sin^2\theta)$

74.3 （略）

75.1

(1) $z_{xx} = 6ax, z_{xy} = b = z_{yx}, z_{yy} = 6cy$

(2) $z_{xx} = -4\cos(2x + 3y)$,
$z_{xy} = -6\cos(2x + 3y) = z_{yx}, z_{yy} = -9\cos(2x + 3y)$

(3) $z_{xx} = -\frac{1}{x^2}, z_{xy} = 0 = z_{yx}, z_{yy} = -\frac{2}{y^2}$

(4) $z_{xx} = \frac{2y}{(x^2 + 2y)\sqrt{x^2 + 2y}}$,
$z_{xy} = -\frac{x}{(x^2 + 2y)\sqrt{x^2 + 2y}} = z_{yx}$,
$z_{yy} = -\frac{1}{(x^2 + 2y)\sqrt{x^2 + 2y}}$

75.2 0

76.1

(1) $44x + 4y - z + 48 = 0$

(2) $9x + 4y + 2\sqrt{3}z - 12 = 0$

76.2 $x + y + \sqrt{2}z - 4 = 0$

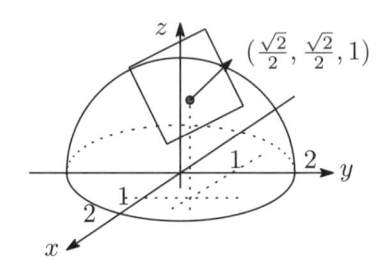

77.1

(1) $dz = 10x^4 y^2 dx + 4x^5 y dy$

(2) $dz = 3(x^2 - y)dx - (3x - 4y)dy$

(3) $dz = y\cos xy\, dx + x\cos xy\, dy$

(4) $dz = e^x \sin y\, dx + e^x \cos y\, dy$

(5) $dz = -\frac{y}{x^2}dx + \frac{1}{x}dy$

(6) $dz = \frac{2x}{x^2 + y^2}dx + \frac{2y}{x^2 + y^2}dy$

77.2 およそ $120\pi (\approx 377)$ [cm^3]

78.1

(1) $\frac{1}{3\sqrt[3]{49}}(x + 2y + 14)$　(2) $2x - y - 1$

78.2

(1) $1 + x + \frac{y}{2} - \frac{x^2}{2} - \frac{xy}{2} - \frac{y^2}{8}$,　1.0148875

(2) $x + y - \frac{x^2}{2} - xy - \frac{y^2}{2}$,　0.02955

79.1 点 $(1, 2)$ で極小値 -3

79.2 点 $\left(\frac{\pi}{6}, \frac{\pi}{6}\right)$ で極大値 $\frac{3}{2}$

79.3 点 $(-2, 0)$ で極大値 $\dfrac{4}{e^2}$

79.4 点 $\left(-\dfrac{1}{2}, 1\right)$ で極大値 4,
点 $\left(\dfrac{1}{2}, -1\right)$ で極小値 -4

80.1

(1) $-\dfrac{x^2+y}{x+y^2}$ (2) $-\dfrac{y(y-2x)}{x(2y-x)}$

(3) $-x^{\frac{1}{2}}y^{-\frac{1}{2}}$ (4) $\dfrac{1}{2}$

(5) $-\dfrac{1+ye^{xy}}{1+xe^{xy}}$ (6) $-\dfrac{y}{x}$

80.2

(1) $\dfrac{\partial z}{\partial x} = -\dfrac{z+1}{x+1}, \quad \dfrac{\partial z}{\partial y} = -\dfrac{x+xz+z}{(x+1)y}$

(2) $\dfrac{\partial z}{\partial x} = -\dfrac{z(z-2xy)}{x(2z-xy)}, \quad \dfrac{\partial z}{\partial y} = -\dfrac{z(z-2xy)}{y(2z-xy)}$

(3) $\dfrac{\partial z}{\partial x} = -x^{\frac{1}{2}}z^{-\frac{1}{2}}, \quad \dfrac{\partial z}{\partial y} = -y^{\frac{1}{2}}z^{-\frac{1}{2}}$

(4) $\dfrac{\partial z}{\partial x} = -\dfrac{z}{x}, \quad \dfrac{\partial z}{\partial y} = -\dfrac{z}{y}$

81.1 点 $\left(-\dfrac{1}{\sqrt{2}}, \dfrac{1}{\sqrt{2}}\right)$ で極大値 $\sqrt{2}$
点 $\left(\dfrac{1}{\sqrt{2}}, -\dfrac{1}{\sqrt{2}}\right)$ で極小値 $-\sqrt{2}$

81.2 点 $\left(\pm\dfrac{1}{\sqrt{2}}, \pm\sqrt{2}\right)$ (複号同順) で極小値 4

82.1

(1) $y = -\dfrac{1}{4}x^2$ (2) $y = \pm 4x\ (x \neq 0)$

(3) $y = -3x \pm \sqrt{10}$ (4) $y = -x \pm 2$

83.1

(1) $\dfrac{1}{2}\log 2$

(2) $\dfrac{1}{3}e^3(e-1)^2(e^2+e+1)$

(3) 2

84.1

(1) $\dfrac{55}{8}$ (2) $\log 2$ (3) $\dfrac{7}{96}$

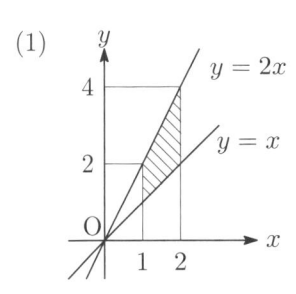

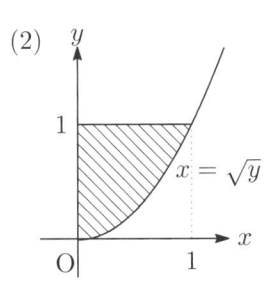

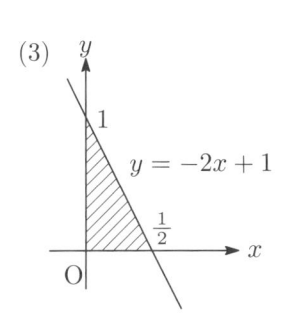

85.1 $\displaystyle\int_0^2 \left(\int_0^x y\,dy\right) dx + \int_2^4 \left(\int_0^{-x+4} y\,dy\right) dx = \dfrac{8}{3}$

$\displaystyle\int_0^2 \left(\int_y^{-y+4} y\,dx\right) dy = \dfrac{8}{3}$

85.2

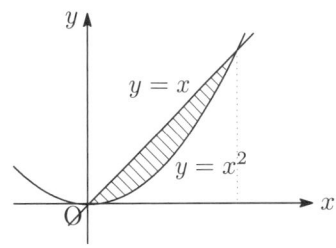

(1) $0 \leqq x \leqq 1, x^2 \leqq y \leqq x$

(2) $\displaystyle\int_0^1 \left(\int_y^{\sqrt{y}} f(x,y)\,dx\right) dy$

86.1

(1) 18π

(2) π

(3) $(8\log 2 - 3)\pi$

87.1 $\dfrac{8}{3}\log 2$

87.2 2π

88.1

(1) $\dfrac{1}{2}$ (2) $\dfrac{1}{36}$ (3) 6

89.1 $4\sqrt{14}\pi$

89.2 $\dfrac{1}{6}\pi\left(17\sqrt{17}-1\right)$

90.1 $\left(\dfrac{3}{8}, \dfrac{2}{5}\right)$

90.2 $\left(0, \dfrac{4(a^2+ab+b^2)}{3\pi(a+b)}\right)$

91.1

(1) $y = Ce^{\frac{1}{2}(x+2)^2}$ (2) $y = Ce^{-\cos x}$

91.2 $y^2 = \log(1+x^2) + 1$

92.1

(1) $y = x\log|x| + Cx$ (2) $x^2 - 2y^2\log|y| = Cy^2$

93.1

(1) $y = \dfrac{1}{3} + Ce^{-x^3}$

(2) $y = -e^{2x} + Ce^{3x}$

(3) $y = 3\sin x - \cos x + Ce^{-3x}$

94.1 $N = Ce^{-kt}, k = \dfrac{\log 2}{5730}$

94.2 $\dfrac{dy}{dt} = ky(1-y), y = \dfrac{1}{3e^{-kt}+1}$

95.1
(1) $y = Ae^x + Be^{2x}$

(2) $y = e^{-x}(A + Bx)$

(3) $y = e^{3x}(A\cos 2x + B\sin 2x)$

(4) $y = A + Be^x$

(5) $y = Ae^x + Be^{-x}$

(6) $y = A\cos x + B\sin x$

95.2
(1) $y = 2e^{3x} - 2e^x$ (2) $y = e^{3x}\sin 4x$

96.1
(1) $y = x^2 + x + 1 + e^{2x}(A + Bx)$

(2) $y = 3e^{-2x} + e^{-3x}(A\cos x + B\sin x)$

(3) $y = 2\cos 3x + \sin 3x + Ae^{3x} + Be^{-x}$

(4) $y = x\sin x + A\cos x + B\sin x$

97.1
(1) $x = A\cos\dfrac{t}{2\sqrt{2}} + B\sin\dfrac{t}{2\sqrt{2}}$

(2) $x = 2\cos\dfrac{t}{2\sqrt{2}}$

97.2
(1) $x = e^{-\frac{t}{4}}\left(A\cos\dfrac{t}{4} + B\sin\dfrac{t}{4}\right)$

(2) $x = 8e^{-\frac{t}{4}}\sin\dfrac{t}{4}$

98.1 $y^{-2} = -x^4 + Cx^2$

98.2 $x = e^{2t}(A\cos t + B\sin t)$
$y = e^{2t}(-B\cos t + A\sin t)$

編集代表者（アイウエオ順，初版発行当時の記載内容に準じる）

阿蘇和寿（石川工業高等専門学校）	小林茂樹（長野工業高等専門学校）
佐藤直紀（長岡工業高等専門学校）	佐藤義隆（芝浦工業大学）
馬渕雅生（八戸工業高等専門学校）	森田健二（石川工業高等専門学校）

執筆（アイウエオ順，初版発行当時の記載内容に準じる）

阿蘇和寿（石川工業高等専門学校）	梅野善雄（一関工業高等専門学校）
大貫洋介（鈴鹿工業高等専門学校）	岡崎貴宣（岐阜工業高等専門学校）
勝谷浩明（豊田工業高等専門学校）	川本正治（鈴鹿工業高等専門学校）
児玉宏児（神戸市立工業高等専門学校）	小林茂樹（長野工業高等専門学校）
佐藤志保（沼津工業高等専門学校）	佐藤友信（函館工業高等専門学校）
佐藤直紀（長岡工業高等専門学校）	佐藤義隆（芝浦工業大学）
篠原雅史（鈴鹿工業高等専門学校）	高村　潔（仙台高等専門学校）
高橋　剛（長岡工業高等専門学校）	竹居賢治（都立産業技術高等専門学校）
坪川武弘（福井工業高等専門学校）	冨山正人（石川工業高等専門学校）
長岡耕一（旭川工業高等専門学校）	中谷実伸（福井工業高等専門学校）
長水壽寛（福井工業高等専門学校）	原田幸雄（徳山工業高等専門学校）
藤島勝弘（苫小牧工業高等専門学校）	松田　修（津山工業高等専門学校）
馬渕雅生（八戸工業高等専門学校）	宮田一郎（福井工業高等専門学校）
向山一男（都立産業技術高等専門学校）	森田健二（石川工業高等専門学校）
柳井　忠（新居浜工業高等専門学校）	山田　章（長岡工業高等専門学校）
山本孝司（サレジオ工業高等専門学校）	横谷正明（津山工業高等専門学校）
横山卓司（神戸市立工業高等専門学校）	

Ⓒ日本数学教育学会　高専・大学部会教材研究グループ TAMS（タムス）2010

ドリルと演習シリーズ　微分積分

2010年 2月25日　第1版第 1刷発行
2024年 1月15日　第1版第10刷発行

編著者　日本数学教育学会
　　　　高専・大学部会教材研究
　　　　グループ TAMS（タムス）
　　　　代表　阿蘇和寿

発行者　田　中　聡

発　行　所
株式会社　電気書院
ホームページ　www.denkishoin.co.jp
（振替口座　00190-5-18837）
〒101-0051　東京都千代田区神田神保町1-3 ミヤタビル2F
電話(03)5259-9160／FAX(03)5259-9162

印刷　創栄図書印刷株式会社
Printed in Japan／ISBN978-4-485-30202-6

• 落丁・乱丁の際は，送料弊社負担にてお取り替えいたします．

JCOPY 〈出版者著作権管理機構　委託出版物〉
本書の無断複写（電子化含む）は著作権法上での例外を除き禁じられています．複写される場合は，そのつど事前に，出版者著作権管理機構（電話：03-5244-5088, FAX：03-5244-5089, e-mail：info@jcopy.or.jp）の許諾を得てください．また本書を代行業者等の第三者に依頼してスキャンやデジタル化することは，たとえ個人や家庭内での利用であっても一切認められません．

書籍の正誤について

万一，内容に誤りと思われる箇所がございましたら，以下の方法でご確認いただきますようお願いいたします．

なお，正誤のお問合せ以外の書籍の内容に関する解説や受験指導などは**行っておりません**．このようなお問合せにつきましては，お答えいたしかねますので，予めご了承ください．

正誤表の確認方法

最新の正誤表は，弊社Webページに掲載しております．書籍検索で「正誤表あり」や「キーワード検索」などを用いて，書籍詳細ページをご覧ください．

正誤表があるものに関しましては，書影の下の方に正誤表をダウンロードできるリンクが表示されます．表示されないものに関しましては，正誤表がございません．

弊社Webページアドレス
https://www.denkishoin.co.jp/

正誤のお問合せ方法

正誤表がない場合，あるいは当該箇所が掲載されていない場合は，書名，版刷，発行年月日，お客様のお名前，ご連絡先を明記の上，具体的な記載場所とお問合せの内容を添えて，下記のいずれかの方法でお問合せください．
回答まで，時間がかかる場合もございますので，予めご了承ください．

郵便で問い合わせる
郵送先
〒101-0051
東京都千代田区神田神保町1-3
ミヤタビル2F
㈱電気書院　編集部　正誤問合せ係

FAXで問い合わせる
ファクス番号　03-5259-9162

ネットで問い合わせる
弊社Webページ右上の「**お問い合わせ**」から
https://www.denkishoin.co.jp/

お電話でのお問合せは，承れません

（2022年5月現在）